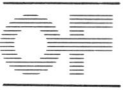

Hans Tschäni

WER REGIERT DIE SCHWEIZ?

Eine kritische Untersuchung über den Einfluß
von Lobby und Verbänden
in der schweizerischen Demokratie

*Meinen beiden Söhnen Hanspeter und Rudolf Tschäni
danke ich für die Gespräche über dieses Thema
und für die Durchsicht des Manuskriptes.*

Lektorat: Armin Ochs
Herstellung: Peter Schnyder/Walter Voser

© Orell Füssli Verlag Zürich und Schwäbisch Hall 1983
Satz und Druck: Orell Füssli Graphische Betriebe AG Zürich
Einband: Buchbinderei Burkhardt AG, Zürich
Printed in Switzerland
ISBN 3 280 01392 5

Inhaltsverzeichnis

1. Kapitel: Das große Mißtrauen gegen die verfilzte Politik . . .   7
Die Zwiespältigkeit des Schweizers   9
Die Zwillinge Miliz und Filz 13
Zum Beispiel 16
Deformation durch organisierte Interessen 21

2. Kapitel: Die goldenen Regeln der Demokratie 25
Was bedeutet Demokratie? 27
Freiheit, Gleichheit, Brüderlichkeit 29
Drei der sieben Absoluten 32
Ein gewisser Baron de Montesquieu 35
Die Demokratiemodelle und ihr Wert 39

3. Kapitel: Die Verflechtung des Staates mit den organisierten Interessen 43
Das Verhältnis Staat–Wirtschaft 45
Die Verteidigung der Kartellburg 47
Die organisierten Machtklumpen 56
Als die Kollaboration begann 59
Die Selbstaufsicht der Banken 61
Vom Friedensabkommen bis zum Vernehmlassungsverfahren 63
Was soll mit dem Leerraum geschehen? 65

4. Kapitel: Wo Lobby sich zu Filz verdichtet 69
«Lobby» – die helvetische Form 71
Die «Filzokratie» 74
Ämterkumulation und föderalistische Knoten 77
Das Elite- und das Oppositionsproblem 81
Der Einfluß auf die Gesetzgebung 84

5. Kapitel: Die Vorfabrikation der Gesetze 87
Das Tummelfeld der «Experten» 90
Die Geburt der EEK 98
Der Bundesrat auf der Konsenssuche 104

6. Kapitel: Willensbildung bis zum Schluß unter Interessendruck 111
Die Hemmungen der eidgenössischen Räte 113
Wer sitzt mit welchem Auftrag im Parlament? 118
Die Abstimmung – das Vetorecht des Volkes 122
Der Druck auf die Medien 127
Letzter Akt der Beeinflussung: die Verordnung 132

7. Kapitel: Das Parlament merkt etwas 137
Der Parlamentariereid verpflichtet 139
Gespräche mit Bundesrat Ritschard 141
Die Selbstsicherheit der Engagierten 144
Die parlamentarische Komödie Gerwig 150
... und dennoch stimmt etwas nicht 155

8. Kapitel: Wer regiert nun: das Volk oder die Interessengruppen? 161
Das größte Glück der größten Zahl 163
Die Abwendung der Bürgerschaft in der halbdirekten Demokratie als Zeichen für die Fehlentwicklung des Koalitionssystems 167
Der zunehmende Demokratieverlust in der langsamen Veränderung zum Ständestaat 168
Die allgegenwärtige Aktivität der organisierten Interessen ruft nach neuen Regeln 171
Die Tauglichkeit der eidgenössischen Räte mit tiefgreifenden Reformen verbessern 174
Es ist nötig, die Gerechtigkeit an der Urne neu zu überprüfen 178
Das fakultative Referendum ist ein «zweischneidiges» Volksrecht geworden 182

Wichtigste benützte Literatur 186

Weitere Publikationen von Hans Tschäni 188

Namenliste der eidgenössischen Parlamentarier 189

1. Kapitel

Das große Mißtrauen gegen die verfilzte Politik

In diesem ersten Kapitel werden die Beweggründe dargestellt, die zum Entschluß geführt haben, dieses Buch zu schreiben.

Es sind vor allem Beweggründe des demokratischen Mißbehagens, die im Vordergrund stehen: Weil eine Kluft zwischen Politik und Bürgerschaft beklagt wird, stellt sich auch die Frage nach der Führung im Staat. In der Öffentlichkeit nimmt die Gewißheit überhand, daß eine Elite von wenigen Meinungsführern und Interessenverbänden immer wieder die halbdirekte Demokratie überspielt. Das böse Wort Korruption ist zwar noch nicht gefallen. Doch muß man heute der tonangebenden politischen Schweiz den Vorwurf machen, daß sie verfilzt ist und die Gewaltenteilung mißachtet. Auf dem ganzen langen Weg der Gesetzgebung, vom vorparlamentarischen Verfahren über das Parlament bis zur Verordnungsrechtsetzung, beeinflussen Lobbyisten als «Experten» oder Parlamentarier die Willensbildung. Die staatliche Tätigkeit ist dem Einfluß der gesellschaftlichen und wirtschaftlichen «Gewalten» legal preisgegeben. Legal auch deshalb, weil Interessenvertretung mit Verwaltungsrats- und Verbandsmandaten im Parlament als selbstverständlich gilt. National- und Ständeräte scheffeln Verwaltungsratssitze der Wirtschaft und votieren als Verbands- oder Gewerkschaftsvertreter schamlos sozusagen in eigener Sache.

Diese starke Vermischung zwischen staatlichen und privaten Kräften hat zu einer eigentlichen Veränderung unserer Demokratie, aber auch zu einem verbreiteten Mißtrauen geführt. Die Öffentlichkeit wünscht sich Volksvertreter im Parlament, während das System aus ihnen Interessenvertreter macht. Die Folge des Mißtrauens ist, daß sich bereits zwei Drittel des Souveräns von den Verläufen des Staatsgeschehens abgewandt haben. Sie überlassen die Meinungsbildung jenem Drittel, das noch daran interessiert ist, die von der Vertreterschaft der organisierten Interessen gefaßten Beschlüsse abzusegnen.

Zur Bewertung dieses Zustandes ergeben sich Fragen nach den Werten der Demokratie. Ob die halbdirekte Demokratie noch in Ordnung ist, wenn sie sich in der Meinungsbildung zu einem Knäuel von Koalitions- und Verbandsmächten ballt? Wenn entscheidende Entschlüsse in Absprachen hinter den Kulissen fallen? Ob offene Demokratie überhaupt möglich ist, wenn im Parlament hemmungslos nur noch Interessen vertreten werden? Ob endlich solche Demokratie nicht degeneriert, wenn Kernprinzipien wie die Gewaltenteilung kaum mehr gelten?

Zwei Zürcher Nationalräte, die das Heu nicht auf der gleichen Bühne haben, der Sozialdemokrat Hansjörg Braunschweig und der Freisinnige Rudolf Friedrich, waren im November 1981 in einem Rundtischgespräch ausnahmsweise der gleichen Meinung. Der schwerste Nachteil unserer Konkordanzdemokratie sei, wie sie sagten, die wachsende Kluft zwischen Parteien, Parlamentariern und Staat einerseits und dem Volk andererseits. Über die Frage jedoch, woher diese Kluft rühre, schieden sich die Geister.

Die Zwiespältigkeit des Schweizers

Auf der Suche nach einer Erklärung auf diese wichtige Frage ist zuerst eine Besonderheit in Betracht zu ziehen: Das eigenartige Verhältnis des Schweizers zu seinem Staat. Wie versteht er ihn?

Der föderalistisch geprägte Schweizer hatte schon immer eine gespaltene Beziehung zu seiner Eidgenossenschaft, die nun einmal unverwechselbar auch ein Staat ist. Der Entwurf zu einer Totalrevision der Bundesverfassung wird in der Westschweiz besonders deshalb mit Wehgeschrei zur Kenntnis genommen, weil er – ehrlicherweise – den Begriff des «Etat», des Staates braucht. Denn diese moderne Eidgenossenschaft, mit ihren unzähligen Dienstleistungen für jedermann, ist kein Wilhelm-Tell- und Ueli-Rotach-Fossil, sondern ein Staat. Es gibt aber in diesem Schweizer etwas, das dennoch «den Staat» nicht liebt, das sich überhaupt gegen alles wehrt, was von oben kommt. Karl Schmid nannte es einst den aus der

Erbmasse übernommenen Willen, der Macht und den Mächten zu widerstehen. Dieser Wille warf Schützengräben auf, in denen der Schweizer auf der Lauer liegen konnte, um gegen den Staatsinterventionismus zu kämpfen. So kommt es, daß wir uns immer wieder zwei Staaten gegenübersehen: der Demokratie unserer Vorstellung, in der alle Macht «vom Volk» ausgeht, auf die wir als in der Geschichte begründeter Sonderfall stolz sind – und dem Steuern fordernden und Gesetze produzierenden Staat der Wirklichkeit, «Bern». Dem Staat wohl auch, dessen unsichtbaren, aber erfühlten neuen Mächten es zu widerstehen gilt. Diese Demokratie unserer Vorstellungen haben wir mit der Muttermilch in uns aufgenommen, und im Schulgang durch die Heldengeschichte der Ahnen gedieh sie zu einem zählebigen Klischee. «Es gibt wenig Völker», schrieb der Zürcher Professor Martin Usteri noch im Oktober 1981 in einem Zeitungsartikel, «die sich wie das schweizerische aus so vielschichtigen kulturellen und politischen Tatsachen über lange geschichtliche Zeiträume hinweg zur Nation zusammengefügt haben. Vor diesem Hintergrund sind die Merkmale schweizerischer Eigenart zu sehen.» Es gebe keine sozialen Klassen, Schichten oder Bildungskasten in der Schweiz. Die soziale Struktur sei nach Leistungs- und Erfolgsunterschieden aufgebaut, und die Gesellschaft zeichne sich durch die Verankerung der Beziehung von Mensch zu Mensch aus und gewährleiste eine wahre Gemeinschaft, behauptete Usteri weiter.

Daß die Schweiz ihren Bewohnern viele Vorteile bietet, ist nicht zu bestreiten. Sie ist kleinräumig, dezentral organisiert, erlaubt politische Mitbestimmung und ist außenpolitisch friedlich. Aber sie wird, wie alle Staatssysteme auf der Welt, bloß von Menschen gelebt und geleitet. Mit diesem Maßstab ist zu messen. Weil wir die Wirklichkeit gern mit unserem Demokratie-Ideal vergleichen, leiden wir unter einer eigenartigen Form der politischen Gespaltenheit. Die Wirklichkeit will nicht mehr mit unserer Idealvorstellung übereinstimmen. Mehr noch: die Art, wie unsere halbdirekte Demokratie heute in die Praxis umgesetzt wird, läuft der Vorstellung immer mehr davon. Der tatsächliche Einfluß des Volkes in der staatlichen Willensbildung wird bezweifelt. Die Vorgänge verschwinden aus der Sichtweite, werden schleierhaft. Man glaubt «etwas zu merken». Solches Mißtrauen wird zum Denkhintergrund des Bürgers. Er ist zwar auf die politischen Rechte stolz, glaubt jedoch, daß vermutete und kaum erfaßbare Mächte wirken und maßgeblichen Einfluß besitzen. Damit sind bereits wichtige Gründe angetippt, die für die Kluft zwischen der Bürgerschaft und der den Staat repräsentierenden Politik verantwortlich sind.

Wie verhält sich diese solchermaßen unsicher gewordene Bürgerschaft? Sie wendet sich vom Staatsgeschehen ab und überläßt die Entscheide im Staat einer persönlich interessierten restlichen Minderheit des Souveräns. Der bekannte amerikanische Harvard-Professor Karl Deutsch formulierte es an einem Vortrag in Zürich so: «Wie es in der Schweiz weitergeht, wissen nur Sie; Reformbereitschaft ist dabei sicher der vernünftigste Weg – Konservativismus der gefährlichste.» Und an diesem Punkt ist die Feststellung nicht zu verkneifen: Die 35 Prozent unserer Bürgerschaft, die heute den Souverän ausmachen und daher das Staatsgeschehen über die Abstimmungen an wichtigen Punkten bestimmen, *sind* konservativ. Gewerkschaftsbund-Sekretär Beat Kappeler umschreibt ihr Verhalten in seinem Artikel «Gesellschaftspolitische Grenzen der Privatisierung» wie folgt: «Im Werben um politische Unterstützung wird die Freiheitsbeschränkung der 400 Banken dargestellt, als laufe sie auf eine Grundrechtsverletzung des Herrn Jedermann hinaus. Und Herr Jedermann, der effektiv nur vom Gurten vorschreibenden Obrigkeitsstaat eingeschränkt wird, findet darum, auch die Kreditbeschränkung der Banken sei wieder ein neues Joch. Er stimmt, wie 1976, gegen den Konjunkturartikel...» Und noch ein weiteres Beispiel für das Verhalten des heute die oberste Gewalt darstellenden helvetischen «35-Prozent-Souveräns»: Im September 1977 habe er, wie der Schweizerische Hauseigentümerverband kommentierte, «Vernunft bewiesen» und die Mieterschutzinitiative abgelehnt.

Er hat sie abgelehnt, obwohl 65 Prozent der Schweizer Mieter sind.

Zur Erklärung des Stimmbürgerverhaltens sind nach jedem Urnengang vielfältige Begründungen möglich. Das angetönte zwiespältige Verhältnis der Bürgerschaft zum Staat ist darin eine Konstante. Ein weiteres Motiv, von dem in solchem Zusammenhang nur selten gesprochen wird, ist *der Einfluß,* den die Abwendung von der Urne *auf die Entscheide* hat.

Die Entwicklung dieser Abwendungsbewegung läßt sich anhand der Durchschnittswerte in den eidgenössischen Sachabstimmungen wie folgt darstellen:

Legislaturperiode	44–47	48–51	56–59	64–67	72–75	76–79	80–81
Beteiligung in Prozent	61,7	53,8	49,6	45,7	36,7	44,5	35,6

Der Rückgang der meßbaren Beteiligung am Staatsgeschehen ist also stark und konstant, und er scheint sich nach einem kurzen Unterbruch 1976–1979 (AHV-Revision, Fristenlösung, Bundessicherheitspolizei und Atominitiative hatten als Themen einen kleinen «Auftrieb» zur Folge) in der laufenden Legislaturperiode fortzusetzen. Der Soziologe Ralf Dahrendorf sagte zwar einmal, die Forderung nach Beteiligung aller Bürger am politischen Entscheidungsprozeß sei ein demokratisches Mißverständnis. In der Auslandschweizer-Zeitung «Suisses dans le monde» wurde aber vor kurzem nach einer Untersuchung festgestellt, daß jeder fünfte Schweizer überhaupt nicht mehr zur Urne gehe und daß vierzig Prozent nur noch von Zeit zu Zeit an Abstimmungen teilnehmen. Selbst unter den politisch aktivsten fänden sich ebenso viele Unzufriedene wie Zufriedene. Damit ist sicher auch Dahrendorfs demokratische Toleranzgrenze unterschritten. Man darf daher annehmen, daß sich die Stimmabstinenz auf die schließlich zustande kommenden Entscheide auswirkt.

Im Dezember 1981 klagte auch Bundesrat Fritz Honegger, Sorgen bereite ihm als kommendem Bundespräsidenten vor allem das schwindende politische Bewußtsein in unserem Volk: «Auf die Dauer sind Desinteresse, Überforderung und mangelnder Gemeinsinn der Bürger gefährlich für die direkte Demokratie.» Auch Bundesrat Honegger beurteilte die Situation im Staat also anders als Professor Usteri.

Vor allem eine Frage steht nun im Raum: Wie kommt es, daß sich bloß noch rund ein Drittel der Bürgerschaft an unserer weltweit gelobten halbdirekten Demokratie beteiligt (von halbdirekt ist hier die Rede, weil Demokratie nur in der Landsgemeinde oder der

Gemeindeversammlung «direkt» ist)? Daß ihr fast zwei Drittel den Rücken kehren, hat schon nach mancherlei Erklärungen gerufen – es gäbe zu viele Urnengänge, wird gesagt, die Abstimmungsfragen seien zu kompliziert und der Stimmbürger ziehe es vor, ins Weekend statt an die Urne zu gehen. Hier sei, wie angedeutet, noch ein anderer Grund in Erwägung gezogen. Unser System der halbdirekten Demokratie, so wie es in der Verfassung geschrieben steht und wie es im Denken der Schweizer verankert wurde, ist ganz eindeutig auf ein offenes Verhältnis des Bürgers zum Staat und auf politische Mitbestimmung angelegt: Außer den Parlamentswahlen im vierjährigen Turnus sieht es, ausgelöst durch Initiative und obligatorisches wie fakultatives Referendum, auch noch Sachabstimmungen vor. Direkte Mitbestimmung des Bürgers am Staatsgeschehen also, d. h. in der Grundanlage ein gutes System. Eine optimale Struktur sogar mit Sonderfallcharakter, die wahrhaft keinen Anlaß zu Mißtrauen geben müßte. Ist daher die Ursache für die Abwendung der Bürgerschaft nicht doch zuerst in der Umsetzung dieses Systems in die Praxis, in seiner Auslegung und im Gewohnheitsrecht, das sich in der Staatsorganisation herausgebildet hat, zu suchen? Manches deutet darauf hin, daß ein verbreitetes Mißvergnügen von der falschen, zu undurchsichtigen Anwendung der halbdirekten Demokratie herrührt. Gerade ein so volksnahes System erträgt die Mißachtung von Demokratieprinzipien schlecht.

Die Zwillinge Miliz und Filz

Ein Staatssystem erfährt seine Ausformung aufgrund der topographischen Gegebenheiten des Gebietes sowie durch Charakter und Neigungen derjenigen, die es anwenden. Die Schweiz ist zunächst einmal ein kleines, gebirgiges Land. Ein aufwendiges, zentralorientiertes Staatssystem war daher im vornherein nicht gegeben. Dezentralisation, Föderalismus und politische Mitbestimmung bildeten also ein dominantes Grundprinzip, das sich im Systemgerippe niederschlug. Hinzu gesellt sich der Einfluß einer kommunalstaatlich geprägten Geschichte, die zu einem direktorientierten Demokratieverständnis geführt hat. Direkte Demokratie, nur aus «technischen» Gründen halbdirekt angewandt, Kleinstaat und Milizsystem (Mitwirkung im Sinne einer genossenschaftlichen Vergangenheit und der politischen Mitbestimmung) sind sich verwandt und haben die Staatsstruktur in Theorie und Praxis mitgeformt. Kein Schweizer, der mit dem Milizsystem, einer in der Idee sehr wertvollen Ausdrucksweise eines persönlichen Engagements, nicht in Verbindung käme: als Armeepflichtiger, als Mitglied in einer Partei, aber auch als Parlamentarier oder gar Exekutivmitglied auf einer der vier Staatsebenen Bund, Kantone, Bezirke, Gemeinden. Oder endlich als ehrenamtlich Mitwirkender in einem Verein oder einer Zunft. Auf diesem Beziehungsgewebe von Staatselementen, Armee, Wirtschafts- und Gesellschaftsorganisationen, in das der politisch aktive Part der Bevölkerung eingesponnen ist, formiert sich der maßgebliche und vor allem auch an der Urne in Erscheinung tretende Teil der «öffentlichen Meinung». Das Gros des «35-Prozent-Souveräns» dürfte sich aus diesen beteiligungsfreudigen Schichten zusammensetzen, die innerhalb des Staatsgeschehens strukturiert in Erscheinung treten: in Gewerkschaften, Gesellschafts- und Wirtschaftsverbänden, Männergesellschaften. Die *halbdirekte Demokratie* organisierte ihre Führung mit Legislativen und Exekutiven, die *Gesellschaft* anderseits formierte sich wirksam konkurrierend in Interessenverbänden. Innerhalb dieses politisch-administrativen Systems haben sich Strukturen gebildet, welche gleichzeitig verschiedene Funktionen erfüllen können. «Dies gilt einmal», schreibt Hans Werder in seinem Systembeschrieb, «für die Verwaltungsorganisation, besonders in kleinen Gemeinden und Kantonen, wo oft mehrere Aufgaben durch das gleiche Amt oder sogar durch die gleiche Person wahrgenommen werden. Von Bedeutung ist aber auch die Rollenkumulation im politischen Entscheidungsprozeß, d.h. die Übernahme mehrerer Positionen (Parlamentariermandat, Mitgliedschaft in verschiedenen Expertenkommissionen usw.) durch den gleichen Politiker.» Die Folge ist, daß unser Demokratiesystem unter dem Einfluß einer kleinen Elite arbeitet, die Hanspeter Kriesi für den Zeitraum 1972–1976 mit 1224 Personen angegeben hat. Die Zürcher Bank Hofmann lieferte 1980 in einem ganzseitigen NZZ-Inserat mit einem Text Salvador de Madariagas ein Grundbekenntnis zu dieser elitären Weiterentwicklung der schweizerischen Demokratie: «Die Gemeinschaft kann nur gewinnen», stand da zu lesen, «wenn sie wagemutigen Individuen gestattet, Risiken einzugehen. Aber man vergißt häufig, daß, wenn solche Individuen, das heißt Menschen mit einem größeren, natürlichen Aktionsbereich als ihrem realen, existieren, die Gemeinschaft gegen die soziale Natur handelt, wenn sie ihnen verwehrt, ihrem Format entsprechend zu wirken.»

Aus einer solchen Erkenntnis heraus ist die Weiterentwicklung des schweizerischen Systems tatsächlich geschehen. Es gibt keine wirkliche Opposition im Staat, die auch unangenehme Basisströmungen auf der offiziellen Ebene zur Geltung bringen würde. Damit die Überfremdungsprobleme ernst genommen wurden, war die Gründung neuer Parteien nötig. Das Proporzsystem überdies sorgt für eine Meinungszersplitterung in viele Parteien, welche den Wirtschaftsverbänden materiell weit unterlegen sind. Diese Struktur wird besonders praktikabel durch eine von mißachteter «Gewaltentrennung» begünstigte Verflechtung zwischen Staat und Wirtschaft. Hans Werder resümiert diesen die Grundidee der halbdirekten Demokratie pervertierenden Zustand wie folgt: «... einem durchorganisierten Verbandssystem – welches über die vorparlamentarischen Einflußmöglichkeiten die politischen Entscheidungen weitgehend präjudiziert – steht ein relativ schwaches Parteiensystem gegenüber. Die notwendige Folge dieser Situation ist die Verdrängung gesellschaftlicher Konzeptionen durch partikuläre Interessen in der politischen Auseinandersetzung.» Das hat auf der Ebene des Bundes eigenartig verzerrte und verschleppte und im Endresultat von den Interesseneinflüssen einseitig bedrängte Meinungsbildungsverläufe zur Folge. Der Bürger beginnt «etwas zu merken», wenn Themen wie etwa die Raumplanung (bei 34,5 Prozent Beteiligung), der Mieterschutz, die Reichtumssteuer (38 Prozent) oder die Atominitiative, bei denen starke organisierte Interessen ins Spiel kommen, verschleppt, unter dem Einfluß von Verbands- und Wirtschaftskräften schon im Vorverfahren bis zur Unkenntlichkeit abgeschliffen oder aber unter dem Kreuzfeuer einer massiv bestückten Abstimmungspropaganda knapp «erledigt» werden. Da entsteht im Volksstaat der Eindruck, gegen gewisse «Mächte», gegen einen verfilzten «Machtklumpen», der sich über-

15

dies die erwähnte Grundströmung der Staatsferne zunutze zu machen weiß, sei kein Kraut gewachsen. Beispiele deuten an, daß die organisierten Gruppen oder die Kantonelobby im Bund weitgehend die Verläufe bestimmen.

Zum Beispiel ...

Das Umweltschutzgesetz: Mit einer beispiellosen Einmütigkeit (1 222 931 Ja gegen bloß 96 359 Nein) hatte das Schweizervolk am 6. Juni 1971 den Artikel 24septies, den Artikel über den Umweltschutz, in die Bundesverfassung aufgenommen: «Der Bund erläßt Vorschriften über den Schutz des Menschen und seiner natürlichen Umwelt gegen schädliche oder lästige Einwirkungen. Er bekämpft insbesondere die Luftverunreinigung und den Lärm.»

Von diesem Schwung getragen und im Takt der speditiven Arbeitsweise von Bundesrat Hans-Peter Tschudi machte sich eine 45 Mitglieder zählende Kommission unter dem Vorsitz von Nationalrat Leo Schürmann an die Arbeit, ein Bundesgesetz über den Umweltschutz zu schaffen. Am 18. Dezember 1973 lag der 101 Artikel umfassende Vorentwurf auf dem Tisch des Eidg. Departements des Innern. Die Eile war berechtigt, denn 1972 hatte eine Umfrage des Meinungsforschungsinstituts Isopublic ergeben, daß der Schweizer unter allen anstehenden Problemen den Umweltschutz an die erste Stelle setzte. Er mußte jedoch 1978 die gleiche Willenskundgebung wiederholen, als ein Umweltschutzgesetz noch immer auf sich warten ließ.

Der Vorentwurf der Kommission Schürmann, den der WWF Schweiz als «nicht mehr als ein Minimum» bezeichnet hatte, war in der Vernehmlassung 1974 von Kantonen, Parteien und Wirtschaftsverbänden hart kritisiert worden. Das Gesetz, das in dieser Formulierung das Verursacherprinzip anwenden wollte und eine Umweltabgabe beim Gebrauch von umweltschädigenden Stoffen verlangte, mußte überarbeitet werden, obwohl es genau den Auftrag des Souveräns erfüllte. Die Bundesverwaltung, nun unter der Leitung von Bundesrat Hans Hürlimann, reagierte sofort auf die Kritik und steckte zurück. Sie steckte zurück, obwohl der Freiburger Professor Thomas Fleiner in einem Rechtsgutachten zum Vorentwurf Schürmann festgehalten hatte, der Umweltschutzartikel der Verfassung übertrage dem Bund nicht nur eine weitgehende Kompetenz zum Erlaß von Umweltschutzrecht, sondern er verpflichte den Bundesgesetzgeber auch, «das Mögliche zu tun, um den Menschen wirksam in seiner natürlichen Umwelt vor schädlichen und lästigen Einwirkungen zu schützen». Trotz dieses deutlichen Verfassungsauftrags wurde nun bei der Weiterbehandlung der Vorlage *die politische Machbarkeit* in den Vordergrund geschoben. Die politischen Chancen seien richtig einzuschätzen, sagte Bundesrat Hürlimann. «Das neue Umweltschutzgesetz soll den im Vernehmlassungsverfahren geäußerten Einwänden Rechnung tragen», steht in den Thesen des Eidg. Departements des Innern vom 28. Oktober 1976 zu lesen. Und weiter heißt es darin: «... Beschränkung auf die wesentlichen Materien, Berücksichtigung der wirtschaftlichen, technischen und finanziellen Möglichkeiten...» seien notwendig. Auf Abgaben, Vorschriften über den Schutz des Bodens und weiterer Lebensgrundlagen sowie auf baulichen Umweltschutz solle verzichtet, hingegen das Verbleibende in bloß einem Gesetz untergebracht werden. Mit diesem «vertretbaren Rahmen», der auch kaum etwas kosten werde, waren die Kantone einverstanden. Daß diese Konzeption auch den Vertretern der wirtschaftlichen Interessen entsprechen würde, hatte schon die Vernehmlassung signalisiert. Nicht mehr das Verursacherprinzip, das «ans Lebendige» gehen konnte, stand im Vordergrund, sondern die Symptombekämpfung. Im Februar 1978 legte das Departement den neuen Gesetzesentwurf vor.

Beim Zustandekommen des Umweltschutzgesetzes handelte es sich um einen typischen Fall: Das vorparlamentarische Verfahren mit der in ihm wirksamen Meute der Starken im Land bestimmt immer mehr den Inhalt unserer Gesetze. Der zweite, von der Verwaltung formulierte Umweltschutzgesetz-Entwurf wurde von den Umweltschutzverbänden als «zu billig» qualifiziert. Das Wörtchen «kann» sei darin zum Hauptwort geworden. Der Schweizerische Gewerkschaftsbund, ebenfalls einer der großen Interessenverbände des Landes, sagte hingegen: «Im großen und ganzen ist eine vertretbare Lösung gefunden worden, die den politischen und wirtschaftlichen Verhältnissen und Möglichkeiten Rechnung trägt, wobei allerdings zu sagen ist, daß fast alles von den Ausführungsvorschriften abhängen dürfte.» Das war denn auch der Tenor der Vernehmlassung Nummer zwei. «Der Entwurf zeigt sich artig und bescheiden in den Forderungen gegenüber der Wirtschaft und großzügig gegenüber den um ihre Souveränität bangenden Kantonen», schrieb Richard Aschinger im «Tages-Anzeiger». Tatsächlich hatte der Umweltschutz seine höhere Priorität eingebüßt. Ende 1979 durfte auch die vom Volk gewählte gesetzgebende Behörde, das Parlament, endlich mitreden: der Bundesrat unterbreitete ihm nun die Botschaft.

Am 11. Februar 1980 begann die Kommission des Nationalrates mit der Beratung des bundesrätlichen Entwurfs. «Er entstand unter steter Berücksichtigung der Referendumsdrohung», gestand Bundesrat Hürlimann in seinem Eintretensreferat. Während 18 Sitzungstagen – der letzte am 1. September 1981 –, immer im Beisein von Bundesrat Hürlimann, feilte die Kommission, aus Vertretern der Interessengruppen der Wirtschaft, des Umweltschutzes und der Kantone zusammengesetzt, an der Vorlage herum. Und elf Jahre nach der eindrücklichen Annahme des Verfassungsartikels begann in der Frühjahrssession 1982 der Nationalrat – wiederum in Anwesenheit von Vertretern der Interessengruppen (diesmal in seinen Reihen) – mit der Beratung des Gesetzes.

Die «Lex Furgler»: Am 23. März 1961 hatte das Parlament den Bundesbeschluß über den Erwerb von Grundstücken durch Personen im Ausland erlassen. Der Eingriff war nötig geworden, weil in einer anhaltenden Spekulationswelle der Bodenverkauf an ausländische Geldanleger staatspolitisch bedenkliche Formen angenommen hatte. Das Bundesgesetz, nach dem Namen des damaligen Justizministers «Lex von Moos» genannt, sollte den «Ausverkauf der Heimat», wie das Übel im Volksmund bald hieß, bremsen. Gegen die Opposition von Tourismus- und Wirtschaftsgruppen sowie der vor allem «betroffenen» Ausverkaufskantone Wallis, Waadt, Graubünden und Tessin wurde der Bodenverkauf an Ausländer bewilligungspflichtig erklärt. Der emotionale Ausdruck «Ausverkauf der Heimat» hatte die Größenordnung des Problems richtig signalisiert. Ein ernst zu nehmender Staat besteht nicht bloß aus einem Volk und einem Staatsgebiet, sondern er muß drittens auch die Verfügungsgewalt über dieses Staatsgebiet besitzen. Verfügungsgewalt über ein «ausverkauftes» Land wäre aber wohl eher problematisch. Um das einzusehen, muß man kein Xenophobe sein. Trotz dieses staatspolitischen Gewichts des Anliegens blieb im Endeffekt die Opposition vor allem der Kantone stärker als der Bundesbeschluß. Die «Lex von Moos» wurde zwar zur «Lex Celio» und dann zur «Lex Furgler» weiterentwickelt, doch ohne wirkliche Bremswirkung auszulösen. Rund sechzig parlamentarische Vorstöße sind seit dem Bestehen des Bundesbeschlusses zu diesem Thema eingereicht worden, und in den Jahren 1965, 1970, 1973 und 1979 wurde in Teilrevisionen eine Verbesserung des Gesetzes versucht. Umsonst. Es gelang in der Auseinandersetzung der Interessen nicht, ein Instrument zu schaffen, das den «Ausverkauf» gestoppt hätte. In den zwanzig Jahren sind Grundstücke in der Größenordnung der beiden Halbkantone Ob- und Nidwalden an Ausländer verkauft worden; fast zwölf Milliarden Franken wurden bei diesen Geschäften umgesetzt. Ein solcher Ausverkauf ließe sich zur Not verantworten, wenn es dafür ein ehrbares Motiv gäbe. Spekulation als Selbstzweck, die uns überdies die schönsten Berglandschaften versaut, ist aber kein Beweggrund, der die staatspolitischen Nachteile rechtfertigen würde.

Dennoch macht es nicht den Anschein, als ob es gelänge, den Widerstand zu brechen, der in den erwähnten Kantonen gegen die Anwendung des Bundesbeschlusses besteht. «Umgehungen und Verletzungen der ‹Lex Furgler› werden nicht nur selten entdeckt», schrieben z. B. Jean-Daniel Delley und Luzius Mader, die Genfer Autoren einer Untersuchung dieses Rechtsbereichs, in der NZZ, «sie werden auch kaum geahndet, obwohl das Gesetz vielfältige verwaltungs-, zivil- und strafrechtliche Sanktionsmöglichkeiten vorsieht.» Und es klingt resigniert, wenn sie schließlich den Satz formulieren: «Die mit der ‹Lex Furgler› gemachten Erfahrungen lassen auf jeden Fall Zweifel aufkommen am Sinn und an der Wirksamkeit einheitlicher gesamtschweizerischer Maßnahmen.»

Einer solchen Abdankung des Bundesstaates vor der Stärke einer egoistischen Kantonelobby trat 1979 die Nationale Aktion für

Volk und Heimat mit einer Volksinitiative entgegen. Es ist aber keineswegs sicher, daß es diesem Vorstoß gelingen wird, den an südamerikanische Zustände grenzenden «Vollzug» eines Bundesgesetzes in den Kantonen zu verbessern. Unsicher ist das weniger deshalb, weil man befürchten müßte, das Volk würde die Initiative ablehnen. Hingegen hat inzwischen der Bundesrat eine Totalrevision der «Lex Furgler» in Szene gesetzt, die auf einen Gegenvorschlag der Bundesversammlung zur Initiative hinausläuft. Und das bedeutet beim geltenden Verbot, bei Initiativ-Abstimmungen auch zweimal ja zu stimmen, daß dieses Verfahren am Schluß in der Ablehnung beider Vorschläge enden kann. Damit ist die Weiche, mit dem Initiativbegehren aufs Stumpengleis zu fahren, schon früh gestellt worden.

Es gibt aber auch noch eine andere Möglichkeit, die drohende Änderung einer umstrittenen Sache wenigstens mittelfristig zu verhindern: die Verzögerung des Verfahrens. 1977 hatte der Bundesrat versprochen, den Ende 1982 auslaufenden Bundesbeschluß nicht mehr zu verlängern, sondern in einer Totalrevision zu verbessern. Das Verfahren leitete er so ein, wie das hierzulande geschieht: er ernannte eine Expertenkommission. Unter Experten wurden aber auch in diesem Fall nicht etwa nur Rechts- oder Verwaltungsfachleute verstanden, sondern «Delegierte» der am Konflikt Beteiligten: die Hälfte der Arbeitsgruppe setzte sich aus Vertretern der besonders interessierten Tourismuskantone, des Schweizerischen Gewerbe-Verbandes und des Landschaftsschutzes zusammen. Das Resultat der Kommissionsarbeit verriet jedoch deutlich, daß die Aspekte der kantonalen Wirtschaftsförderung jene deutlich dominierten, welchen die Bekämpfung des «Ausverkaufs der Heimat» Hauptanliegen war. Aber selbst die blassen Vorschläge dieser Gruppe hielten der Vernehmlassungs-Kritik nicht stand. Der Entwurf wurde weiter abgeschliffen. Und als im Februar 1982 die Kommission des Nationalrates den Revisionsentwurf nach weiterer Anhörung der betroffenen Kantonsregierungen ein erstes Mal beraten hatte, konnte sie im Pressecommuniqué versichern: «Die Kommission befürwortet eine *maßvolle* Verschärfung der geltenden Gesetzgebung.» Das Verfahren hatte aber auch den andern Effekt, daß es viel Zeit kostete und den Terminplan über den Haufen warf. Im April 1982 zog der Bundesrat die Konsequenzen. Er beantragte dem Parlament, die *geltende* «Lex Furgler» nun doch um zwei Jahre bis Ende 1984 zu verlängern. Das Geschäft der Spekulanten kann weitergehen.

Die «Phosphatgeschichte». Obschon das Parlament und seine vorberatenden Kommissionen bei der Berücksichtigung der organisierten Interessen unserer Gesellschaft zwar gründlich arbeiten, tun sie sich bei ihren Entscheiden oft schwer. Der Ausweg aus dem Patt der Kräfte führt jeweils zur Delegation: die heiklen Details werden dem Bundesrat überlassen. Das geschah zum Beispiel beim Artikel 23 des Gewässerschutzgesetzes, wo der Bundesrat beauftragt wird, Bestimmungen über «Erzeugnisse» zu erlassen, «die nach Art ihrer Verwendung ins Wasser gelangen und gemäß ihrer Zusammensetzung nachteilige Wirkungen für den Betrieb von Abwasseranlagen oder für die Gewässer haben können». Das Parlament hatte also die für den Gewässerschutz außerordentlich wichtige Frage des Phosphatgehalts der Waschmittel der Exekutive überlassen. Bei der Beratung des Umweltschutzgesetzes erklärte Bundesrat Hürlimann zu dieser Sache (Pressebericht): Probleme wie «die Phosphatgeschichte» im Gewässerschutzgesetz könnten nicht einfach mit einem Federstrich gelöst werden. Das müsse «vielmehr Hand in Hand mit der Wirtschaft geschehen». Wie im vorparlamentarischen Verfahren sind also die Interessenvertreter auch in der Verordnungsphase, wo die Legislative, d.h. die Volksvertretung, nichts mehr zu sagen hat, weiterhin wirkungsvoll «am Ball». (Mehr dazu im Kapitel VI.) Im Fall der «Phosphatgeschichte» waren es die Waschmittelindustrie, die Wirtschafts- und Konsumentenverbände, die Großverteilerunternehmen und der Umweltschutz. Doch war das Parlament damit einverstanden.

Deformation durch organisierte Interessen

Die Kritik an solch einseitiger Beeinflussung der Willensbildung und ihre Korrektur ist ein Hauptanliegen dieses Buches. Der Hintergedanke der Politik, die Entscheide in der Gesetzgebung und im

Staat überhaupt innerhalb des Konsensbandes zu halten, hat zum Beispiel zu einem eigentlichen Funktionswandel der Volksrechte Initiative und Referendum geführt. Hans Werder schreibt dazu: «Da das Referendum (in geringerem Ausmaß auch die Initiative) für die Behörden ein unkalkulierbares Risiko darstellt, sind Strategien entwickelt worden, um durch möglichst breit abgestützte Kompromisse dieses Risiko zu minimieren.» Um dieser Kompromisse willen wurde eine vorparlamentarische Phase entwickelt, in der in intensiven Kontakten zwischen Regierung, Verwaltung und referendumsmächtigen Gruppen nicht nur Absprachen getroffen werden, sondern auch der demokratischen Diskussion aus dem Wege gegangen wird. Der Kompromiß ist risikofreier als die Volksbefragung, welche das Referendum will. In dieser «neuen Umgebung» erweist sich das Referendum in den Händen starker Gruppen überdies als wirksames Drohmittel, und sozusagen als Schlüssel des Systems. Nachdem auch die Volksinitiative durch die Verweigerung von zwei Ja-Stimmen bei Gegenvorschlägen zu einer stumpfen Waffe umgeformt wurde, ist füglich von einer «legalen Abwertung» der Volksrechte zu reden.

Der staatspolitische Nachteil, den die Systemverbiegungen zur Folge haben, ist das große Mißtrauen gegenüber der Politik. Diese Verbiegungen haben uns eine politische «Konkordanzkultur» beschert, mit der heute die ganze Innenpolitik durchsetzt ist. Die führenden gesellschaftlichen und politischen Eliten bestimmen mit unterschiedlichem Einfluß und Gewicht die Entscheidungsfindung. Das Unbehagen darüber ist verbreitet. Auch der neue Direktor des Gottlieb-Duttweiler-Instituts in Rüschlikon, Christian Lutz, stellt sich in diese Reihe der Kritiker. In einem Vortrag sagte er: «Fügen wir noch ein anderes typisches Element hinzu, nämlich die ausgeprägte Partizipation von Interessenvertretern in den Frühstadien der politischen Meinungsbildung – ebenfalls ein guteidgenössisches Phänomen. Man wird sagen dürfen, daß die etablierten Interessen, die dabei zum Zuge kommen, im allgemeinen eher zu den beharrenden Kräften gehören.»

Dieser dominierende, recht einseitige Einfluß von Interessenvertretern ist für viele Bürger eine Provokation. Unter den geltenden Umständen ist es nicht erstaunlich, daß der Widerspruch oft auch in ungewohnten Formen zum Ausdruck kommt. Die Resultate einer Untersuchung über die öffentlichen politischen Aktivitäten in der Zeitspanne 1945–1978 zeigen, daß diese Aktivitäten nicht ab-, sondern zugenommen haben. Sie haben sich aber nicht der halbdemokratischen Urne, sondern neuer Formen und Artikulationskanäle bedient.

Die heißen Themen der Innen- und der Gesellschaftspolitik werden in Demonstrationen auf die Straßen getragen. Das vor allem wegen der «Asymmetrie der politischen Toleranz» in unserem Land, wie die Kommentatoren der erwähnten Untersuchung sich ausdrücken. Unser in der praktischen Anwendung deformiertes politisches System entspreche dem pluralistischen Ideal nicht mehr. Die Erfolglosigkeit von Oppositionsanliegen neben den ausgeprägten Erfolgen aller jener Wünsche, die den herrschenden Zustand beschützten, seien Zeichen dafür. Aber auch die Chancenlosigkeit ganzer Themenbereiche und die extremen Erfolgsunterschiede von «linken» und «rechten» Forderungen beweise es.

Angesichts dieser Zweifel an der Entscheidungskompetenz in unserem Staat und des verbreiteten Mißbehagens drängt sich die Frage nach dem inneren Gehalt unserer Demokratie überhaupt auf. Wie weit hat das schweizerische Konkordanzsystem heute vor den theoretischen und praktischen Grundprinzipien und dem Geist der Demokratie noch Bestand?

2. Kapitel

Die goldenen Regeln der Demokratie

Bei einer Bewertung der sich verändernden schweizerischen Staatspraxis ist – in einem kurzen «Umwegkapitel» – als Maßstab der Begriff der Demokratie zu umschreiben.

Die Echtheit einer Demokratie – das heißt: der Volksherrschaft als dem Idealziel einer staatlichen Gemeinschaft – läßt sich aufgrund gewisser theoretischer Fixpunkte bewerten. Eine Demokratie muß, wie es die Formel andeutet, vor allem eine freie Gemeinschaft freier Menschen sein. Der Grundwert «Freiheit» ist der wichtigste, denn an ihm mißt sich der demokratische Gehalt einer Staatsform zuallererst. Der zweite Fixpunkt, der die gleiche Menschenwürde für alle Staatsglieder fordert, heißt «Gleichheit», und der dritte wird mit «Brüderlichkeit» benannt. Obwohl wir heute Mühe haben, diesen Begriff in Staatszusammenhang zu bringen, sind an der Basis des demokratischen Denkens Verantwortung und Fürsorge von Mensch zu Mensch zentral geblieben.

Im Licht dieses demokratischen Dreigestirns erscheinen die «irdischen» Mechanismen der Demokratie in recht deutlichen Silhouetten: Ob das Volk wirklich das letzte Wort spricht (Volkssouveränität); wieviel es mit der Rechtsgleichheit im Staat auf sich hat; in welchem Maß mit persönlicher und Meinungsäußerungsfreiheit andere Weltanschauungen in Erscheinung treten dürfen (Parteienvielfalt allein bedeutet nicht alles); mit welcher Konsequenz und in welchem Geist das Gewaltenteilungsprinzip angewendet wird; und endlich die Auslegung des Mehrheitsprinzips.

In diesem Kapitel werden die wichtigsten Elemente der Demokratietheorie kurz dargestellt. Auch wird herauszuschälen versucht, was einer Demokratie schadet und sie abwertet. Dabei ergibt sich unter anderem, daß vor allem die Unterdrückung der Meinungsäußerungsfreiheit zugunsten der Staatseffizienz, die ungenügende Offenheit der Gesetzgebung und die Überspielung des Gewaltenteilungsprinzips zur Aushöhlung der Demokratie führen müssen.

Wer Demokratie als politisches Qualitätsmaß eines Staatssystems benützen will – und ein gültigeres Maß gibt es nicht –, der muß Demokratie zuerst als Idee erkennen. Das sei hier in aller Bescheidenheit kurz versucht, obwohl das Thema Bände füllt.

Was bedeutet Demokratie?

«Demokratie» ist das fortgesetzte Bemühen, eine Basis und eine Organisation für eine Gesellschaft und einen Staat zu finden, in denen sich der Mensch wohl fühlt. Das heißt ein staatliches Umfeld, in dem er frei leben, sich äußern und betätigen kann und wo ihm ein zumutbares Maß an Gerechtigkeit widerfährt. Demokratie kann das sein, als was sie schon die Denker des Altertums erkannt und gefürchtet hatten: Volksherrschaft. Platon schrieb in seinem Werk «Staat», ein Umsturz, eine Revolution sei das Ergebnis allmählich angehäufter Übelstände. Aber schon eine Kleinigkeit könne bei geschwächtem Körper zu schwerer Krankheit führen. Dann komme «die Demokratie. Die Armen überwältigen ihre Gegner (...) und geben dem Volke gleichen Anteil an Bürgerrecht und Verwaltung». Noch im vergangenen Jahrhundert war «Demokratie» sowohl von Freunden wie von Gegnern als Aufschrei der Unterdrückten verstanden worden und als deren Forderung nach Anerkennung gleichberechtigter menschlicher Wesen. Friedrich Nietzsches bösgemeintes Wort: «Der Sieg Christi war der Beginn der Demokratie», liest sich auch heute noch anders, als der Autor es sich wohl vorstellte. In Wirklichkeit ist Demokratie der dornenvolle und andauernde Versuch der Menschheit, nach dem Dreigestirn Freiheit, Gleichheit und Brüderlichkeit zu greifen und in dessen Licht nach Wahrheit und Gerechtigkeit zu suchen. Heute verstehen wir unter Demokratie so etwas wie Humanität, anständiges Sozialverhalten, durchschaubare Zustände in Gesellschaft und Staat, Streben nach Gerechtigkeit und Wohlfahrt, Mitbestimmung des Volkes an Entscheiden, die es betreffen, kurz: eine auf das Wohlbefinden des Menschen ausgerichtete Umwelt. «Demokratie» und «demokratisch» sind weltweit zu politischen Qualitätsbegriffen geworden. Daß sich totalitäre Regimes und politische Husaren ihrer besonders gern bedienen, beweist den Kurswert.

Damit sind nicht bloß der hohe Stellenwert des Begriffs Demokratie angetippt, sondern auch die vielen Möglichkeiten seiner Auslegung. Weil «Volksdemokratien» kaum ein Wesensmerkmal der Demokratie in die Praxis umsetzen, können wir sie hier vergessen. Es bleibt interessant genug, das ganze Spektrum jener – vorwiegend westlichen – Gesellschaften und Staaten im Auge zu behalten, die die Bezeichnung Demokratie deshalb verdienen, weil sie sich um die Anwendung der wichtigsten Grundwerte wenigstens bemühen.

Vor allem gilt es, zwischen Demokratie als Gesellschaftsform und ihrer Umsetzung in die Organisation des Staates zu unterscheiden. Ein alter Streit der Wissenschaft betrifft die Frage, ob sich Demokratie im Staat ohne Demokratie in der Gesellschaft überhaupt verwirklichen lasse. Manche Politologen vertreten die Meinung, Voraussetzung für die demokratische Harmonie Gesellschaft/Staat sei die Anerkennung des «egalitären Prinzips». Darunter verstehen sie den auch rechtlich fixierten Grundsatz, daß jeder Bürger nicht nur stimmberechtigt sei, sondern auch ein Recht auf menschenwürdiges Leben habe. Erst in diesem Reifegrad könne Demokratie den Anspruch erheben, mehr als bloß ein Regierungssystem zu sein. Der kanadische Politologe C. B. Macpherson behauptet, daß solche Ausrichtung auf den Menschen und seine Entwicklungsfähigkeit nicht bloß das Prinzip gewesen sei, «das im 19. Jahrhundert in die vordemokratische liberale Theorie aufgenommen wurde, um diese liberal-demokratisch zu machen, sondern daß es gerade heute ein wesentliches Prinzip jeder demokratischen Theorie» sein müsse. Dabei habe es zurzeit im wesentlichen darum zu gehen, die Demokratie mehr auf die menschlichen Anlagen als auf «den Menschen als Konsumenten» auszurichten, wie das bei der einseitigen Prägung durch die Marktwirtschaft heute geschehe. Der geistig aktive und nicht der passiv Güter und Staat konsumierende Mensch ist also das anzustrebende Ziel. Und wirklich neigen unsere Demokratien heute weniger dazu, «Aufschrei der Unterdrückten» zu sein, als daß sie die Freiheitsbeschränkungen durch Eliten legalisieren.

Demokratie als Organisation genügt also nicht. Die anspruchsvolle Idee verlangt mehr.

Freiheit, Gleichheit, Brüderlichkeit

Im Blick auf die Grundwerte, auf denen die Demokratie beruht, sind diese drei Worte, in dieser Reihenfolge die Kampfparole der Französischen Revolution, zuerst zu nennen. Sie klingen zwar romantisch, sind aber in Wirklichkeit die eigentlichen Prüfpunkte auch der modernen Demokratie geblieben.

Ohne *Freiheit,* einem Merkmal des menschlichen Wesens, gibt es kein Wohlbefinden. Hier seien nicht die sittlichen Werte des Freiheitsbegriffs beleuchtet, sondern die politischen. Und wenn von den politischen Aspekten die Rede ist, dann steht die Frage nach dem Maß der Freiheitsbeschränkung im Vordergrund.

Frei im absoluten Sinn kann der Mensch als Bürger und Angehöriger einer staatlichen Gemeinschaft nicht sein. Hier muß der oft dozierte Satz zwangsläufig folgen: «Die Freiheit des einzelnen findet ihre Grenzen an der Freiheit des andern.» Hinter dieser Aussage wissen wir den Staat, der das Maß setzt und Freiheit gewährt oder verweigert. Demokratie als Freiheitsgarantin setzt also zuerst die Handlungsfreiheit des Freiheitsgebers Staat voraus. Nachher allerdings bestimmen die Qualitäten und die praktischen Realitäten der Staatsform das Freiheitsmaß: Demokratie oder Diktatur, direkte oder parlamentarische Demokratie, Zentralstaat oder Föderativstaat. Zuletzt werden die Erwartungen vom Maß der Freiheit der Staatsglieder, der Kantone und Gemeinden, bestimmt.

Und die Bürgerschaft? In welchen Bereichen findet sie sich vor der Allgegenwart des auch starke Gesellschaftsgruppen repräsentierenden Staates abgesichert? Der Berner Staatsrechtler Richard Bäumlin formulierte das in einem in der «Reformatio» erschienenen Text auf folgende Art: «Es ist zum Beispiel nicht Sache des Staates, verbindlich über den rechten religiösen Glauben, die maßgeblichen politischen und wissenschaftlichen Neigungen zu entscheiden; das Recht der freien Vereinigung und Versammlung ist zu achten. Damit soll es u. a. möglich sein, alle politischen Probleme jederzeit zur Diskussion zu stellen.» Auch die wirtschaftlichen und die gesellschaftlichen, sei beigefügt.

Wie stark werden die geschriebenen Freiheitsrechte jedoch in der Staatswirklichkeit wieder ausgehöhlt und entwertet? Wie hält es der demokratisch sein wollende Staat mit der zentralen Position Meinungsfreiheit? Wie mit der Freiheit des Wortes? Ohne sie kann weder Demokratie noch Persönlichkeit sein, behauptete Bertrand Russell, der bedingungslose Kämpfer für Meinungstoleranz und Frieden. Leben und Wissen seien heute so verwickelt, «daß wir nur durch freie Diskussion unseren Weg zwischen Irrtümern und Vorurteilen zu jener umfassenden Perspektive führen können, die Wahrheit ist».

Am Testpunkt Meinungsäußerungsfreiheit erscheinen selbst alte und berühmte Demokratien (zum Beispiel auch die schweizerische) immer wieder auffallend mangelhaft, weil sie sich dem Einfluß von gesellschaftlicher Macht, dem Elitedruck und einer falschverstandenen Demokratieauslegung beugen. Das Freiheitsmaß des Bürgers bestimmt jedoch den Mitsprachespielraum am öffentlichen Geschehen. Die in der Verfassung garantierte persönliche Freiheit ist aber auch der Eckpfeiler, wenn es gilt, das Staatsgeschehen zu überwachen. Hier stoßen wir auf eine weitere Schlüsselstelle der Demokratie: die Kontrolle und Überwachung der Gewalten. Die Überwachung durch den demokratischen Automatismus: die Gewaltenteilung. Von ihr wird noch zu reden sein.

Nun ist aber das Bündnis Demokratie–Freiheit nicht naturgesetzlich. Es ist auch nicht im vornherein eine Harmonie, vor allem dann nicht, wenn der verwandte Begriff der Gleichheit hineinspielt. Wenn wir Freiheit so verstehen, daß jeder tun kann, was er will, dann sind wir ungleich. Unterschiedliche natürliche Gaben und Eigenschaften setzen sich in Ungleichheit um. Wenn die Demokratie versucht, das auszugleichen, dann muß das notgedrungen auf Kosten der Freiheit gehen. Diese natürliche Disharmonie führt zu einem alten, politischen Spannungsverhältnis, in dessen Zentrum die Frage nach dem Maß der Staatseinmischung steht. Soll die Demokratie mehr Freiheit garantieren, oder der Gleichheit den Vorrang geben? Der englische Philosoph Herbert Spencer vertrat einst die Meinung, dem Staat stehe es zwar rechtens zu, durch die

Justiz für die Rechtspflege zu sorgen, jenseits davon könne er jedoch überhaupt nichts unternehmen, ohne die Gerechtigkeit zu verletzen. Die Wirklichkeit hat sich anders entwickelt, Spencers Meinung findet aber immer noch Anhänger.

Der Begriff der *Gleichheit,* als der nächstzunennende Grundwert der Demokratie, rührt tief in das Existenzverständnis des Menschen hinein. Im Altertum erscheint die aristotelische Theorie, jeder Mensch sei nach den ihm gegebenen «Talenten» zu messen. Damit waren in der Gesellschaft Klassen und Stände begründet: die Menschen sind ungleich und daher auch ungleich zu behandeln und einzustufen. Wurzeln dieser «proportionalen Gleichheitstheorie» finden wir auch im Liberalismus. Leistungsprinzip und Marktwirtschaft passen hierher. Im 20. Jahrhundert neigen jedoch auch liberale Staatsrechtler dazu, eine größtmögliche Gleichheit über Rassen, Klassen und Stände hinweg anzustreben. Der deutsche Staatsrechtler Gerhard Leibholz umschreibt den wichtigen Punkt so: «Heute erscheinen die zwischen den Menschen bestehenden Verschiedenheiten letzten Endes als unwesentlich gegenüber dem, was die Menschen miteinander verbindet. Es sind im Grunde genommen christliche Vorstellungen, die in säkularisierter Form in dieser Weise dem Gleichheitsbegriff inhaltlich seine Vorstellung gegeben haben.»

Es ist heute unbestritten, daß es keine Gleichheit ohne Überwachung durch das Staatssystem gibt. Solche Überwachung kann aber nur wirksam geschehen, wenn die volle persönliche Freiheit der Bürgerschaft spielt. Die Erfahrungen des 20. Jahrhunderts beweisen das mit aller Deutlichkeit. Ohne «ein volles System der Herrschaft der öffentlichen Meinung», wie es Leibholz nennt, kann nicht von einer Demokratie gesprochen werden. Die Aussage ist an dieser Stelle deshalb wichtig, weil die Unterdrückung der politischen Freiheit automatisch die Aufhebung der politischen Gleichheit zur Folge hat.

Die Darstellung der Oberbegriffe Freiheit und Gleichheit zeigt, daß in der Demokratie nicht ohne ein Toleranzpolster auszukommen ist. Es fällt uns, wie gesagt, nicht leicht, ein solches Polster mit dem Wort *«Brüderlichkeit»* zu bezeichnen. Der Begriff, der im politischen Zusammenhang bis ins Altertum zurückreicht, wurde in der neueren Geschichte als «Fraternité» geläufig. Heute umschreibt ihn der Brockhaus als Gesinnung, «durch die sich die Mitglieder einer menschlichen Gruppe untereinander zur tätigen Hilfe verpflichtet fühlen, ohne daß sie dazu gesetzlich verpflichtet wären».

Die Gesinnung der Brüderlichkeit ist tief in der Demokratieidee eingebettet. In der Organisationsform der «Genossenschaft» finden wir sie am direktesten verwirklicht. In der Schweiz ist der Landsgemeindegeist bis heute ein Denkelement geblieben, und einiges davon finden wir im Bundesstaat wie in der Gemeindeversammlung wieder. So kann die Eid-Genossenschaft und ihre halbdirekte Demokratie als direkte Ideenverbindung zu den mittelalterlichen Bruderverbänden gesehen werden. Eine Demokratie braucht modern verstandene Brüderlichkeit als Polster, mit dem die Meinungsausschläge aufgefangen werden können, und insbesondere als Klammer, mit der die egozentrischen Ideen Freiheit und Gleichheit zu einem aktiven Begriff der Menschlichkeit zusammengekoppelt sind.

Dieser kurze Exkurs in den ethischen Plafond des Demokratiebegriffs verrät den hohen Erwartungsgrad, dem diese den Menschen in den Mittelpunkt stellende Staatsform genügen muß. Müßte!

Unterhalb dieses Dreigestirns findet sich eine Reihe von theoretischen und praktischen Prinzipien, die in einem demokratischen Staat zu gelten haben. Erst ihre Ausformung verrät den eigentlichen Gehalt einer Demokratie. Nachstehend sei versucht, diese Prinzipien darzustellen und damit ein brauchbares Maß zu entwerfen, das für die Beurteilung der westlichen, vor allem aber unserer schweizerischen Demokratiewerte dienen kann.

Drei der sieben Absoluten

Eine «Vivisektion» der Demokratie gibt einen Einblick in sieben wichtige Begriffe und Strukturen frei:

Die *Souveränität des Volkes,* die Fixierung der Oberhoheit im Staat, ist als erstes Prinzip ein Begriff «mit Vergangenheit». Während im christlichen Dasein des Menschen Gott die oberste Autorität darstellt, waren die alten aristokratischen Staatsformen nach den Ideen des Gottesgnadentums organisiert. Amerikanische Gliedstaatsverfassungen ebenso wie die schweizerische Bundesverfassung oder die Kantonsverfassungen unterstellen freilich noch heute Volk und Staat der Autorität Gottes. Dennoch spricht Gerhard Leibholz von einem «fortschreitenden Säkularisierungsprozeß» des politischen Denkens im Laufe des letzten Jahrhunderts, der den religiösen Unterbau des demokratischen Lebens weitgehend entfernt habe. An die Stelle der Souveränität Gottes sei die Souveränität des Volkes getreten. Zumindest theoretisch übe nun das Volk die höchste Entscheidungsgewalt aus. Die Demokratie orientiert sich daher als System weniger nach oben als nach unten. Dabei steht der Echtheitsgrad der Volkssouveränität im Zentrum.

An diesem Punkt hat heute die Bewertung einzusetzen: Läßt die demokratische Organisation die Durchsetzung des Volkswillens zunächst einmal theoretisch zu (egal ob als parlamentarische oder als halbdirekte Plebiszitdemokratie)? In der Praxis kann der Volkswille verfälscht oder durch das Wahl- wie das Gesetzgebungssystem, das sich dominierenden Eliten unterwirft, überspielt werden. Wichtig ist aber auch, daß die demokratische Praxis mit den Vorstellungen übereinstimmt, die die Bürgerschaft sich vom System macht.

Die Gleichheit vor dem Gesetz: Die moderne Demokratie hat auch den christlichen Satz, wonach alle Menschen vor Gott gleich sind, profaniert. Artikel 4 der schweizerischen Bundesverfassung lautet: «Alle Schweizer sind vor dem Gesetze gleich.» Anders als in den aristokratisch aufgebauten Staatssystemen gibt es in der Demokratie keine Vorrechte der Geburt, der Familie oder der Person – sofern wir jene Vorrechte übersehen, die sich zum Beispiel aus dem Erbrecht in der Gesellschaft herausgebildet haben. Die Nuancen des Begriffs «Gleichheit» gegenüber früheren Zeiten sind aber doch nicht zu übersehen. Heute erhält die Tendenz Auftrieb, nach absoluter Gleichheit zu streben, um damit die natürliche Ungleichheit der Menschen zu überspielen. Die modernen Gleichheitsideen führten u. a. zu humanen Errungenschaften wie der Gleichberechtigung der Frau, und manchenorts konkurrieren sie mit der noch verbreiteten Vorstellung von der Gleichheit der Rassen. Die Idee der Gleichheit führt also auch zu aktivem Menschenschutz. Demokratie bedeutet unter diesen Gesichtspunkten zwar nicht absolute Gleichstellung in der Gesellschaft, sie müßte aber die extreme Schlechterstellung von Menschen, von Ausländern zum Beispiel oder von Fremdarbeitern, ausschließen.

Das Mehrheitsprinzip: Demokratische Wahrheit und Gerechtigkeit sind die Wahrheit und Gerechtigkeit der Mehrheit. Irgendwann muß bei der Entscheidungsfindung im Staat die Quantität ins Spiel gebracht werden. Je mehr Menschen für eine Idee mobilisiert werden können, desto näher kommt das demokratische Verfahren dem Ideal der Gleichheit. Und je mehr Staatsbürger an der Entscheidungsfindung mitwirken, desto mehr ist ein System *auch praktisch* eine Demokratie. Die Suche nach dem Volkswillen über die Vehikel Wahlen oder Abstimmungen zeigt also auch die Grenzen der demokratischen Möglichkeiten. Der Gleichheit widerspricht, daß im Staat ansässige Menschen (z. B. Fremdarbeiter) von der Ausübung der Volksrechte ausgeschlossen sind, und das Mehrheitsprinzip wird fragwürdig, wenn allzu viele Bewohner auf die Teilnahme an der Entscheidungsfindung verzichten. Der demokratische «Volkswille» wird dann zum Willen der großen oder kleinen Minderheit der Einwohnerschaft degradiert. Somit wird weder das Repräsentationsprinzip noch jenes der «Volonté générale» lupenrein verwirklicht. Der «Mehrheitswille» ist nur noch ein Teil des Volkswillens. Theoretisch erreicht also die Demokratie über das Mehrheitsprinzip die Berücksichtigung «des Volkswillens» (der «Volonté de tous», um bei Rousseau zu bleiben) sozusagen nie. Daher liegt es nahe, daß die unterlegene Minderheit eine anspruchsberechtigte Größe bleibt – wenn man die Ansprüche Rechtsgleichheit und Volkssouveränität ernst nimmt. Auf die Dauer kann einer solcherweise entstandenen fixen Minderheit der Verzicht nicht zugemutet werden. Jedenfalls nicht ohne nachteilige Folgen im Staat.

Ein gewisser Baron de Montesquieu

Die drei weiteren Prinzipien «Freiheit des Einzelnen», «Öffentlichkeit» und «Verantwortlichkeit der Behörden» stehen innerhalb der «Sieben Absoluten» in einem engen Zusammenhang.

Mit dem Imperativ der *persönlichen Freiheit* des Einzelnen im Staat, von der bereits kurz die Rede war, strebt die Demokratie das Höchste des Erreichbaren an. Das Prinzip meint die persönliche Freiheit wie die politische und legt die Basis zur Mitwirkung im Staat. Diskussion und Meinungsbildung sind nur möglich, wenn mit den genannten Rechten der Spielraum geschaffen ist: mit der Koalitions-, der Meinungsäußerungs- und der Pressefreiheit. Der gesamte organisatorische Aufbau des modernen Verfassungsstaates dient eigentlich nichts anderem als dem Schutz der individuellen Freiheitsrechte. Damit ist angedeutet, daß es wesentlich um den Schutz der Menschenrechte geht. Die westlichen Staaten haben sie, wie Leibholz schreibt, «vorwiegend in Rechte-Erklärungen kanonisiert und damit zum materialen Hauptbestandteil ihres nationalen Kulturwertsystems gemacht». Die politische Freiheit bedeutet aber mehr als das Recht, an Wahlen und Abstimmungen teilzunehmen. Sie muß einschließen, daß der Bürger seine Meinung vertreten kann, ohne persönliche Nachteile befürchten zu müssen. Das bedeutet auch die offene Mitwirkung in der Opposition und die Kritik an der Regierung. Die allermeisten Demokratien des Westens weisen in diesem Bereich Mängel auf. Wo auch unbequeme Opposition nicht möglich ist, droht Demokratie ausgehöhlt zu werden und zur Eliteherrschaft zu entarten. Erst persönliche Freiheit, die auch politisch verstanden wird, ermöglicht gemeinschaftliche Willensbildung und Überwachung des Staates.

«Öffentlichkeit», als nächstzunennendes Prinzip, bedeutet, daß alles Geschehen in der staatlichen Willensbildung, in der Regierungstätigkeit und in der Verwaltung offen zu geschehen hat. Das Gebot ergibt sich aus dem genossenschaftlichen Ideengehalt der Demokratie eigentlich von selbst. «Genossenschafter» dulden keine Geheimnisse im Tätigkeitsablauf ihrer Gemeinschaft. Aus die-

ser Sicht ist auch keine Bevorzugung einer Bevölkerungsschicht oder -gruppe durch Parlament und Regierung im Staat zu dulden. Ein geschlossener Wettstreit von Verbandsgruppen und Eliten, wie es der Pluralismus will, mag einen gewissen «Selbstaufhebungseffekt der Interessen» bewirken, er untergräbt aber vor allem das Vertrauen zwischen der Bürgerschaft und ihrer Vertretung. In der Schweiz zum Beispiel ist dieser Mechanismus dominierend. Es geht hier um die Qualität der Repräsentation im Staat, darum, wie die Unberechenbarkeit der Menschen in Schranken gehalten werden kann. Bedingungsloses Vertrauen in das Verantwortungsbewußtsein der Behörden führt sie in zu schwere Versuchung. Demokratie rechnet zwar mit der *«Verantwortlichkeit der Behörden»*, doch erwartet der Wähler nicht, Engel gewählt zu haben. Im Gegenteil traut er seinen Kandidaten bei der Vertretung seiner Weltanschauung ein gewisses Raffinement zu.

Auf diese Realität stützt sich ein Ordnungselement der Demokratie ab, dessen Ursprung ebenfalls bis in die Antike zurückreicht: das Prinzip der *Gewaltenteilung*. Ein gewisser Charles de Secondat, Baron de la Brède et de Montesquieu hat sie im Werk «Vom Geist der Gesetze» («L'Esprit des lois») 1748, also vor 234 Jahren, formuliert. Gewaltenteilung bedeutet organisatorische und personelle Trennung der drei hauptsächlichen Staatsfunktionen Gesetzgebung, Rechtsprechung und Vollziehung. Sie hat zum Ziel, im Staat ein politisches Gleichgewicht herbeizuführen, das Machtmißbrauch verhindert. Es handelt sich also um einen im demokratischen System eingebauten Kontrollautomatismus. Die Theorie teilt das Prinzip in vier Stufen ein:

1. Die logische Unterscheidung der staatlichen Funktionen (Recht setzen, Recht ausführen, nach dem Recht urteilen)
2. Die organisatorische Gewaltentrennung (für jede der drei Funktionen eine eigene Behörde (Parlament, Regierung, Justiz)
3. Die personelle Gewaltentrennung (die gleiche Person darf nur einer der drei Gewalten angehören)
4. Die gegenseitige Hemmung (die drei Organe müssen sich gegenseitig überwachen).

Während sich die «logische Unterscheidung» durchgesetzt hat, finden wir die hauptsächlichsten Vermischungen und Entwertungen des Prinzips bei der Anwendung der Punkte 2 und 3. Wenn zum Beispiel Richter oder Chefbeamte in Parlamenten sitzen, dann sind das gravierende Verletzungen der Gewaltenbalance. Verletzt wird die Idee auch dort, wo der Richter und die Untersuchungsbehörde in der gleichen Person auftreten oder wo die Exekutive ihre Kontrolle gleich selbst besorgen soll. Der Idee der Gewaltenteilung wird im Prinzip aber auch dann zuwidergehandelt, wenn der kantonale Regierungsrat in der eidgenössischen Volkskammer sitzt, wie das in der Schweiz dutzendweise geschieht. Der Überwachungsfunktion des Föderalismus wird im schweizerischen Bundesstaat mit Zweikammersystem und Ständemehr ohnehin Genüge getan. Der Endeffekt all dieser der Gewaltenteilung zuwiderlaufenden Handlungsweisen ist eine enorme Verfilzung im Bundesstaat und damit die Verwässerung der gegenseitigen Gewaltenüberwachung. Sie ist in der Schweiz besonders zu beklagen, nachdem die Schwächen der Verfassung in dieser Hinsicht von der politischen Praxis noch verschärft worden sind.

In der neueren Entwicklung der Staaten zu pluralistischen Demokratien stellt sich das kluge Staatsprinzip der Gewaltentrennung, um im Jargon der Soziologie zu sprechen: auch unter dem Gesichtswinkel des permanenten Wechselspiels zwischen dem «System» und dessen Teilen in Wirtschaft und Gesellschaft. Die «Gewalten» des Staates werden von den «Gewalten» der Gesellschaft nicht nur gestört, sondern auch durchmischt. Das Problem der Überwachung und Kontrolle erscheint nicht mehr bloß innerhalb des Staates. Die Konflikte werden nun im «Zusammenspiel zwischen dem Gesamtsystem und seinen Gliedern» angegangen, von denen der Staat nur eines darstellt, wie sich Reinhold Zippelius ausdrückt. In den pluralistischen Demokratien funktioniere ein Modell gesellschaftlichen Zusammenwirkens: «Auf verschiedenen Ebenen existieren organisatorische Gefüge, die Interessen und Meinungen sichten, artikulieren, Kompromisse zwischen ihnen anbahnen und diese Ergebnisse zur weiteren Verarbeitung in andere Institutionen einbringen.» Doch sieht auch Zippelius die Gefahren dieser Erweiterung. Die Gefahr vor allem, daß die besonders gut organisierten und massiven Partner sozusagen mit dem Segen des Staates bevorteilt werden. Wird nicht in dieser Entwicklung der Urgedanke der Trennung, der Überwachung und der Ausbalancierung der Gewalten, vernachlässigt? Ich bin davon überzeugt. Das alte und oft verwischte Dreigewaltensystem ist von der modernen Entwicklung unterlaufen worden.

Wie wichtig den Schöpfern der Demokratie das Anliegen der automatischen Überwachung der Gewalten war – sie hatten freilich nur den Staat im Auge –, geht auch daraus hervor, daß zum Zweck der Gewaltenkontrolle noch andere Elemente in das System eingebaut worden sind: das Zweikammersystem zum Beispiel, die Verwaltungskontrolle sowie das richterliche Prüfungsrecht (die Verfassungsgerichtsbarkeit). In welchem Maß in diesem Überwachungsgeflecht heute die Medien als «vierte Gewalt» mitwirken, bleibe dahingestellt. Durch die neue Sachlage, in welcher häufig jeder Beaufsichtigung *entzogene* gesellschaftliche «Gewalten» in Erscheinung treten, sind die Medien auf alle Fälle in eine Überwachungsfunktion hineingedrängt worden, die ihnen viel Feindschaft einträgt.

Lupenrein wird die Gewaltenteilung freilich in kaum einer Demokratie angewandt. Der Grad ihrer Verwirklichung ist aber ein recht präzises Maß des Demokratiegehalts. Dabei spielt auch das Gewicht eine Rolle, das man *der Idee* beimißt. Das heißt der Einsicht, daß Gewaltenverfilzung den Machtmißbrauch im Staat begünstigt und den Starken der Gesellschaft die Einflußnahme auf das Staatsgeschehen sozusagen offeriert. An der Gewaltenteilung mißt sich die Sauberkeit einer Demokratie. Durch die Löcher, die sie offenläßt, dringen die Einzelinteressen in das Staatsgetriebe ein.

Als letzte Position in der Reihe der «Absoluten» ist der *Rechtsstaat* zu nennen. Demokratie und Rechtsstaat bedingen sich gegenseitig. Die bisher genannten Prinzipien der Demokratie sind auch solche des Rechtsstaates. Welche der beiden Größen hat aber den Vorrang? Die Demokratie erfüllt den Anspruch, für sich selbst zu gelten, gewiß eher. Es scheint jedoch, das Dilemma sei in einem Text des Berner Staatsrechtlers Richard Bäumlin, der in der Zeitschrift «Reformatio» erschien, in politisch akzeptabler Weise entwirft: «Ein Gemeinwesen, das allen zu ihrem Recht verhilft und sie zugleich bei der Gestaltung ihres Geschicks beteiligt – das ist der wohlverstandene Rechtsstaat und zugleich (!) die wirkliche Demokratie.» Es geht also auf alle Fälle nicht an, im Namen des Rechtsstaates Demokratie auszuschalten.

Die Demokratiemodelle und ihr Wert

Am Schluß dieser kurzen Untersuchung der Werte, die der Demokratieidee über- und unterzuordnen sind, sei noch versucht, die Kombinationen ihrer Anwendung zu skizzieren.

Auf der Suche nach dem «richtigen» Staatssystem wurde jeweils von verschiedenartigen Denkansätzen ausgegangen. Staatsformen, die vom Ideenbereich des Marxismus inspiriert wurden, strebten vor allem eine gerechte und humane Ordnung menschlichen Zusammenlebens an sowie die Abschaffung der Herrschaft des Menschen über den Menschen. Im gegenüberliegenden «Lager» folgte man eher Niccolò Macchiavellis rationaler Auffassung von der Ungleichheit der Menschen, die der italienische Staatsrechtler Gaetano Mosca so formulierte: «In allen Gesellschaften, von den primitivsten im Aufgang der Zivilisation bis zu den vorgeschrittensten und mächtigsten, gibt es zwei Klassen, eine, die herrscht, und eine, die beherrscht wird.» In diesem eher bürgerlichen Denkbereich, der unseren westlichen Demokratievarianten weitgehend unterlegt ist, wird zwischen Staat und Gesellschaft unterschieden. Der Bürger kann sich über eine demokratische Organisation des Staates Gehör verschaffen, die Gesellschaft hingegen soll als ein natürlichen Gesetzen folgendes harmonisches Ganzes der politischen Gestaltungsmöglichkeit soweit wie möglich entzogen sein. Die Unterscheidung von Staat und Gesellschaft ist also ein wichtiges Merkmal des liberalen Denkens, das in der bürgerlichen Demokratie eine sozialakzentuierte Weiterentwicklung erfahren hat. Doch trachten manche politischen Verfassungen weiterhin speziell danach, die Staatsgewalt zugunsten der Freiheiten der Gesellschaft, der Handels- und Gewerbefreiheit zum Beispiel, in

Schranken zu halten. In der modernen Demokratie erweist sich jedoch immer mehr der Zusammenhang zwischen Staat und Gesellschaft. Und das Bedürfnis zur beidseitigen Mitsprache, vor allem in den Industriegesellschaften, ebenfalls. Das führt zum besonders aktuell gewordenen Problem des sogenannten Elitenpluralismus. Der Soziologe Joseph A. Schumpeter hat den Themenkreis wie folgt charakterisiert: Elitenpluralismus als demokratische Methode sei «diejenige Ordnung der Institutionen zur Erreichung politischer Entscheidungen, bei welcher einzelne die Entscheidungsbefugnis vermittels eines Konkurrenzkampfes um die Stimme des Volkes erwerben». Auch die schweizerische Plebiszit-Demokratie kennt den Zustand, indem Volksabstimmungen schließlich auf «Dialoge» der organisierten Interessen in Reklamefeldzügen hinauslaufen.

Unter allen diesen Voraussetzungen sind Demokratiemodelle mit ganz verschiedenen «Charakteren» möglich. Die Eigenschaften sind weitgehend auch gleichbedeutend mit der Demokratie-Qualität und daher als Bewertungsmaßstab wichtig.

Zunächst ist zu beachten, daß *die klassischen Demokratievorstellungen* ehrgeizige Ansprüche stellten. Hier ging es darum, ein Volk zu erziehen. Die Kunst des Regierens bewähre sich in der Erziehung der Massen, ist hier die Meinung. Politisches Handeln solle zum allgemeinen Wohl geschehen und sozusagen Zentrum menschlicher Selbstverwirklichung sein. Der Weg zu höherer Entfaltung führe über die Teilnahme am öffentlichen Leben. Demokratie ist hier mehr Lebensstil als Organisation und erfordert Teilnahme und Beteiligung. Die Forderung nach Teilnahme hat also klassische Motive. Finden sich beim heutigen Bürger diese Tugenden noch?

Empirische, also auf der Erfahrung beruhende, Modelle hingegen richten sich nach der gesellschaftlichen Praxis. Hier wird im Gegensatz zur klassischen Theorie angenommen, in Wirklichkeit gehe den meisten Menschen das Interesse für die Politik und damit die Motivation zur Teilnahme ab. Ein funktionierendes System verlange aktive und passive, aber auch «laue» Bürger. Es gehe darum, eine Demokratie des 20. Jahrhunderts zu entwickeln, die mit den heute lebenden Menschen rechne und die Kluft zwischen

Theorie und Praxis überwinde. Dabei sei zu bedenken, daß die Politisierung vieler Bürger bei der Konfliktbewältigung auf Kosten der Elitedemokratie gehe. Deshalb wird vielerorts dem öffentlichen Konflikt ausgewichen, und anstelle der Interessen des Volkes tritt der Verbändepluralismus. In einem solchen System der organisierten Interessen bleibt in Wirklichkeit der Großteil des Volkes ausgeschlossen. Der Souverän beginnt abzudanken und sich auf das Talent der Elite zu verlassen. Eine Tendenz von dieser Art hat dann an Fortschritt und Wandel, also an den lebensnotwendigen Charakterzügen einer Demokratie, weit weniger Interesse als an der Stabilität, an der Bewahrung der Vorzüge der Gegenwart.

Demokratie kann aber auch nach *Grundsätzen der Marktwirtschaft* verstanden werden. Es wird auf die Konkurrenz in der Führung geachtet, liberale Wettbewerbsvorstellungen stehen im Vordergrund. Die Wahlversprechen sind wichtige Elemente in diesem Wettbewerb. Clemens-August Andreae formuliert Teile des Gedankens so: «Seit Adam Smith wissen wir, daß der Markt ein Mechanismus ist, der dafür sorgt, daß Egoisten unter Wettbewerbsdruck so handeln, wie ihre Mitmenschen es gern haben möchten. Im öffentlichen Sektor ist es ganz genau so – es wird mit Hilfe der Demokratie erzwungen, daß egoistische Funktionsträger in großen Zügen einigermaßen gemeinnützig handeln.» Der wesentliche Unterschied zwischen einem hochzentralisierten parlamentarischen System, das letztendlich über Wahlen – Andreae hat die parlamentarische Demokratie im Auge – und einem System, das über Märkte gesteuert werde, liege darin, daß bei Märkten die Kontrolle kontinuierlich sei: «Beim Kaufmann wird jeden Abend in der Ladenkasse festgestellt, wie viele Stimmzettel, lies: Banknoten, dort abgegeben worden sind. Beim Politiker wird dies nur alle vier bis fünf Jahre gemacht.» Verhält sich jedoch der Wähler und der Stimmende so rational wie der Akteur des Marktes? Kann Demokratie überhaupt je so rational sein wie der Markt? Dennoch ist die Grundidee verbreitet. Elemente davon finden wir auch bei uns.

Endlich ist die Formel *«Demokratie als Elitenherrschaft»* nicht zu übersehen. Ihre mehr oder weniger starken Spuren sind im ganzen Spektrum zu finden. In dieser Auslegung der Demokratie wird der Einfluß von unten eher als Bedrohung empfunden. Die Eliten seien die schöpferischen Kräfte der Gesellschaft, und deshalb sei es falsch, in der Politik eine hohe Beteiligung zu fordern. Politisierung der Massen führe zum Konflikt und sei daher zu verhindern. Es gelte, wird hier gesagt, die klassischen Vorstellungen zu überwinden und die Demokratie in die heutigen Lebenswirklichkeiten zu integrieren. Die Stichworte heißen: Wettbewerb, Führung, Organisation. Herrschaft habe es immer gegeben, heißt das Argument, das Volk könne nur durch Repräsentation wirksam sein.

Dieser Ausflug in das Reich der Demokratietheorien soll uns bei dem in den nächsten Kapiteln folgenden Gang durch die schweizerische Wirklichkeit als Orientierungshilfe dienen. Als Maß, wenn es gilt, unsere staatlichen Aktivitäten nicht bloß nach ihrer praktischen Wirksamkeit, sondern auch nach ihrer demokratischen Qualität zu bewerten. Welchen Stellenwert besitzt unsere *halbdirekte Demokratie,* die wir so gerne «klassisch» sehen, in diesem Spektrum? Übernimmt sie in der aktuellen Auslegung nicht allzuviel vom Elitemodell und vom «empirischen» Gedankengut? Eine kritische Standortbestimmung drängt sich auf.

3. Kapitel

Die Verflechtung des Staates mit den organisierten Interessen

Die Schwächen des in der Schweiz praktizierten Systems einer halbdirekten Demokratie liegen nicht in der Struktur, die die Verfassung umreißt, sie wurden vielmehr im Laufe der Jahrzehnte in das System hineininterpretiert. Die Entwicklung, die zu einem übertriebenen Einfluß der organisierten Interessen der Gesellschaft auf das Staatsgeschehen führte, wird in diesem Kapitel dargestellt.

Es ist die Entwicklung der Wirtschafts- und Gesellschaftsverbände sowie der Berufsorganisationen und Gewerkschaften während den letzten hundert Jahren, die auch von sehr positiven Zügen geprägt ist. Die Einflußnahme dieser mächtig gewordenen Organisationen auf die Meinungsbildung im Staat hat jedoch im Gefolge des einsetzenden Pluralismus zu zweifelhaften Systemverschiebungen geführt. Die Verflechtung zwischen Staat und Wirtschaft/Gesellschaft, die der Bürger weder zu überschauen noch zu kontrollieren vermag, hatte auch ein ungutes Demokratieverständnis zur Folge. Die konservativen Welschen Olivier Delacrétaz, Marcel Regamey und Louis Mayer formulierten es im Büchlein «Studien zum Föderalismus» auf folgende Weise: «Der Politiker muß nicht unbedingt selbst eine konkrete Lösung der verschiedenen sozialen und politischen Probleme finden; vielmehr hat er für einen günstigeren Rahmen zu sorgen, innerhalb welchem die Interessengruppen zufriedenstellende Lösungen finden können.»

In dieser Richtung hat sich das System tatsächlich perfektioniert. Die Interessenverbände nehmen heute auf jede Gesetzgebung, auch auf jene, die sie selbst betrifft (das Kartellgesetz wird als Beispiel angeführt), maßgeblichen Einfluß. Eigentliche Machtklumpen sind am Werk. In diesem Kapitel wird ersichtlich, daß zwar staatliche Macht demokratisch gebunden, gesellschaftlich/wirtschaftliche indessen unkontrolliert wirksam ist. Es wird aber auch auf die Demokratieeinbußen hingewiesen, die diese Deformation der halbdirekten Demokratie bewirkt: auf den Verlust an Öffentlichkeit (wichtiges ge-

schieht unter dem Stempel «Vertraulich»), die massive Delegation von Verantwortlichkeiten von Behörden an Privatorganisationen, den Entzug gewichtiger staatlicher Handlungen aus der demokratischen Kontrolle und vor allem auf die Überspielung des Gewaltenteilungsprinzips.

Wie weit sind im öffentlichen Geschehen der Staat einerseits und Wirtschaft/Gesellschaft andererseits auseinanderzuhalten? Und in welchem Maß haben sie sich zu ergänzen?

Das Verhältnis Staat–Wirtschaft

Der Präsident des Vororts des Schweizerischen Handels- und Industrie-Vereins, Louis von Planta, sagte an einem Vortrag im Mai 1980, das Wirtschaften umfasse nur einen Teil der menschlichen Tätigkeit, wenn auch einen sehr wichtigen. «In diesem Sinne», führte von Planta aus, «ist es in eine Gesamtheit einzuordnen. Der Rahmen für diese Gesamtheit der menschlichen Betätigungen und Beziehungen wird vom Staat gesetzt. Unter diesem Gesichtspunkt besteht zwischen Staat und Wirtschaft wohl eine Interdependenz, aber keine Gleichberechtigung. Vielmehr ist die Wirtschaft dem Staat untergeordnet und hat sich in dem Rahmen zu bewegen, der vom Staat gesetzt wird.» Der Satz könnte aus dem Staatskundebuch abgeschrieben sein, und der nächste klingt fast entwaffnend: «Die Unterordnung der Wirtschaft in das vom Staat festgelegte Gesamtsystem hat zur Folge, daß nicht die Wirtschaft das von ihr gewünschte System bestimmt, sondern daß dies in die alleinige Zuständigkeit des Staates fällt.»

Immerhin zog Louis von Planta schließlich doch auch in Betracht, daß die Wirtschaft den Staat in seinen Entscheidungen zu beeinflussen versuche. Inwieweit dies möglich sei, meinte er, «hängt vom politischen System der einzelnen Länder ab. Naturgemäß ist die Einflußmöglichkeit der Wirtschaft in einem demokratischen Staat wesentlich größer als in einem solchen der faktischen Diktatur...»

Ein anderer Wirtschaftsführer, Beat Gerber, Generalsekretär der Schweizerischen Volksbank, setzte hingegen den Finger auf jenen wunden Punkt, der aus der Sicht der Wirtschaft immer wieder Bedeutung erlangt: «Im allgemeinen legen wir uns zu wenig Rechenschaft darüber ab, daß zunehmender Staatseinfluß gleichzeitig zunehmenden Verlust an persönlicher Freiheit mit sich bringt.»

Tatsächlich sind die Friktionen im Bereich Staat-Wirtschaft oft auf diesen Punkt zurückzuführen. Die zu neuer Aktualität gelangte Forderung nach weniger Staat erscheint an diesem Punkt in einem Zwielicht. Im April 1976 sagte Bundesrat Ernst Brugger an einem Schweizerischen Gewerbekongreß in Interlaken, den Vorwurf des Staatsinterventionismus relativierend: «Auch von Ihrer Seite sind die Anforderungen, die an den Staat gestellt werden, nicht gerade bescheiden. Viele Ihrer Branchen verlangen verstärkte Anstrengungen zur Ankurbelung der Konjunktur, andere vermehrte Exportförderungsmaßnahmen, wieder andere sogar protektionistische Maßnahmen an der Grenze. Schließlich verlangen nicht wenige staatliche Hilfen zur Überwindung struktureller Schwierigkeiten und zur Absicherung der sozialen Folgen der Rezession.»

In jener Zeit eines Konjunktureinbruchs hatte sich im Gewerbe die Notwendigkeit der Staatshilfe drastisch erwiesen. Ganze Forderungskataloge zur Unterstützung der Berufsbildung, der Berggebiete, der Bürgschaftsgenossenschaften, der Klein- und Mittelbetriebe, des Detailhandels, der Landwirtschaft, wurden formuliert. Die staatliche Gemeinschaft konnte sie nicht in den Wind schlagen. Der liberale Bundesrat Georges-André Chevallaz bestätigte denn auch am Herbstseminar 1981 des Redressement national in Mürren: «Was den immer wieder hervorgehobenen Einfluß der Wirtschaftsgruppen» betreffe, sei festzuhalten, daß «keiner Regierung deren materielle Existenz gleichgültig sein» könne. Der zweite Liberale in unserer Regierung, Bundesrat Fritz Honegger, wies 1979 in einer Rede vor dem Schweizerischen Handels- und Industrie-Verein, dem Vorort, noch auf andere Aspekte der Beziehung Staat-Wirtschaft hin, die es besonders in einem Wahljahr zu beachten gelte. «Die Wahlen», sagte Honegger gemäß einem Zeitungsbericht, «bestimmen nicht unwesentlich die wirtschaftliche Marschrichtung der Zukunft und damit auch den unternehmerischen Handlungsspielraum. Die Wirtschaft muß deshalb an den Wahlen ein hohes Interesse haben.»

Die Verflechtung hatte sich während der Erdölkrise 1973–1974 *auch auf der internationalen Ebene* erwiesen. «In allen Ländern bestanden enge Beziehungen zwischen den Erdölgesellschaften und den staatlichen Behörden», steht im «Bericht der EG-Kommission über das Verhalten der Ölgesellschaften in der Gemeinschaft während der Periode Oktober 1973 bis März 1974» zu lesen. Während der Ölkrise waren die Beziehungen, auch durch öffentliches Recht legalisiert, stärker geworden. Es hatten sich zwischen den Behörden und den Öl-Multis enge Kontakte angebahnt, ja die Regierungen bezogen die Gesellschaften direkt oder über die Verbände in die nationalen Wirtschaftsplanungen ein. Dabei reifte die Einsicht, daß die Länder dem wirtschaftlichen und politischen Hintergrund größere Beachtung schenken müßten. Es sei zwischen den Funktionen der beiden Partner Staat und Multi ein besseres Gleichgewicht herzustellen und die Rolle der Multis dem Staatssystem zu unterwerfen. «Es gibt kein Land», heißt es in dem Bericht weiter, «das nicht den Wunsch geäußert hätte, einen genaueren Einblick in das Ölgeschäft zu gewinnen» und dieses in den Griff zu bekommen. Sämtliche Industriestaaten der Welt hätten sich zu diesem Ziel bekannt. Wirtschaftliche Macht ist also auch auf internationaler Ebene mit staatlicher Macht in Konflikt geraten. Dabei wurden die Staaten oft deshalb zum «Interventionismus» gezwungen, weil die Wirtschaft durch verabredetes Handeln den Markt gemeinsam zu beherrschen versuchte und damit Monopolstellungen anstrebte. Das trieb die Regierungen zu einer scharfen Kartellpolitik, das heißt zur *zwangsweisen* Durchsetzung des Wettbewerbsprinzips in der Marktwirtschaft. Der Staat wird also nicht selten zum Eingriff gezwungen.

Die Verteidigung der Kartellburg

Das Problem des Wettbewerbsschutzes, der auf Staatsvorschriften für die Wirtschaft hinausläuft, hat auch in der Schweiz seine Geschichte. Vor allem in der Europäischen Gemeinschaft wird immer wieder betont, die Schweiz besitze das mildeste Kartellgesetz des Kontinents. Auch an dieser Tatsache läßt sich der große Einfluß ermessen, den die Wirtschaft auf den Gesetzgebungsprozeß unseres Staates auszuüben vermag.

In der in liberalem Geist großgewordenen modernen Schweiz gilt als einer der höchsten Werte die freie Marktwirtschaft. Und sie ist tatsächlich ein Ideal, mit dem sich leben läßt. Es hat sich aber längst erwiesen, daß sie zum fairen Funktionieren die Leitplanken des Staates braucht: Eingriffe gegen überbordende Aktivitäten und für den Schutz des Wettbewerbs. Preisabsprachen marktmächtiger Unternehmen zum Beispiel oder Zusammenschlüsse von Unternehmen können das Spiel des Wettbewerbs massiv stören. In vielen Ländern der Welt wird gegen die Wettbewerbsverfälschung durch Kartellgesetze vorgegangen. Unser Demokratiesystem hingegen hat sich zur Formulierung eines wirksamen Kartellgesetzes als unfähig erwiesen. Die Kräfte der liberalen Gesellschaft und der Wirtschaft haben es im vorparlamentarischen Expertenverfahren wie im Parlament verstanden, ein wirksames Eingreifen des Staates zu verhindern. Nach der Totalrevision der Bundesverfassung von 1874 hatte sich unter den Augen des Bundesgerichts im staatsfreien Raum eine von Kartellen und marktmächtigen Unternehmen durchsetzte Wirtschaftslandschaft entwickelt. Der Wettbewerb wurde in manchen Bereichen behindert oder ausgeschaltet, und private Macht blieb ohne Kontrolle. Doch die freie Wirtschaft wächst nach dem Gesetz des Dschungels, wenn sie einzig von ihrer Dynamik geleitet wird. Die Wirtschaftsartikel, die 1947 in die Verfassung aufgenommen wurden, legten eine Basis zur «Kultivierung» dieses Schwungs. Auf dieser Basis entstand 1962 das erwähnte milde Kartellgesetz, das am 15. Februar 1964 in Kraft trat und auch heute noch gültig ist. Dieses Gesetz verbietet Wettbewerbsbeschränkungen innerhalb der Wirtschaft nicht, sondern unterstellt sie einer Mißbrauchsbeurteilung. Vor allem aber hatten die interessierten Kräfte durchgesetzt, daß die Anwendung auf Schmalspur lief: auf ein Kartellamt wurde verzichtet. Eine nebenamtlich tätige Kartellkommission, der ein kleines Büro mit einem halben Dutzend Arbeitskräften zur Verfügung steht und die keinerlei Exekutivkompetenzen besitzt, wacht über das Geschehen im

Land. Der Vormarsch der Kartellherrschaft war auf diese Weise nicht zu verhindern. Mehr als die allergröbsten Mißbräuche wurden nicht erfaßt.

Im Dezember 1971 reichte jener Mann, der die Mängel am besten kannte, als Nationalrat eine Motion ein, in der er die Revision des Kartellgesetzes verlangte: Kartellkommissionspräsident Leo Schürmann. Die wettbewerbspolitischen Aspekte unserer Wirtschafts- und Sozialordnung seien unvermindert aktuell, und eine Verbesserung des kartellgesetzlichen Instrumentariums sollte rechtzeitig erwogen werden. Darunter verstand Schürmann die gesetzliche Verankerung der Vorabklärungen, die die Kommission jeweils durchführen muß; die Einführung einer Meldepflicht für Kartellabsprachen und Unternehmenszusammenfassungen; die Ermöglichung von Rechtsverfahren bei Nichtbefolgung von Empfehlungen der Kartellkommission sowie Möglichkeiten zu besserer Erfassung der Preisbildung marktmächtiger Unternehmungen. Mit andern Worten: Kartellkommissionspräsident Schürmann wünschte sich ein Kartellgesetz mit Zähnen. «Ist das Kartell eine Hydra», sagte er in der Motionsbegründung, «dann besitzt sie zumindest drei Köpfe. Der Gesetzgeber wird gut tun, wenn er sie nicht auf die gleiche Manier abschlägt.»

Der Bundesrat bezeichnete die Revision als «durchaus berechtigtes Anliegen» und nahm die Motion entgegen. Er wolle abklären lassen, in welchen Punkten das Gesetz abgeändert werden könne, allerdings «ohne das Grundprinzip unserer Kartellgesetzgebung, die Mißbrauchsbekämpfung, anzutasten». Das war am 10. Mai 1972. Zehn Jahre danach war das Gesetz noch nicht revidiert. Ohne in die Details zu gehen sei dargestellt, was in diesem Dezennium geschah.

Am 8. Juni 1972 erklärte der Nationalrat die Motion Schürmann erheblich, und am 26. September des gleichen Jahres wurde sie vom Ständerat dem Bundesrat überwiesen. Dieser beauftragte nun die Kartellkommission selbst mit «der Ausarbeitung eines umfassenden Berichts». Damit war die vorparlamentarische Phase der Gesetzesrevision in der üblichen Weise eröffnet worden: eine vorwiegend aus Interessenvertretern oder Interessenbelasteten zusammengesetzte Expertenkommission sollte das verbandspolitisch

Mögliche vorabklären und formulieren. Die Kartellkommission setzte sich aus folgenden Persönlichkeiten zusammen (Angaben über Verwaltungsratsmandate betreffen Stand 1982):

Professor Walter Schluep aus Lengnau bei Biel als Präsident: Ordinarius für Wettbewerbsrecht an der Universität Zürich. Verwaltungsratsmandate: Bargetzi und Biberstein AG, Steinwerke, Solothurn (Präsident mit Einzelunterschrift); Felca und Titoni Uhren AG, Grenchen (Einzel); Hans Huber AG, Bern (Präsident, Kollektivunterschrift); Papierfabrik Biberist; Schweiz. Serum- und Impfinstitut, Bern (Kollektiv); Société Générale de l'Horlogerie Suisse SA ASUAG, Neuchâtel.

Bernard Béguin, Genève: Adjoint du Directeur, Radio Télévision Suisse romande. – An seine Stelle trat im Verlauf der Revisionsberatungen **Jacques Werner**, Genève: Editeur de la «Revue suisse du droit international de la concurrence». Verwaltungsratsmandate: Buitoni, Coopération technique, Lausanne; Nordix Arbitration Services SA, Fribourg; Société Fiduciaire Audim SA, Genève (Kollektiv).

Walter Biel, Nationalrat, Zürich: Direktor des Migros-Genossenschaftsbundes, Zürich. Verwaltungsratsmandat: Limmatdruck AG, Zürich (Kollektiv).

Robert Briner, Rechtsanwalt, Zürich: Sekretär des Vereins schweizerischer Aluminiumindustrieller. – Nach den Revisionsarbeiten wurde an seine Stelle in die Kartellkommission gewählt: **Peter Gloor**, Advokat, Basel. Verwaltungsratsmandate mit Einzelunterschrift: Chemicorp AG, Basel; Dolder AG, Basel (Präsident); Esta Verwaltungs AG, Basel (Präsident); Fiskeby (Schweiz) AG, Basel; Helmona SA, Basel (Präsident); Ponder AG, Gesellschaft für Beratung und Entwicklung, Basel (Präsident); Scancars AG, Arlesheim (Präsident). Mandate mit Kollektivunterschrift: Bahnhof-Kühlhaus AG, Basel; Basler Handels-Gesellschaft AG, Basel; Cell AG, Basel; Cell International AG, Basel; Esta Immobilien AG, Basel (Präsident); FIDES Treuhandgesellschaft, Zürich; Haas'sche Schriftgießerei AG, Münchenstein (Präsident); Ingenieur Holinger AG, Liestal; Intel SA, Basel (Präsident); ITT Ame SA, Zug; ITT Standard Aktiengesellschaft, Basel (Präsident); Leder-Import AG, Basel; Nef, J.G., Herisau; Schroedel, Hermann, Verlag AG, Basel; Société Financière pour les Pays d'Outre-Mer, Genève; Spedag Speditions AG, Basel (Präsident); Sperry AG, Zürich; Sperry Rand international Corporation, Lausanne (Präsident); Sperry Vickers Lucifer SA, Carouge; Transitlager AG, Münchenstein (Präsident); Union Handels-Gesellschaft AG, Basel; United Overseas Bank, Genève; Univac Services AG, Zürich; UTC International AG, Basel. Weitere Mandate: Brauerei zum Warteck AG, Basel; Grands Magasins Jelmoli SA, Zürich; Swiss Company for International Development Ltd, Zürich.

Erica Carrard, Cully: Alliance de sociétés féminines suisses. – An ihre Stelle trat im Verlauf der Revisionsberatungen **Françoise Michel**, Genève: Fédération romande des consommatrices/Fédération suisse des consommateurs.

Otto Fischer, Nationalrat, Bern: Direktor des Schweizerischen Gewerbeverbandes. – An seine Stelle trat im Verlauf der Revisionsberatungen **Markus Kamber,** Bern: neuer Direktor des Schweizerischen Gewerbeverbandes.

Fritz Gygi, Professor, Bern: Ordentlicher Professor für Staats- und Verwaltungsrecht an der Universität Bern. – Im Verlauf der Revisionsarbeiten trat an seine Stelle **Willy Linder,** Professor, Zürich: Professor an der Universität Zürich und Wirtschaftsredaktor an der NZZ.

Ernst Jaggi, Professor, Winterthur: Präsident der Direktion des Verbandes ostschweizerischer landwirtschaftlicher Genossenschaften. – An seine Stelle trat im Verlauf der Revisionsarbeiten **Max Tschannen,** Wohlen BE: Direktionspräsident des Verbandes landwirtschaftlicher Genossenschaften von Bern und Umgebung.

Alexandre Jetzer, avocat, Zurich: Premier secrétaire du Vorort. – An seine Stelle trat im Verlauf der Revisionsverhandlungen **Peter Hutzli,** Fürsprecher, Zürich: Sekretär des Vororts des Schweiz. Handels- und Industrievereins.

Beat Kappeler, Bern: Sekretär des Schweizerischen Gewerkschaftsbundes.

Robert Kohler, Basel: Direktionspräsident der Coop Schweiz.

Hugo Sieber, Professor, Muri bei Bern: Ordentlicher Professor im Ruhestand für theoretische Nationalökonomie und Finanzwissenschaft. – An seine Stelle trat im Verlauf der Revisionsarbeiten **Peter Böckli,** Advokat, Basel: Professor für Steuerrecht an der Universität Basel. Verwaltungsratsmandate mit Einzelunterschrift: MacGregor Sales AG, Basel; Pertinax AG, Basel; Sonimage SA, Basel. Mandate mit Kollektivunterschrift: AG für Beteiligungen an privaten Unternehmen, Basel; Aral AG, Basel; Assivalor AG, Basel; Dictaphone International AG, Killwangen; Eupharm AG, Basel; Euxinus AG, Basel; Habasit AG, Reinach; Habasit-Holding AG, Reinach; Holad Holding & Administration AG, Basel; Instaprojekt AG, Basel; Peck & Hale AG, Basel; Richardson AG, Basel; Ricoh AG, Zug; Volkswagen-Versicherungsdienst AG, Zürich. Weitere Mandate: Chemische Fabrik Schweizerhall, Basel; Sandoz AG, Basel; Suter & Suter AG, Basel; «Vita» Lebensversicherungs-Aktiengesellschaft, Zürich; «Zürich» Versicherungs-Gesellschaft, Zürich.

Jakob Weibel, Unternehmensberater, Zürich. Verwaltungsratsmandate mit Kollektivunterschrift: Bau Immobil AG, Baden; Elbau AG für Elementbau, Bühler; «Für uns»-Verlag AG, Solothurn; Moba AG, St. Gallen; Stilo AG, Bühler; Union Druck + Verlag AG, Solothurn. Weitere Mandate: Glutz-Blotzheim, Alphons AG, Solothurn; Neue Baukontor Bern AG, Bern; Steiner & Cie AG, Alberswil; Steiners Söhne & Cie AG, Malters.

Pierre Tiercier, Professor, Fribourg: Professor für Privatrecht an der Universität Freiburg. Trat im Verlauf der Revisionsarbeiten in die Kommission ein.

Walter Wittmann, Professor, Fribourg und Disentis: Ordentlicher Professor für öffentliche Finanzen an der Universität Freiburg.

Folgende ehemaligen Mitglieder der Kartellkommission wurden für die Revisionsarbeiten als Experten beigezogen:

Henri Deschenaux, Professor, Fribourg; **W. Hug,** Professor, Zürich; **H. Merz,** Professor, Bern. **Leo Schürmann,** ehemaliger Präsident der Kartellkommission, Olten.

Angesichts dieser Zusammensetzung der Kartellkommission und der ihr anvertrauten Aufgabe drängt sich die Frage auf: Wurde bei dieser Interessenabhängigkeit der Mitglieder nicht der Bock zum Gärtner gemacht? Zwar steht im Gesetz, die Kartellkommission habe elf bis fünfzehn Mitglieder zu zählen, wobei «die Wissenschaft, die Wirtschaft und die Konsumenten vertreten» sein müßten. Selbst angesichts dieser gesetzlichen Vorschriften ist aber zu fragen, ob eine Kartellkommission eigentlich dazu geschaffen werde, Eingriffe des Staates zu verhindern, oder ob sie den Wettbewerb vor kartellistischen Übergriffen zu schützen habe. Ohne diese letztere Zielsetzung ist eine sinnvolle Überwachung nicht gewährleistet. Ein Blick auf das Herkommen der Kommissionsmitglieder verrät jedoch ein deutliches Übergewicht jener Fachleute, denen das erstgenannte Anliegen näher steht. Das darf man auch deshalb vermuten, weil die Vertreter der Großverteiler oder jener der Gewerkschaft nicht in jedem Fall eine kartellkritische Haltung einnehmen. Aus dieser Sicht sind übrigens auch die dürftige Dotierung des Sekretariats der Kartellkommission (bloß sechs vollamtliche Sekretäre) sowie das Milizsystem zu beachten. Professor Hugo Sieber wies 1981 in einem Artikel auf die sichtbar werdende Leistungsgrenze der Milizkommission hin. Es werde laufend schwieriger, Termine zu finden. Eine Leistungsgrenze, «die eine wesentliche Ausdehnung der Aktivität dieses Gremiums kaum mehr gestatten wird», sei bereits zu erkennen. Doch ist die Unterdotierung eines staatlichen Überwachungsorgans eine der elegantesten Techniken, solche Überwachung unwirksam zu machen. Auch das gehört zur Kartellpolitik.

Aber auch die Drosselung des Verfahrens gehört dazu. Bis 1974 geschah vorerst einmal nichts. Die Kartellkommission hatte mit den Problemen der Erdölkrise genug zu tun. Erst in den Jahren 1977 und 1978 nahm sie sich Zeit.

Es ist außerordentlich schwer, den Meinungsbildungsprozeß einer solchen Kommission, in der zwischen den Vertretern der organisierten Interessen die Kompromisse ausgehandelt werden, nachzuzeichnen. Der Verwaltung ist es untersagt, Details über die Verhandlungen oder Protokolle herauszugeben. Auf den meisten Papieren steht «Vertraulich». Statt daß dieser immer breiter und wichtiger werdende Bereich zwischen Staat und Gesellschaft wenigstens sichtbar gemacht wird, sorgt der Staat dafür, daß er in luschem Halbdunkel bleibt und sich der «Filz» weiter ausbreiten kann. Das Verhalten steht in krassem Gegensatz zur Praxis etwa in den USA oder andern Demokratien des Westens. Ich versuche dennoch, aufgrund der Botschaft des Bundesrates, eines Artikels von Kartellkommissionssekretär Bruno Schmidhauser in «Wirtschaft und Recht» sowie einiger privater Informationen Abläufe der Revisionsarbeiten zu skizzieren, weil sie für diesen Teil des vorparlamentarischen Meinungsbildungsprozesses typisch sind:

In drei der sieben Sitzungen des Jahres 1977 hatte sich die Kartellkommission mit der Revision des Gesetzes befaßt und die zweite Lesung des Entwurfs abgeschlossen. Eine Redaktionskommission, der unter dem Vorsitz von Präsident W. Schluep Robert Briner und Hugo Sieber, als Experten H. Deschenaux und W. Hug sowie die Sekretäre Schmidhauser und Richli angehörten, erhielt dann den Auftrag, den Entwurf redaktionell zu bereinigen. Noch bevor diese Gruppe ihre Arbeiten Ende April 1978 abgeschlossen hatte, bat Departementschef Fritz Honegger die Kartellkommission, den Entwurf schon bis Herbst 1978 bereitzustellen, denn er wolle die Kartellgesetzrevision in der kommenden Legislaturperiode 1979–1983 als eines der ersten Geschäfte zum Abschluß bringen. Den ganzen Spätfrühling und Sommer dauerte in der Folge das Ringen in der als Expertengruppe tätigen Kartellkommission an. Konkret ging es oft darum, Minderheitsanträge vor allem der als Vertreter der Wirtschaft auftretenden Otto Fischer, Robert Briner und Alexandre Jetzer (zu denen sich freilich auch Walter Biel und Experte H. Merz zählten) durch Entgegenkommen zu verhindern. Dabei standen die Frage des Geltungsbereichs des Kartellgesetzes, das Problem der Sonderuntersuchungen und die Einführung der Fusionskontrolle im Vordergrund. Als gewichtiger Ge-

genpart spielte der andere «Referendumsmächtige», Beat Kappeler als Vertreter des Schweizerischen Gewerkschaftsbundes, eine bedeutende Rolle. Dabei kam es in diesen Gremien auch zu Einschüchterungsgebärden: es stünden noch zwei weitere Etappen bevor, die Vernehmlassung und das Parlament, wurde vieldeutig gesagt. Bei jenen Gelegenheiten würde man notfalls wieder eingreifen. Gegen den Schluß der Beratungen gerieten dennoch Formulierungen in den Entwurf – zum Beispiel ein Verfügungsrecht der Kommission –, denen die «Kartellbeschützer» nicht mehr zustimmen wollten. Ende September 1978 schloß die Expertenkommission ihre Arbeiten ab. Der Entwurf, bei einer Enthaltung mit 8:3 genehmigt, sah beachtenswerte Änderungen vor, indem Kartellen die Rechtfertigung erheblicher Wettbewerbsbehinderungen erschwert werden und die Kartellkommission in ihren Sonderuntersuchungen dem Wettbewerbsprinzip einen höheren Stellenwert beimessen sollte. Auch waren die Kontrolle von Unternehmenszusammenschlüssen und die Meldepflicht für Preiserhöhungen vorgesehen, und die Kartellkommission sollte mit dem Recht zum Erlaß verbindlicher Verfügungen ausgestattet werden. Insgesamt spiegelt sich also in dem Expertenentwurf die Absicht, den Wettbewerb als Ordnungsprinzip in der Wirtschaft im Vergleich zum bisherigen Kartellgesetz besser zu sichern.

Die von der Minderheit der Expertenkommission versprochene Opposition ließ nicht auf sich warten. Zwischen November 1978 und September 1979 trafen 80 Vernehmlassungen von Kantonen, politischen Parteien und Wirtschaftsverbänden im Bundeshaus ein. In der Botschaft des Bundesrates ist darüber zu lesen: «Gesamthaft gesehen sprechen sich weite Kreise der Industrie, des Gewerbes und des Handels gegen den Entwurf aus, während ihn die Konsumenten- und Arbeitnehmerorganisationen sowie die Mehrheit der politischen Parteien durchaus begrüßen.» Das war für den Bundesrat Anlaß genug, sofort eine «Verwaltungsinterne Arbeitsgruppe Revision Kartellgesetz» mit der Überarbeitung des Entwurfs zu beauftragen. Die Gruppe setzte sich wie folgt zusammen:

Professor Walter Schluep, Präsident der Kartellkommission; **Professor Leo Schürmann,** ehemaliger Präsident der Kartellkommission und Vizepräsident des

Direktoriums der Schweizerischen Nationalbank; **Kurt Fröhlicher,** Chef des Wirtschaftsdienstes im Generalsekretariat des Eidg. Volkswirtschaftsdepartements, und **Bruno Schmidhauser,** Vorsteher des Sekretariats der Kartellkommission.

Die Gruppe formulierte in der Zeit zwischen Februar und April 1980 hintereinander nicht weniger als drei Überarbeitungen des Entwurfs zuhanden des Bundesrates. Besonders interessant ist der Beschluß der Arbeitsgruppe, nicht nur die Mitglieder der Kartellkommission, sondern auch die Vertreter der großen schweizerischen Wirtschaftsverbände in genereller Weise darüber zu informieren, in welcher Richtung der Entwurf überarbeitet werde. Man fand diese Orientierung fair, weil ja die Vernehmlassung bereits über die Bühne gegangen sei, und überdies dienlich, denn diese Wirtschaftsverbände beabsichtigten, in nächster Zeit beim Eidg. Volkswirtschaftsdepartement vorzusprechen. In solch enger Kontaktnahme auch im kleinen Kreis werden offensichtlich die Kompromisse ausgehandelt und die Entwürfe retouchiert. «Da muß man jeweils schleunigst Hand bieten», sagte mir ein Politiker, «rechtzeitig Ballast abwerfen. Ein Referendum zu riskieren ist fast tödlich.»

Die orientierten Wirtschaftsvertreter scheinen in Briefen die Bemühungen der kleinen Arbeitsgruppe um Verständigungslösungen lobend anerkannt zu haben. Tatsächlich wurden nun auf ihren Wunsch in einer letzten Sitzung weitere Abstriche und Neuformulierungen vorgenommen. Doch erfüllten sie offenbar noch nicht alle Erwartungen, die zu einer konfliktfreien Lösung hätten erfüllt werden müssen. Der Bundesrat tat später nochmals sein möglichstes, indem er den Entwurf weiter entschärfte. Am 13. Mai 1981 legte er schließlich in einer «Botschaft zu einem Bundesgesetz über Kartelle und ähnliche Organisationen» den eidgenössischen Räten seinen Vorschlag für ein neues Kartellgesetz dennoch vor. Als im Februar 1982 die ersten Presseberichte über die Beratungen der Ständeratskommission unter Titeln wie «Zu weitgehende Revision des Kartellgesetzes» erschienen, mußte Bundesrat Fritz Honegger seinen Terminplan definitiv ändern. Auch wurde in dem Moment klar, daß die in der Expertenkommission aufgetretenen kartellfreundlichen Verbandsvertreter ihre Drohungen wahrmachen und nun ihre Minderheitsanliegen im Parlament durchzubringen versuchen würden. In einem Bericht der Schweizerischen Depeschenagentur über eine Sitzung der Ständeratskommission stand Anfang Mai 1982 in der Presse zu lesen: «Umstritten bei der Kartellgesetzrevision sind unter anderem die Erweiterung des Geltungsbereichs, die Definition der ‹Schädlichkeit› (Betonung des Wettbewerbs) sowie die Kompetenz der Kartellkommission, bei Unternehmenszusammenschlüssen den Beteiligten die Aufhebung der Fusion zu empfehlen, und die Befugnis des Eidg. Volkswirtschaftsdepartements, derartige Empfehlungen mittels Verfügung durchzusetzen. Auf Preisüberwachungsbestimmungen hatte schon der Bundesrat entgegen den Expertenvorschlägen im Hinblick auf seinen Gegenvorschlag zur Volksinitiative der Konsumentinnen verzichtet.» Ein Kartellgesetz mit Zähnen war nicht mehr zu erwarten. Die Beratungen des Ständerates in der Herbstsession 1982, als auch noch das Klagerecht der Konsumentenorganisationen und die Strafbestimmungen gestrichen wurden, bestätigten es.

Dieses Beispiel der offiziellen Meinungsbildung ist für unsere Pluralismus-Demokratie typisch. Eine solche Verflechtung Staat–Wirtschaft kommt im Endeffekt einer Mißachtung des Gewaltenteilungsprinzips gleich. In diesem System wird ein schon natürlicherweise bestehender Einfluß von sozialen und wirtschaftlichen Machtträgern auf dem Umweg über politische Institutionen und die Gesetzgebung zusätzlich verstärkt. Naheliegend, daß das Verfahren Mißtrauen erregt.

Die organisierten Machtklumpen

Die Wirtschaft hat sich in den letzten 150 Jahren innerhalb des Staates selbst organisiert und dabei eine durch Verbände stabilisierte Struktur gebildet. Parallel dazu entstanden in den Sozialkämpfen des letzten Jahrhunderts mit den Gewerkschaften und den Arbeitgeberverbänden die Machtballungen auch im sozialpolitischen Bereich. Soziologen sprechen heute davon, wir näherten uns der organisierten Gesellschaft, während Politologen den Begriff der «Machtklumpen» geprägt haben. Die Grenzen zwischen

Staat einerseits und Wirtschaft/Gesellschaft andererseits sind ausgefranst und unüberschaubar geworden. Das ist die Folge einer langen Entwicklung.

Schon früh im letzten Jahrhundert wurde sichtbar, daß sich Allgemein- und Einzelinteressen ungleich organisiert gegenüberstehen. Im Staat war das Konfliktlösungsmuster demokratisch, in Wirtschaft und Gesellschaft hingegen liberal-individualistisch. Das zünftisch-ständische Konfliktlösungsverständnis des «Ancien régime», das gebietsweise bis 1848 lebendig geblieben war und auf dem Lande die Industrialisierung begünstigt hatte, wurde verdrängt. In der neuen Formel erhielt private Macht, in Verbänden organisiert oder in Kartellen und Konzernen geballt, für den Bürger auch politisches Gewicht, ohne daß ein Konflikt-Konsens-Regelungsmuster bestanden hätte. Der deutsche Soziologe Jürgen Habermas formulierte das Problem im Buch «Strukturwandel der Öffentlichkeit» wie folgt treffend: «Sobald die privaten Interessen, kollektiv organisiert, politische Gestalt anzunehmen genötigt wurden, mußten in der Öffentlichkeit nun auch Konflikte ausgetragen werden, die die Struktur des politischen Kompromisses von Grund auf wandelten. Die Öffentlichkeit wird mit Aufgaben eines Interessenausgleichs belastet, der sich den klassischen Formen parlamentarischer Einigung entzieht; ihm sieht man gleichsam die Herkunft aus der Sphäre des Marktes noch an – er muß buchstäblich ‹ausgehandelt›, durch Druck und Gegendruck auf Abruf erzeugt werden, unmittelbar nur gestützt durch das labile Gleichgewicht einer Machtkonstellation zwischen Staatsapparat und Interessengruppen.» Die politischen Entscheidungen werden nun beim Aushandeln von Verträgen getroffen, und das Aushandeln der Kompromisse verlagert sich in außerparlamentarische Bereiche.

Der ehemalige Präsident des Schweizerischen Gewerbeverbandes, der St. Galler Nationalrat A. Schirmer, begann im NHG-Jahrbuch 1939 einen geschichtlichen Rückblick auf das Verbandswesen im Artikel «Praktische Versuche in der Zusammenarbeit zwischen Staat und Verbänden» mit dem Hinweis: «Bis zum Zusammenbruch der Alten Eidgenossenschaft war durch die damalige Zunftorganisation die Zusammenarbeit zwischen Staat und Wirtschaft ohne weiteres gegeben, waren doch vielfach die Zünfte auch Träger der politischen Ordnung.» Nach der Abschaffung der Zunftorganisationen erhielten die Beziehungen zwischen Staat und Wirtschaft neue Formen, da jetzt die öffentliche und die private Sphäre auch durch den Einfluß des liberalen Denkens getrennt worden waren. «Die Wirtschaft wurde als vom Staat etwas ganz Unabhängiges betrachtet, in das sich die Staatsverwaltung nicht einzumischen hatte», schreibt Schirmer weiter. Die dadurch eingetretenen sozialschädlichen Auswirkungen dieser vollen Wirtschaftsfreiheit hatten indessen schon 1877 den Erlaß des ersten eidgenössischen Fabrikgesetzes notwendig gemacht. Die Schaffung des Bundesstaates brachte aber nicht nur einen gemeinsamen Wirtschaftsraum, sondern vermittelte auch der «staatsfernen» Wirtschaft gewisse Anreize. Kantonale Banken entstanden, und die Öffentlichkeit drängte den Staat zu Eingriffen in die Aktivitäten der Wirtschaft. Als erster Zweig mußte die Exportindustrie den Schutz des Staates in Anspruch nehmen.

Das war der Beginn der Verflechtung, aber auch der Anlaß zur Gründung neuer Organisationen. 1869 wurde der Schweizerische Handels- und Industrieverein, der «Vorort», ins Leben gerufen, 1856 der Schweizerische Alpwirtschaftliche Verein als Vorläufer des 1897 entstandenen Schweizerischen Bauernverbandes und 1879 der Schweizerische Gewerbeverband. Im Forschungsbericht «Historische Aspekte der Trennung und Verflechtung von Staat und Gesellschaft in der Schweiz – die Genese der Verschränkung», dem auch einige Literaturhinweise entnommen sind, wird auf den mißglückten Versuch des liberalen Zürcher Industriekapitäns Alfred Escher, eine ständige Industrie- und Handelskammer zu schaffen, hingewiesen. Escher strebte eine solche Einrichtung an, um den ökonomischen Interessen, die von den Behörden neben den sozialen in den Hintergrund gestellt würden, bessere Geltung zu verschaffen: «Dieser Plan eines Wirtschaftsparlaments», heißt es im Bericht, «scheiterte aber, und es wurde der Versuch einer semi-offiziellen Interessenvertretung unternommen. In der Folge ließ der Bund dem Handels- und Industrieverein 1883 erstmals ein Entgelt für statistische Erhebungen in der Höhe von 10 000 Franken zukommen.» An die Stelle einer offiziellen Handelskammer trat nun sozusagen der Vorort.

Als die Kollaboration begann

Man kann die herangewachsene «Verbändedemokratie Schweiz» nicht darstellen, ohne auf diese Anfänge hingewiesen zu haben. Und man kann den Rückblick kaum ohne die Frage fortsetzen, ob sich die Dinge wohl nicht demokratisch sauberer weiterentwickelt hätten, wenn Eschers Wirtschaftsrat verwirklicht worden wäre. Weil ein solcher offener «Kampfplatz der privaten Interessen» fehlte, versuchte der Staat einerseits, diese Kräfte zu übersehen, und andererseits sah er sich gezwungen, mit ihnen immer mehr zu kollaborieren. Diese Kräfte waren eben vorhanden und organisierten sich in starken Verbänden. Die heute gültige Formel hat sich über die Jahrzehnte hinweg schrittweise entwickelt. 1883 führte der Bundesrat auf Anregung des erst vier Jahre alten Schweizerischen Gewerbeverbandes eine Bestandesaufnahme des Gewerbes durch, worauf der Bund an das Sekretariat dieses Verbandes eine Subvention ausrichtete. Schirmer schrieb dazu: «In ähnlicher Weise wurden Subventionen auch für die Sekretariate der Industrie, der Landwirtschaft und der Arbeitnehmer bewilligt. Der Bund hat damit erstmals den Weg beschritten, Aufgaben, die eigentlich der Bundesverwaltung zugekommen wären, in die Hände wirtschaftlicher Organisationen zu legen ...»

Bald übernahm der Gewerbeverband an Staates statt die Beaufsichtigung der Lehrlingsprüfungen, und vor wichtigen Beschlüssen begann der Bundesrat von sich aus die Wirtschaftsverbände um ihre Meinung zu fragen. Diese Anfänge einer bald stark zunehmenden Kollaboration seien vollständig in das Ermessen der Behörden gestellt gewesen, behauptete Schirmer. Formal dürfte das zutreffen, angesichts des heranwachsenden Einflusses der organisierten Interessen und der Doppelfunktionen von Politikern in der Privatwirtschaft und im Staat aber doch etwas unpräzis sein.

Während des Ersten Weltkrieges erfolgte dann ein Durchbruch. Zur Lösung gewisser Aufgaben wurden koordinierte «Kriegssyndikate» gebildet. Der Staat übergab nun den Berufsverbänden auch deshalb Aufgaben, weil sie zu deren Bewältigung am besten geeignet waren. Diese Verbände führten im Auftrag des Staates die Arbeitslosenkassen. Auch in der Gesetzgebung wurden sie beigezogen. 1918 sei bei der Beratung des Unfallversicherungsgesetzes erstmals von «Anhörung» die Rede gewesen, schreibt Schirmer. 1930 habe man beim Gesetz über die berufliche Ausbildung bereits auf die direkte Mitwirkung der Berufsverbände abgestellt. Während sich bis zum Zweiten Weltkrieg diese Tendenz verdichtete, machte im privaten Bereich die Kartellierung Fortschritte. Sie wurde «vorerst von den staatlichen Institutionen akzeptiert», heißt es im erwähnten Forschungsbericht, und «später durch das System der Kriegswirtschaft sanktioniert und unterstützt».

Die Krisenzeit der dreißiger Jahre und die Kriegszeit brachten mit dem Zusammenbruch der Exportindustrie und der schweren Arbeitslosigkeit im Notrecht eine weitere Verwischung der Grenzen und Funktionen zwischen Staat und Wirtschaft. Kartellähnliche Verbände wurden in dieser Zeitspanne dutzendweise gegründet. Die Spitzenverbände der Wirtschaft erlangten, wie es im erwähnten Bericht weiter heißt, eine wesentliche politische Position, und die Branchenverbände seien in den staatlich-privaten wirtschaftspolitischen Steuerungsapparat regelrecht eingebaut worden. Staatliche Maßnahmen hätten einerseits die Stellung überbetrieblicher Organisationen des Kapitals verstärkt, andererseits die Eingliederung der Organisationen der Arbeitnehmer in ein System verbandlicher Abmachungen gefördert. Der Bundesrat formulierte schon 1937 in der Botschaft über eine Partialrevision der Wirtschaftsartikel den Fragenkomplex wie folgt: «Damit ist ein wichtiges staatspolitisches Problem entstanden, dessen eine Seite die Politisierung der Wirtschaft, dessen andere Seite die Verwirtschaftlichung der Politik ist. Seitdem nämlich der Staat einen größeren Einfluß auf die Wirtschaftsgestaltung erlangt hat, erhielten die einzelnen Wirtschaftsgruppen ein wachsendes Interesse, Einfluß auf die Willensbildung des Staates zu erlangen, was der Verbandsbildung einen starken Anstoß gab.»

Seit Ende des Zweiten Weltkrieges ist der Wildwuchs im Verhältnis Staat–Wirtschaft weitergegangen, während sich gleichzeitig in der Wirtschaft der Drang zur Liberalisierung verdichtete. Mit der Annahme der Wirtschaftsartikel am 6. Juli 1947 durch das Volk waren aber wichtige Maßnahmen der Notrechtsepochen der Krise und des Krieges im ordentlichen Recht fixiert worden.

Die Selbstaufsicht der Banken

In der seitherigen Entwicklung spielten vier Beweggründe eine wichtige Rolle: die Infragestellung der Handels- und Gewerbefreiheit (HGF); die Allgemeinverbindlicherklärung von Gesamtarbeitsverträgen durch den Staat; die Aufwertung der Verbände durch die Einführung des Vernehmlassungsverfahrens; die im Kartellgesetz festgeschriebene grundsätzliche Zulassung von Kartellen. Im folgenden ist von diesen Dingen die Rede.

Mit den Wirtschaftsartikeln wurde durch die Neuformulierung des Artikels 31 der Bundesverfassung die Handels- und Gewerbefreiheit in einem Nebensatz relativiert: «... soweit sie nicht durch die Bundesverfassung und die auf ihr beruhende Gesetzgebung eingeschränkt ist». Indem der Bund die Interessen der Gesamtwirtschaft wahrt, kann er seitdem (in Krise und Krieg tat er es bereits) Vorschriften erlassen, ohne an die HGF gebunden zu sein (Artikel 31bis BV). Die Kantone besitzen nun das Recht, gewerbliche und andere Aktivitäten der Bewilligungspflicht zu unterstellen, während der Bund laut Artikel 31quater BV Bestimmungen z. B. über das Bankwesen formulieren kann. Auf der Grundlage des bereits 1935 in Kraft getretenen Bankengesetzes wurde ein Kontrollsystem für die Banken aufgebaut, das jedoch typisch den Stempel unserer Konkordanzpraxis trägt. Obwohl es unter der Aufsicht einer eidgenössischen Bankenkommission steht, vermochte es aufsehenerregende Bankenskandale nicht zu verhindern. Wie präsentiert sich diese Aufsicht? Die Eidg. Bankenkommission (EBK) setzt sich aus den folgenden Persönlichkeiten zusammen (Stand 1982):

Hermann Bodenmann, Advokat, ehemals CVP-Ständerat, Brig (Präsident). Verwaltungsratsmandate vor allem im Bereich der Elektrizitätswirtschaft.
    Albert Uldry, Conseiller juridique, Fribourg (Vizepräsident). Verwaltungsratsmandate im Bereich von Finanz- und Treuhandgesellschaften.
    Duri Capaul, Rechtsanwalt, Chur. Zahlreiche Verwaltungsratsmandate, u. a. auch Finanzgesellschaften und Banken.
    Paul Ehrsam, Direktor der Schweizerischen Nationalbank, Zumikon.

Hans Hartung, Alt-Direktor der Schweizerischen Kreditanstalt, Feldmeilen. Verwaltungsratsmandate in Bank und in Finanzgesellschaft.
Alain Hirsch, Professor an der Universität Genf.
Otto Stich, Nationalrat, Dornach. Direktor Coop.

Auch bei der Zusammensetzung des obersten Aufsichtsorgans im Bereich der Banken wird die typische Mischung sichtbar, zu welcher unser System dort führt, wo Staat und Wirtschaft sich begegnen. Die EBK wird vom Bundesrat gewählt, für die Kosten kommen aber die Banken auf. Sie selbst bezahlen also ihre «staatlich konzessionierte» Aufsichtsbehörde. Das hat seinen Preis: die zu Kontrollierenden kontrollieren sich selber. Bei den Wahlen folgt der Bundesrat, wie im Eidg. Finanzdepartement zu vernehmen ist, einem gewissen «Zauberschlüssel». Dieser sieht eine Mischung von Vertretern der Nationalbank (besonders für den Geld- und Devisenmarkt zuständig), der Wissenschaft und vor allem der Banken vor. Nach der Bankenaffäre von Chiasso der Kreditanstalt im Jahr 1977 sagte Fritz Leutwiler, der Präsident der Nationalbank (nach einer Meldung der Schweizerischen Depeschenagentur), das Problem liege eindeutig bei der Durchführung der Bankenkontrolle. Dabei hatte der Bundesrat kurz zuvor eine Reorganisation der EBK in die Wege geleitet. Das Sekretariat wurde sukzessive auf rund dreißig Personen erweitert. Manches in der Zusammensetzung und der Tätigkeit dieser kleinen Aufsichtsgruppe erinnert an die Kartellkommission. Auch die EBK ist nach dem Milizsystem organisiert, und die am Überwachungsgegenstand Interessierten dominieren. Hans Hartung zum Beispiel stammt aus einer Großbank, der Kreditanstalt, die noch vor kurzem im Brennpunkt der Affäre von Chiasso stand. Wie die Kartellkommission ist auch die EBK, indem sie Vorarbeiten zur Revision des Bankengesetzes leistet, als Expertenkommission sozusagen in eigener Sache tätig. Es ist daher nicht erstaunlich, wenn EBK-Präsident Hermann Bodenmann bei der Publizierung des Geschäftsberichtes im Frühling 1982 beschwichtigend erklären konnte, der Gesetzesentwurf bringe wenig grundsätzlich Neues. An der bisherigen Ausgestaltung der Bankenaufsicht werde festgehalten. Immerhin hofft Bodenmann, daß der Zweck der Bankenaufsicht auf das gesamtwirtschaftliche Interesse erweitert werde.

Die Einschränkung der Handels- und Gewerbefreiheit durch den Staat, bei der unser System mit Samthandschuhen hantiert, ist nicht mutwillig erfolgt. Sie wurde durch die Überspielung des Wettbewerbs, die Vertrustung der Unternehmen, durch die dem Bund zeitweise aufgedrängte Zollschutzpolitik oder aber durch nicht zu umgehende Überwachungsaufgaben nötig. Und sie basiert auf einer unbestrittenen Rechtslage. Im Jahr 1947 waren die Wirtschaftsartikel vom Souverän abgesegnet worden. Professor Z. Giacometti schrieb dazu in seinem «Schweizerischen Bundesstaatsrecht»: «Im Vordergrund des Interesses stand die Neuabgrenzung der Handels- und Gewerbefreiheit. Man war sich daher vielleicht der umfassenden Kompetenzen, die der Bund mit diesen Artikeln auf einen Schlag im Gebiet der Wirtschaft erlangen sollte, nicht ganz bewußt; noch nie hat der Kompetenzbereich der Eidgenossenschaft in *einer* Volksabstimmung eine derartige Ausdehnung erfahren.»

Vom Friedensabkommen bis zum Vernehmlassungsverfahren

Die Allgemeinverbindlichkeit von Gesamtarbeitsverträgen (Artikel 34ter, Absatz c BV), als dem zweiten der genannten vier Beweggründe, führt uns in die politische Landschaft der Berufsverbände und Gewerkschaften. Der Bund ist befugt, Vorschriften «... zur Förderung des Arbeitsfriedens» aufzustellen, heißt es in dem Verfassungsartikel. Das System der organisierten Verbände ergab in diesem Bereich das beste Resultat. Der Gedanke der Konfliktlösung durch Vertrag fand im berühmten «Friedensabkommen», das am 16. Juli 1937 zwischen dem Schweizerischen Metall- und Uhrenarbeiterverband und dem Arbeitgeberverband der Metall- und Maschinenindustrie auf freiwilliger Basis abgeschlossen wurde, eine außerordentlich glückliche und erfolgreiche Anwendung. Sie hat uns ohne Zutun des Staates, wenn wir von den Beiträgen an die Arbeitslosenversicherung und den Import-Export-Schutz absehen, den Arbeitsfrieden erhalten. Die schweizerischen Verbände suchten im Sozialbereich in der Regel das Gespräch und nicht die

Machtdemonstration, so daß sie von der «englischen Gewerkschaftskrankheit» verschont geblieben sind.

Ein solches Konfliktlösungsverhalten hätte zweifellos auch in andern Gesellschafts- und Wirtschaftsbereichen die vielbeklagten Staatseingriffe unnötig gemacht, wenn sich die Beteiligten entsprechend verhalten hätten. Bundesrat Willi Ritschard wies einmal darauf hin, in der Schweiz hätten die Gewerkschaften mitgeholfen, aus Proletariern Staatsbürger zu machen.

Tatsächlich ließen sie einst zum Beispiel den Anspruch auf Miteigentum an Produktionsmitteln in der Erwartung fallen, dafür an der kapitalistischen Wirtschaftsordnung aktiv beteiligt zu werden. Angesichts der unumstößlichen bürgerlichen Mehrheiten in unserem Land wurde diese Rücksichtnahme allerdings nicht immer honoriert. Die Mitbestimmungsinitiative zum Beispiel, bei deren Ausmarchung die «linke» Arbeitnehmergruppe der «rechten» Arbeitgeberfront gegenüberstand, hatte keine Chance. Dennoch stellen die Gewerkschaften eine Potenz im Staate dar. Oft läuft ihre Politik mit jener der Sozialdemokraten parallel. Das zeigt sich etwa in der materiellen Unterstützung, welche die Gewerkschaften sozialdemokratischen Aktivitäten gewähren, aber auch in gemeinsamen Initiativvorstößen. In entscheidenden gesellschaftspolitischen Fragen reicht aber selbst die Koalition zwischen Sozialdemokratie und Gewerkschaften zum Erfolg nicht aus. Der Vorort hat denn auch im Jahresbericht 1978–1979 mit Befriedigung auf die «Rahmenbedingungen» hingewiesen, welche «dieser Staat» den Unternehmungen als Entfaltungsraum lasse: «Man darf anerkennen, daß in dieser Beziehung hierzulande viel Positives geleistet wird (...) und deshalb auch Standortvorteile bestehen.» Die Empfehlungen des Vororts richten sich denn auch gegen so veränderungsfreudige Vorhaben wie etwa den Entwurf zur Verfassungs-Totalrevision oder eine griffige Kartellgesetzrevision. Aus ähnlicher Sicht fühlt sich auch der Schweizerische Arbeitgeberverband angesichts der Gewerkschaftsaktivitäten «in starkem Maß der Öffentlichkeitsarbeit verpflichtet».

Als dritten Beweggrund der Veränderung möchte ich das Vernehmlassungsverfahren bezeichnen. Es ist in den Verfassungsartikeln 27ter und 34ter verankert und sozusagen zur offiziellen Meinungsvermittlungsbrücke zwischen dem Bund und den Kantonen und zwischen dem Bund und den Organisationen der Gesellschaft geworden. (Von den Parteien, die zwar ebenfalls als Meinungsträger tätig sind, zu denen unsere Verfassung aber ein gespaltenes Verhältnis hat, soll in diesem Buche weniger die Rede sein.) Das Vernehmlassungsverfahren könnte man als Ersatz für Alfred Eschers vergessenen Wirtschaftsrat akzeptieren, wenn sich die Gesellschafts-, Verbands- und Gewerkschaftsmächte mit dieser Einwirkungsmöglichkeit zufrieden gäben. Nachdem aber die Vernehmlassungsbrücke bloß über ein Geflecht von ohnehin existenten Einflußkanälen und Gewaltenverfilzungen hinwegführt und über sie nur die ohnehin sichtbaren Verbindungen gehen, läßt sich ihre Existenzberechtigung zurzeit nur mit dem Spruch begründen: Doppelt genähte Lobby hält besser.

Die Kartelle endlich als das an letzter Stelle genannte prägende Element der Nachkriegsentwicklung fanden mit den Wirtschaftsartikeln erstmals Erwähnung in der Verfassung. Artikel 31bis, Absatz d, gibt dem Bund das Recht, Vorschriften gegen wettbewerbsschädliche Tätigkeiten der Kartelle in Abweichung von der Handels- und Gewerbefreiheit zu erlassen. Das Thema wurde bereits am Anfang dieses Kapitels ausführlich behandelt.

Was soll mit dem Leerraum geschehen?

Unter dem Einfluß dieser genannten Schwerpunkte wurden die großen sozialen, gesellschaftlichen und wirtschaftlichen Probleme der Nachkriegszeit angegangen und der Leerraum zwischen Staat und Wirtschaft/Gesellschaft rechtlich zu organisieren versucht. Dabei kam es zu weiteren Kooperationen zwischen staatlichen Instanzen und privaten Organisationen. Immer wieder wurden die Probleme zuerst mit Versuchen zur privaten Selbstdisziplinierung angegangen. Und immer wieder mußten sie unter dem Druck der mangelhaften Resultate dieser Versuche politisiert und dem staatlichen Einfluß zugeleitet werden. Stichwörter sind hier etwa die Preisüberwachung und die Preiskontrolle, aber auch die Hilfe in der Krise oder die Dämpfung in der Konjunktur. Sofortmaßnahmen und dringliche Bundesbeschlüsse wurden nötig, um die Kredit- und die Bauwirtschaft zu beschützen. Die auf heftigen Druck «von unten» nötiggewordene Fremdarbeiterplafonierung war nur mit staatlichem Eingriff möglich. Urs Birchler sagt im Buch «Die Konjunkturpolitik in der Schweiz von 1950 bis 1975» (Verlag Rüegger), die Eigenschaften der Konjunkturpolitik seien «signifikant durch die Wirtschaftsverbände bestimmt worden». Und Charbel Ackermann schreibt in der NZZ, das Buch von Beat Hotz «Politik zwischen Staat und Wirtschaft» rezensierend, die Ausbildung des Verbandsbereichs mit dem Ziel, den wirtschaftlichen Sektor zu regulieren und den staatlichen Eingriff zu verhindern, führe aufgrund der Politisierung der Probleme eben gerade zum Einbezug des Staates. Die Zusammenarbeit des Staates mit Privaten bewirke einen Prozeß, der zu jenem typischen liberalen Verlaufsmuster überleite, das zur Verflechtung zwischen dem staatlichen und dem verbandsmäßig organisierten Bereich neige. «Dieses Verlaufsmuster», meint Ackermann, «hat zumindest zwei nicht eben liberal zu nennende Konsequenzen: Der private Sektor ist stark durchorganisiert, und die Grenze zwischen Staat und Gesellschaft wird tendenziell aufgeweicht. Für die staatliche Politik bedeutet es, daß sie zu einem großen Teil bereits außerhalb der eigentlichen Politik vorstrukturiert ist.»

Das Verbändegeflecht, das unterhalb der Staatsstruktur heranwuchs und mit Verwaltung und Behörden organisatorisch und personell zusammenhängt, ist materiell wie fachlich stark. Diese Struktur ist vorhanden, es wäre falsch, sie nicht zur Kenntnis nehmen zu wollen. Das bedeutet, daß sie nicht auf Schleichwege abgedrängt werden darf, sondern mit den nötigen Schranken ins System einzubauen ist. Die bisherige Entwicklung wurde zu sehr vom starren Bemühen der liberalen Wirtschaftsexponenten gesteuert, vor allem den Staat fernzuhalten. Verbandssekretäre taugen hier schlecht. Sie handeln letztlich immer im Einzelinteresse ihrer Verbandsmitglieder und nicht im Gesamtinteresse der Bürgerschaft. Das heißt, daß nicht die Verbände, sondern die Vertreter der Gesamtinteressen in der staatlichen Meinungsbildung Vorrang haben müssen. Es geht hier letztlich um eine neue Verwirklichung der demokratischen Grundprinzipien «Verantwortung der Behörden» und «Demokratische Kontrolle». Diese Prinzipien sind im Leerraum zwischen Staat und Wirtschaft/Gesellschaft abzusichern. Dabei wird sich zeigen, ob eine Steuerung nur durch Rechtsnormen möglich ist, oder ob nicht die öffentliche Meinung und die politische Kultur gelegentlich doch von selbst zum Rechten drängen.

«Öffentliche Meinung und politische Kultur.» Auf diese wichtigen Faktoren im Staat ist jetzt einzugehen.

4. Kapitel

Wo Lobby sich zu Filz verdichtet

In diesem Kapitel ist zunächst der aus dem Englischen stammende Begriff «Lobby», so wie er hierzulande verstanden wird, darzustellen. In unserer politischen Kultur hat Lobbytätigkeit keinen guten Ruf. Kontakte und Absichtserklärungen gehören jedoch auch zum staatlichen Leben und zur Politik. Indessen ist es ein Unterschied, ob ein privates Anliegen an einen Parlamentarier herangetragen wird oder ob ein eigentlicher Interessenvertretungsauftrag vorliegt.

Nachstehend dominiert die Meinung, die zweite Art der Lobbytätigkeit habe überhandgenommen. Die ausgeprägte Elitebildung, die Ämterkumulation und die Vermengung von Interessenaufträgen mit politischen Mandaten läßt sich am treffendsten mit «Verfilzung» bezeichnen. Zur tragenden Basis der «Filzokratie» gehören aber auch die Milizformen der Parteipolitik, der Gesellschaft und der Armee. Die enorme Verdichtung der staatlichen Willensbildung um einen integrierten Elitekern hinterläßt in der Öffentlichkeit ein Unbehagen. Das trifft um so mehr zu, als die Parteienkoalition in der Bundespolitik eine eigentliche Opposition nicht zuläßt und dieser Zustand seit bereits 23 Jahren ungebrochen anhält. Die staatliche «Administration» rund um die 1959 erfundene «Zauberformel-Regierung» wechselt, anders als in den großen westlichen Koalitions- und Präsidialdemokratien, überhaupt nicht. Daraus ergibt sich jene Filzstabilität, die das Mißtrauen im Staat bewirkt, welches im ersten Kapitel beklagt wurde. Ein begreifliches Mißtrauen deshalb, weil dabei laufend wichtige Demokratie-Elemente – Kontrolle, Gewaltenteilung, Grundfreiheiten – überspielt werden.

Angedeutet wird in diesem Kapitel überdies, daß das System, obwohl es wichtige Entscheide hinauszögert und verschleppt, oft bloß noch bis zur schieren Wertlosigkeit abgeschliffene Kompromisse zustande bringt. Das ist auch deshalb so, weil die Willensbildung auf ihrem ganzen Verlauf – es werden nicht weniger als zwölf «Interventionspunkte» aufgezählt – legal und erfolgversprechend beeinflußt werden kann. Bevor dieser Verlauf in den nächsten beiden Kapiteln unter die Lupe genommen wird, erfolgt noch der Hinweis auf das Referendum, das in unserem System eine besonders gewichtige Rolle spielt.

Der englische Philosoph Thomas Hobbes hatte in seinem «Leviathan» organisierte Gruppierungen und Verbände noch als «kleine Staaten im Bauch eines größeren», als «fremde Lebewesen wie Würmer in den Eingeweiden des Menschen» bezeichnet. Sie müsse man bekämpfen, zerstreuen und auflösen. Der Pluralismus, mit dem wir heute leben, gilt in Hobbes' Weltschau als Zerfallserscheinung. Darüber zerbrechen wir uns aber hier nicht den Kopf. Der Pluralismus ist vielmehr einfach als Tatsache zur Kenntnis zu nehmen. Erst spätere Generationen werden voll ermessen können, welche Entwicklungsrichtung mit der maßgeblichen Berücksichtigung der Einfluß- und Verbandskreise auf das Staatsgeschehen eingeschlagen wurde, nachdem doch die historische Epoche des Ständestaates überwunden schien.

«Lobby» – die helvetische Form

Das englische Wort Lobby bedeutet «Vorraum» oder «Wandelgang» und meint also zunächst etwas sehr Reales: die Begegnungsstätte in den Wandelgängen des Parlamentsgebäudes. Im allgemeinen Sprachgebrauch versteht man hierzulande unter Lobby indessen den versteckt erfolgenden Beeinflussungsversuch von Interessenträgern, also eher etwas Anrüchiges. Demokratie, so ist die Meinung, soll ja offengelegtes staatliches Handeln sein. Die Idee der Beeinflussung kommt im amerikanischen Begriff des Lobbying noch klarer zum Ausdruck. Der Brockhaus umschreibt es als «zunächst von den Wählern, dann von deren Vertretern, heute vor allem von den Beauftragten, den Lobbyisten ganzer Interessengruppen, vorgenommene Beeinflussung der gesetzgebenden Volksvertreter». In dieser Auslegung ist Lobby eindeutig eine Begleiterscheinung einer pluralistischen Staatsordnung, deren Meinungsbildung von Standes-, Branchen- oder Berufsverbänden, von gewichtigen organisierten Interessen der Privatwirtschaft und von Einzelunternehmen staatlicher oder halbstaatlicher Art getragen wird. Lobbyismus könnte dabei eine nützliche Informationsquelle zu staatlichem Handeln sein, ist aber «infolge seiner Tendenz zu *einseitiger* Unterrichtung (seitens der Interessenvertreter) eine Gefahr für das Interesse der Allgemeinheit», wie im Lexikon weiter zu lesen steht. Der Lobbyist eines Verbandes oder eines Einzelunternehmens gibt seinem Parlamentarier (oder dem Verwaltungsbeamten) Fachinformationen, die das von ihm vertretene Anliegen unterstützen. Er «läßt Tatsachen sprechen», manipuliert dabei jedoch die für «die ganze Wahrheit» erforderliche Gegeninformation zu einem inferioren Wert, sofern er sie nicht überhaupt verschweigt. Vielleicht versucht er auch ganz allgemein die Sympathie des Volksvertreters für sein Anliegen zu gewinnen, im Sinne einer Image-Werbung sozusagen, mit der eine gute Ausgangslage für spätere Vorstöße geschaffen wird.

Das ist der Bereich der Beziehungen, populär als «Vitamin B» bekannt. Dazu ein kleines Beispiel aus dem Themenkreis der zehn Jahre zurückliegenden Kämpfe um den Erhalt der Kavallerie in der Armee. Am 11. März 1970 schrieb der Ostschweizer Kavallerie-Verein seinen Sektionspräsidenten, es sei zu erwarten, daß die Botschaft des Bundesrates über die Kavallerie in der Armee erst 1971, also um ein Jahr verspätet, erscheine. Nachdem das Schicksal der Kavallerie nun in den Händen der Politiker liegen werde, gelte es, die Verschnaufpause zu nützen: «Wir müssen diese Leute gewinnen und sie über unsere Waffe orientieren.» Es gelte, «unsere Politiker von der Notwendigkeit einer berittenen Truppe zu überzeugen». Das notwendige Dokumentationsmaterial liege bereit: «Die Schwierigkeit besteht jedoch darin, mit den vielbeschäftigten Herren Parlamentariern in einen persönlichen Kontakt zu kommen. Ein persönliches Engagement ist erforderlich, da bekanntlich ein Brief oder ein bloßer Telefonanruf sehr wenig nützt.» Es gehe nun darum, im Ostschweizer Kavallerie-Verein Leute zu finden, die mit Parlamentariern Kontakte herstellen und aufrechterhalten können. Dem Schreiben an die Sektion Oberthurgau war eine vollständige Liste der National- und Ständeräte mit Namen, Adresse, Beruf und Fraktion beigelegt. Auch wurde darauf aufmerksam gemacht, daß «in Ihrem Einzugsgebiet Ständerat Munz Hans, 8580 Amriswil, rad.» wohnt. Es wird aber beigefügt: «Falls Sie über Beziehungen zu Parlamentariern außerhalb Ihres Einzugsgebietes verfügen, ersuche ich Sie, auch diese zu melden.» «Vitamin B» der Politik wird also oft in breitangelegten Aktionen gesucht. Genützt hat es im vorliegenden Fall freilich nicht mehr viel, denn trotz dem starken Druck wurde die Kavallerie vom Parlament abgeschafft.

Im Zusammenhang mit diesem «äußeren Lobbying» ist noch auf härtere Formen hinzuweisen: das Versprechen von Vorteilen zum Beispiel oder die Androhung von Nachteilen für den Fall einer bestimmten Handlungsweise. Diese Anwendungsformen können sich aber nicht bloß auf Parlamentarier, sondern auch auf Persönlichkeiten der Regierung, der Verwaltung oder einflußreiche Mitglieder von Expertenkommissionen richten. Ihre sekundären Tummelplätze und Kontaktstellen sind Männergesellschaften, Parteigruppen und Begegnungsorganisationen des Armee-Establishments. Wir haben es hier mit den vielen typischen Verknüpfungen des helvetischen Filzes zu tun.

Die zweite Form des Lobbying wirkt innerhalb des staatlichen Betriebes direkt. Hier geht es um die Funktionäre, welche die Interessen ihres Verbandes von Berufes wegen vertreten, und um die Parlamentarier mit Verwaltungsratsmandaten, die durch Herkommen und aus Neigung Lobbyisten sind. Es geht aber vor allem auch um die unter dem Siegel des Anwaltsgeheimnisses versteckt bleibenden Beraterverhältnisse oder direkten Interessenvertretungen durch Parlamentarier sowie um die aktive Beeinflussung von Wahlen. Markus Schuppisser schreibt dazu, diese Beeinflussung wirke «auf die Zusammensetzung des Parlaments und damit auf die Verteilung der Interessenstandpunkte. Organisierte Interessen verstehen es, aktive Wahlpropaganda für oder gegen einen bestimmten Kandidaten zu machen. Sie agieren dabei in der Regel über die Parteien. Setzen sie sich für einen Kandidaten ein, so heißt das nicht bloß Stellungnahme für ihn, sondern Aufbau der Wahlpropaganda und Bezahlung der Wahlkosten. Ein Parlamentarier, dessen Wahlerfolg durch eine bestimmte Interessengruppe ermöglicht wurde, bleibt meist recht fest an diesen Geldgeber gebunden und kann als treuer Vertreter seiner Interessen gelten.»

Die «Filzokratie»

Das Stichwort Verfilzung ist gefallen. Es hat im weiteren Sinn mit Lobby zu tun und ist zum Inbegriff eines verbreiteten Vorwurfs gegenüber unserer Politik geworden. Unter «Filz» wird hier die enge Verflechtung der in den Entscheidungsprozessen wirksamen sichtbaren und vermuteten Beziehungen verstanden. Die groben Fäden werden durch das Proporzwahlsystem und die Kompromißmechanismen in der Koalitionsdemokratie gesponnen. Die feinen Verflechtungen entstehen aus verschiedenen Besonderheiten des Parlamentsbetriebes, der Ämterkumulation, der im System geduldeten skizzierten Interessenvertretung in Expertenkommissionen und Parlament sowie den Schulterschlüssen in gesellschaftlichen und staatlichen Milizorganisationen. Während manche Politologen behaupten, die Gruppenbildung mache die pluralistische Demokratie überschaubar, man wisse, mit wem man es zu tun habe, ergeben jedoch diese Besonderheiten Zwischen- und Gesamteffekte, die die Demokratie strapazieren und dem politischen Klima nicht zuträglich sind. Zwar mag es gelingen, auf dem Weg des Lobbyismus Fachwissen in den politischen Prozeß einzubringen, die dabei entstehende Abhängigkeit ist indessen ein hoher Preis.

Die modernen Theoretiker sprechen in diesem Zusammenhang von «Korporatismus» und verstehen darunter eben diese Form der Teilnahme organisierter Interessen am staatlichen Handeln, das heißt die Verflechtung zwischen staatlicher Administration und Spitzenverbänden. Beat Hotz, Professor an der Universität Münster (Westfalen), schrieb dazu in der NZZ: «Bezogen auf die institutionellen Formen sind für den Korporatismus typisch die mangelnde Öffentlichkeit und Transparenz der Beratungen, die Aushandlung der Lösungen mit dem Vorherrschen von Konsensentscheidungen, die Beteiligung aller sanktionsfähigen Organisationen. Durch das so institutionalisierte Muster der Herstellung politischer Entscheidungen und deren Vollzug wird der Wettbewerb der Parteien im Pluralismus oder der Unternehmungen und Konsumenten in der Wirtschaft tendenziell verdrängt. An seine Stelle treten zunehmend die Verhandlung und die hierarchisch-bürokratische Anweisung.»

Max Frisch hat in einer Rede vor dem Schweizerischen Verband des Personals öffentlicher Dienste in diesem Zusammenhang von «Repression» gesprochen: «Es gab noch keine gesellschaftliche Ordnung ohne Herrschaft und keine Herrschaft, die auskommt ohne Repression, wobei Repression nicht unbedingt mit Kerker beginnt und sich der Folter bedient. In einer gesitteten Herrschaft, wie bei uns, bedient sie sich lediglich der Volksschule, zum Beispiel, und regelt dann die Bildungschancen usw.; sie bestimmt, wer ein Patriot ist, wer nicht, und verteilt keine Latifundien, aber Posten an kleine Patrioten, Schlüsselstellungen an große Patrioten, die, kraft ihres Amtes, allfällige Nörgler entlassen können.»

Das hat scheinbar mit Lobby nichts zu tun. Es hat aber – das Wort «Repression» klingt etwas zu international und zu klassenkämpferisch – mit Filz zu tun. Mit unserer von der offiziellen Konformität beeinflußten öffentlichen Meinung auch, die als «Souverän», als demokratische Quasi-Mehrheit oft dafür sorgt, daß am Schluß nichts passiert. Hier zeichnen sich dann wieder die Strukturen des Korporatismus ab, eines Lobby-Automatismus, eher undemokratisch zwar, aber in der Konsenssuche wirksam tätig: in den Milizvereinigungen, den parteipolitisch akzentuierten Medienkontroll- und Standesorganisationen. In ihrer Gesamtheit jeden Schritt über die bürgerliche Konsensleitlinie registrierend und exponierend und mit stetem Druck dafür sorgend, daß Presse- und Meinungsäußerungsfreiheit in ähnlich engen Grenzen bleiben, wie sie während des letzten Krieges in der Presseüberwachung gezogen wurden. Reich dotierte professionelle PR-Zentralen sekundieren den Einsatz mit großformatigen Inseraten und Blickfängen an Litfaßsäulen. «Gestatten Sie, daß wir Sie in einer Angelegenheit ansprechen, die unseres Erachtens für die Erhaltung einer freien Marktwirtschaft von wesentlicher Bedeutung ist», heißt es in einem Bettelbrief, der in großer Schrift mit «Dr. R. Eibel/Dr. H. Giger» überschrieben ist. «Die maßlosen Forderungen linker, zum Teil aber auch angeblicher bürgerlicher Kreise an die Wirtschaft nehmen immer drastischere Formen an», begründen die beiden «Trumpf-Buur»-Redaktoren ihr Schreiben. Darum müsse es einen «Trumpf-Buur» geben, der «klar und deutlich gegen die Infiltration von links, gegen den Staatsinterventionismus und gegen die

Sozialisierung auf dem Steuerweg kämpft und der die Dinge, ohne Furcht vor Repressionen», beim Namen nenne. In über sechzig Zeitungen erschienen, wie in dem Brief zu lesen steht, mit einem Kostenaufwand von 1,2 Millionen Franken regelmäßig «Trumpf-Buur»-Botschaften: «Der ‹Trumpf-Buur› hilft Ihnen – helfen Sie auch ihm!» Und dann findet sich auf dem Brief aus dem Jahr 1979 noch ein P. S.: «Selbst der linkslastige Martin Stadler schreibt im ‹Vaterland› vom 17. März 1979 über ‹Trumpf-Buur›: ‹Kein Journalist der schreibenden Zunft kann auf eine ähnliche Breitenwirkung hinweisen.›»

Gegen «Trumpf-Buur» ist nicht viel einzuwenden, auch wenn man seine Politik nicht mag, denn er ist ein typischer Bestandteil unseres staatlichen und gesellschaftlichen Filzes. Das Ganze ist eine Frage der materiellen Potenz und des übermäßigen Gewichtes einer einseitigen Stimme im politischen Raum. In einer solchen Verdichtung konnte zum Beispiel der Zürcher Erziehungsrat dem 24jährigen Olivier S. die Aufnahme ins Seminar für Pädagogische Grundausbildung verweigern, weil ihm ein Gutachten «Unbekümmertheit um Werte und Normen seiner Umgebung» und «Außenseitertum» attestiert hatte. (Ein Gutachten, weil nach zürcherischem Gesetz Anwärter einen Nachweis über die «gesundheitliche Eignung zum Lehrerberuf» erbringen müssen.) Und in solchem Konsens gegen alles, was nicht innerhalb der Leitlinie marschiert, bestätigte der Regierungsrat als Rekursinstanz den Entscheid. Man war also bereit, Charaktereigenschaften unter den Begriff «Gesundheit» einzustufen, eine Verhaltensweise, die wir zum Beispiel in Diktaturen als ausgesprochen undemokratisch apostrophieren und mit der Unterstützung von Samisdatschriften erfreulicherweise bekämpfen. Das Bundesgericht hatte die Verweigerung freilich später wieder aufgehoben.

Es wäre ein leichtes, weitere Fälle solch willkürlicher Konsenspraxis aufzuzählen. Das erwähnte Beispiel mag zur Illustration dafür genügen, daß die Absicherung des Systems sehr weit getrieben wird.

Ämterkumulation und föderalistische Knoten

Die Ämterkumulation ist ein weiterer Aspekt der Verfilzung. Als in Appenzell ein Erweiterungsbau der Innerrhoder Kantonalbank aus Gründen des Ortsbildschutzes kritisiert wurde, stellte sich heraus, daß die Innerrhoder Standeskommission (Regierung) Bewilligungs- und Rekursinstanz in einem war. Mehr noch: Sechs der neun Regierungsmitglieder, darunter sowohl der Regierende als auch der Stillstehende Landammann, saßen im Bankrat der Kantonalbank, der das Projekt unterstützte. Der die Opposition anführende Architekturstudent Roman Kölbener sagte damals dem Korrespondenten des «Tages-Anzeigers» etwas sehr Typisches: «Viele Leute wollten zwar unterschreiben, trauten sich aber nicht, weil sie laut eigenen Angaben Geld von der Kantonalbank haben oder diese ihr Kunde ist.» Fehlende Risikobereitschaft und Zivilcourage sind wichtige Voraussetzungen sowohl für die Effizienz der «Filzokratie» wie für die politische «Hygiene» der Demokratie überhaupt.

Ämterkumulation und Expertentätigkeit in eigener Sache sind auch auf Bundesebene sehr stark vertreten, ohne daß sich die Politiker daran stoßen würden. Diese Praxis gehört eben zur Auslegung unseres Demokratiesystems. Als vor wenigen Jahren das EMD den Zürcher Professor Edwin Rühli mit einer Expertise über den Ablauf der Rüstungsprogramme beauftragte, löste das in der Öffentlichkeit heftige Kritik aus, denn Rühli war Verwaltungsrat der Waffenfabrik Oerlikon-Bührle Holding. Im Bundeshaus hingegen fand man dabei nichts Besonderes. Es wurde entgegnet, der Bundesrat habe die Wahl in Kenntnis dieser Tatsache getroffen. Auf Anfrage von Journalisten erklärte Bundesrat Rudolf Gnägi, Rühli sei ein souveräner Fachmann. Er werde seinen Auftrag nicht zur Wahrung industrieeigener Interessen mißbrauchen. Von einem ähnlichen Tugendhaftigkeitsanspruch läßt sich noch in vielen andern Fällen berichten. Zum Beispiel von der Ernennung Michael Kohns, des Verwaltungsratspräsidenten der großen Elektrizitätsgesellschaft Atel, zum Vorsitzenden jener Kommission, die die schweizerische Energiepolitik zu Handen des Bundesrates erarbeiten sollte. Aber nicht alle im Land sind bereit, Vertrauen gleich zu hundert Prozent zu schenken. Die Arbeitsgemeinschaft Atomschutz der Schweiz (AGEA) etwa behauptete im August 1980, die Sicherheitsbehörden des Bundes seien wegen der engen personellen Verflechtung zwischen Behörden und Kernindustrie nicht in der Lage, die Atomindustrie wirksam zu kontrollieren. Die AGEA protestierte damit gegen die vom Bundesrat getroffene Wahl von Ingenieur Roland Naegelin zum Direktor der Abteilung für die Sicherheit der Kernanlagen (ASK). Naegelin war Manager bei der im Kernenergiebereich tätigen Firma Sulzer und zugleich Industrievertreter in der ASK gewesen. Es sei gefährlich, meinte die AGEA, wenn Naegelin nun jene Firmen kontrollieren solle, deren Interessen er bisher vertreten habe.

Ins dichte Gewebe des Systems passen auch die föderalistischen Knoten, über die sich hierzulande kein offizieller Mensch aufregt. Der Kanton Graubünden verbot 1979 mit einem demonstrativen Mehr in der Volksabstimmung seinen Regierungsräten, sich in den Nationalrat wählen zu lassen. Auch die Tessiner sorgten dafür, daß ihre Regierungsräte genug Zeit zur Erfüllung ihrer Amtspflichten finden und sich nicht während Monaten als Nationalräte in Bern aufhalten. Unter anderen wird auch dieser Aspekt kaum beachtet: Die Zeitrechnung für einen Regierungsrat, der sich in der helvetischen Ämterkumulation voll eindeckt, sieht schlimm aus. Ein Nationalratsmandat beansprucht mit Plenums-, Fraktions-, Partei- und Kommissionssitzungen mindestens fünf Monate. Eine Charge in der Armee ist mit ebenfalls einem Monat zu veranschlagen. Sehr oft kommt ein mit dem Amt verbundenes Mandat als Verwaltungsrat in einem gemischtwirtschaftlichen Unternehmen (Elektrizitätsgesellschaft) hinzu, so daß bei Berücksichtigung der Ferien für die Ausübung des von der kantonalen Stimmbürgerschaft übertragenen Regierungsamtes nur noch wenig mehr als vier Monate im Jahr verbleiben. Es ist nun von Fall zu Fall zu beurteilen, ob der Arbeitgeber-Kanton den Nutzen aus dieser Vielseitigkeit zieht, oder ob er nicht doch eher dem Karriereehrgeiz seines erwählten Politikers in der Regierung zugutekommt.

Im Jahr 1982 saßen nicht weniger als 24 kantonale Regierungsräte und Stadtpräsidenten größerer Gemeinwesen sowie zehn Altregierungsräte in den beiden eidgenössischen Kammern. Sie weben jene Fäden, die im Nationalrat die ungesunde, der Gewaltenteilung zuwiderlaufende Ungleichheit ergeben, welche in der Volkskammer immer wieder zu beobachten ist. Die Ämterkumulation führt in diesem Bereich unseres politischen Betriebs nicht zuletzt auch wegen der erwähnten Regierungschargen in gemischtwirtschaftlichen Betrieben überdies zu offensichtlichen Überlastungen und auch zu unerwünschten Konzentrationen. Der Zürcher Regierungsrat, Professor und Nationalrat Hans P. Künzi (FDP) zum Beispiel sitzt in den Verwaltungsräten der Kraftwerke Linth-Limmern AG, der Kraftwerke Sarganserland AG und der Kraftwerke Vorderrhein AG. Der Berner Regierungsrat und Nationalrat Werner Martignoni (SVP) besitzt Verwaltungsratsmandate bei den Bernischen Kraftwerke AG, der Bernischen Kraftwerke AG Beteiligungsgesellschaft, der Kraftwerke Graben AG und der Vereinigten Rheinsalinen. Und der der CVP zugehörende Walliser Regierungsrat und Ständerat Guy Genoud zählt in seinem Dossier Verwaltungsratsmandate der Bahnunternehmen Aigle–Ollon–Monthey–Champéry Morgins, Martigny au Châtelard und Martigny–Orsières, der Gazoduc SA, der Société italo-suisse d'exploitation du Tunnel du Grand-St-Bernard (Präsident), der Swissgas sowie der Tunnel du Grand St-Bernard SA als Präsident. Aber auch die Zürcher SPS-Stadträtin und Ständerätin Emilie Lieberherr übt noch drei Verwaltungsratsmandate in der Kraftwerk Hinterrhein AG, der Zürcher Schiffahrtsgesellschaft und der Ferien- und Sportzentrum Hoch-Ybrig AG aus.

Da kommen doch recht deutliche Verknotungen zum Vorschein, aus denen sich unsympathische, ja undemokratische Interessenkollisionen zwischen legislativen und exekutiven Funktionen auf der kantonalen wie der Bundesebene ergeben. Die kantonale Bejahungsmehrheit auf die Vernehmlassungsfrage nach dem Bedarf des KKW-Kaiseraugst ist dafür ein Beispiel, ebenso wie die energiepolitischen Verhaltensweisen der gemischtwirtschaftlichen Elektrizitätswerke.

Aber auch noch ein anderer Aspekt ist zu bedenken. Der Wirtschaftsjournalist Werner Leibacher schloß im September 1980 im «Tages-Anzeiger» nach einer Umfrage, daß Verwaltungsratsmandate auch mit einem beträchtlichen Arbeitsaufwand verbunden sind. «Ziemlich klar geht aus den Antworten hervor», schreibt Leibacher, «daß ein Verwaltungsratsmandat, wenn es ernsthaft ausgeübt wird, einen erheblichen Zeitaufwand erfordert. Louis von Planta etwa, der Ciba-Geigy-Präsident, der auch Verwaltungsrat der Badener BBC ist, beziffert seinen zeitlichen Aufwand für dieses Mandat auf zwei bis drei Tage pro Monat. Den gleichen Zeitaufwand nennt BBC-Präsident Franz Luterbacher für seine Verwaltungsratsarbeit beim Schweizerischen Bankverein, wo er im Ausschuß tätig ist.» Wenn ein Regierungsrat, der ein eidgenössisches Parlamentsmandat ausübt, die dort anfallenden vielen Experten- und Parlamentskommissions-Mitgliedschaften ebenso ernst nimmt wie die Verwaltungsratsmandate, dann bleibt ihm zum Regieren im Kanton nicht mehr viel Zeit. Es sei denn, er begnüge sich damit, an all den vielen Sitzungen unvorbereitet einfach präsent zu sein. Nur könnte er dann genausogut zu Hause bleiben.

Die Ämterkumulation auf der vertikalen Linie Bund–Kantone hilft mit, wie bereits angedeutet, den Exponenten des Föderalismus zu einem die Bundesgesetzgebung einseitig beeinflussenden und hemmenden Übergewicht zu verhelfen. E. A. Kägi hat in einem NZZ-Artikel das Beispiel der von den kantonalen Finanzdirektoren maßgeblich beeinflußten Finanzpolitik zum Motiv einer Abhandlung genommen. Es gebe viele Anzeichen dafür, schreibt Kägi, «wie sehr sich die Finanzdirektorenkonferenz als Mitträgerin der Entscheidungen in der Bundesfinanzpolitik versteht – ein interessanter Fall eines neuartigen ‹extra-konstitutionellen› Organs, würdig, in einer politisch-soziologischen Spezialstudie durchleuchtet zu werden. Nach gutschweizerischem Brauch ist es überdies auch im Parlament fest verankert; Finanzdirektoren reden ein maßgebendes Wort mit nicht nur im Ständerat, sondern auch im Nationalrat. Ursprünglich als reines Konsultationsverfahren gedacht, hat sich aus dem ‹Anhören der Kantone› eine Abart von ‹Mitbestimmung› entwickelt, die einer genaueren Überprüfung bedürftig wäre.»

Das Elite- und das Oppositionsproblem

Aus all dem läßt sich das ableiten, was Hanspeter Kriesi in seiner aufschlußreichen Untersuchung über die Entscheidungsstrukturen nachgewiesen hat: In der Schweiz herrscht nicht nur eine enorme Verfilzung innerhalb der politischen Entscheidungsträgerschaft, sondern auch eine Verdichtung zu einem Elitekern ist festzustellen. Untersucht aufgrund der Werdegänge und Verläufe der eidgenössischen Abstimmungen im Zeitraum 1971 bis 1976 sowie der Entwicklung der Politiker und Interessenvertreter ergibt sich in Kriesis Studie, daß eine einflußreiche politische Elite von 1224 Persönlichkeiten aktiv ist und den Verlauf der Entscheidungen wesentlich beeinflußt. Von diesen 1224 Personen zählt Kriesi 298 zu einem inneren Elitekreis, in dem neben den Bundesräten maßgebliche Beamte der Bundesverwaltung, kantonale Regierungsräte, Parlamentarier und Vertreter von Spitzen- und Wirtschaftsverbänden zu finden sind. Als eigentliche Machtbasis erscheinen 16 große Verbände, der Bundesrat, einzelne Departemente und Großunternehmen. Das Parlament hingegen, als im System vorgesehene Entscheidungsinstanz, verliert nach dieser Analyse immer mehr an Einfluß. Im übrigen bestätigt die Untersuchung die enorme Verfilzung, die sich zwischen der politischen Elite, den großen Parteien, der Wirtschaft sowie politischen und militärischen Milizorganisationen herausgebildet hat.

Das untergründige Mißtrauen ist angesichts solcher undurchsichtiger Machtklumpen in der pluralistischen Demokratie verständlich. Max Frisch sagte in der bereits zitierten Rede: «Der Zweck der Repression, der offenen, ist die Einschüchterung aller, die Einschüchterung der Mehrheit, die der Bundesrat, wenn er nicht gerade mit der Lobby verhandelt, demütig als Souverän bezeichnet.»

Ob man soweit gehen will oder nicht, ein ungutes Gefühl hinterläßt der Zustand auf alle Fälle. Das ist allenthalben spürbar, wo große Projekte, zum Beispiel im Verkehrs- und im Energiebereich, durchgedrückt werden. Franz Weber findet Beifall, wenn er gegen «neue Landvögte» ankämpft. Hemmend kommt dieses Gefühl, politische Vorfabrikation erdulden zu müssen, vor allem auch im

Staatsengagement zum Ausdruck. Der Rückzug von den Urnen und das Ausweichen auf neue Artikulationsformen kann als Beweis gelten. Seit 1959, also seit 23 Jahren, ist die «Zauberformel», der politische Kern des Mehrparteien Koalitionssystems, wirksam. 23 Jahre haben bereits dicke Sedimente hinterlassen und eine ausgeprägte Anpassungsroutine bewirkt.

Weitgehend ungestört von politischen Strömungen, die die Welt fermentieren und die Entwicklung beeinflussen, werkelt unsere Koalition an ihren Kompromissen. Im Parlament verfügt sie über die erdrückende Mehrheit von 212 von 246 Sitzen. Zählt man die im besten Fall mit einer bittersüßen Miene Opposition spielenden andern Bürgerlichen (11 Liberale, 8 Landesring und 3 NA/ Rep) hinzu, so verbleiben noch ganze zwölf Sitze außerhalb der erdrückenden Konsensgruppe Regierungskoalition/bürgerliche Minderheitsparteien. Die sechzig Sozialdemokraten im Koalitionsblock gebärden sich zwar zuweilen als Fraktion oder einzeln ein wenig wild, doch rechnen sie sich aus, mitspielend wirksamer denn als Opposition zu sein. Das dürfte auch zutreffen, denn eine sozialdemokratische Opposition wäre im Parlament mit 60:186 unterlegen; im Ständerat mit 9:37 und im Nationalrat mit 51:149. Die «Filz»-Untersuchungen Hanspeter Kriesis haben jedoch ergeben, daß der außerparlamentarische Einfluß auf die staatliche Meinungsbildung eher höher ist als der parlamentarische. Eine Opposition der Sozialdemokraten und ihrer meinungsverwandten Gruppen wäre aber nicht bloß im Parlament in einer aussichtslosen Minderheitsstellung, sie kommt auch in der erwähnten einflußreichen politischen Elite der 1224 und erst recht im inneren Kreis der 298 nur schwach zur Geltung. Nachdem überdies erwiesen ist, daß Volksabstimmungen fast ausnahmslos so ausfallen, wie es die beiden mit der bürgerlichen Gesellschaft und der Wirtschaft eng verflochtenen Elitekreise empfehlen, sieht die Lage für eine Opposition noch hoffnungsloser aus. Darin liegt ein echtes Demokratieproblem, denn der Zustand dauert, wie gesagt, bereits 23 Jahre an.

In Schweden fand die sozialdemokratische Herrschaft vorübergehend ein Ende, und neuer Wind kam ins Staatsgebälk. Ähnliches geschieht in den großen parlamentarischen oder präsidialen Demokratien des Westens laufend. Da werden die «Administrationen» und mit ihnen auch manche «Fäden» des staatlichen Filzes, der sich bildet, periodisch ausgewechselt. In der Schweiz werden sie nicht einmal «pensioniert». Alt Bundesräte und alt Chefbeamte ebenso wie alt Verbandssekretäre nehmen Einsitz in einflußreiche Verwaltungsräte und pflegen ihre guten Beziehungen noch im siebten oder achten Jahrzehnt ihres Lebens zu verkaufen. Und man kann ihnen, wie den vielen andern Lobbyisten, nicht einmal viel vorwerfen, denn sie nützen bloß die Möglichkeiten des Systems.

Dieser ganze gesellschafts- und koalitionspolitische Automatismus wird langsam unheimlich. Damit ist nicht vorwiegend die Klage gemeint, die Bundesrat Willi Ritschard in einem Interview führte, das er dem Wirtschaftsmagazin «Bilanz» gab. Auf die Frage, wie sich ein Bundesrat angesichts so starker Gegnerschaft wie der Banken fühle, führte Ritschard aus: «Ohnmächtig. Manchmal hatte ich in der parlamentarischen Kommission (die sich mit der Besteuerung der Treuhandgelder befaßte) das Gefühl, ich könnte anstelle von Argumenten für eine solche Steuer ebensogut aus dem Telefonbuch vorlesen. Immerhin gibt es auch Nein-Sager, die ehrlich nach Alternativen suchen. Aber letztlich ist es schon so, daß man ohnmächtig einer starken Lobby gegenübersteht».

Nicht allein diese Versuche der Starken, innerhalb des Beziehungsgeflechts, der Ämterverfilzung und der Doppelmandate der Allgemeinheit die eigenen Interessen aufzuzwingen, geben zu denken. Es ist vielmehr die legalisierte Abstützung dieser Demokratiedeformation im System, die bedenklich stimmt. Aber auch die dadurch bedingte mangelhafte Öffentlichkeit des Meinungsbildungsprozesses und die Aussichtslosigkeit einer echten Veränderung. Die in der Verfassung garantierten Demokratiewerte – der Respekt vor der Gewaltentrennung, die Öffentlichkeit des Geschehens, die Freiheit der Meinungsäußerung, die Information durch eine echte Pressefreiheit – sind verbal kaum bestritten, werden aber in der Wirklichkeit unterspült und überdeckt. Unser «Filz» ist also ein Demokratieproblem.

Bevor im nächsten Kapitel die Mechanismen genauer untersucht werden, die in der Willensbildung zur Gesetzgebung wirksam sind, sei noch ein kurzer Blick auf einige wesentliche Voraussetzungen der politischen Praxis geworfen.

Der Einfluß auf die Gesetzgebung

Alt Bundeskanzler Karl Huber hat 1980 in einem «Civitas»-Artikel auf den enormen Zeitbedarf hingewiesen, den bei uns die Problemlösung, das heißt die Gesetzgebung beansprucht. Das treffe zum Beispiel auf den Verfassungsartikel über den Umweltschutz zu, der am 6. Juni 1971 vom Volk abgesegnet worden sei. Noch heute fehle die Ausführungsgesetzgebung, während in der Umwelt eine vollendete Tatsache an die andere gereiht werde. Mehr als zehn Jahre habe die Aufnahme eines Konjunkturartikels in die Verfassung gedauert, und die «Reifezeit» des Radio- und Fernsehartikels sei nach zwei negativen Volksentscheiden seit 25 Jahren im Gange. Huber wies auch auf den Leidensweg der Raumplanungsgesetzgebung hin, der 1963 mit der ersten Initiative begonnen habe, 1972 zu den dringlichen Maßnahmen und 1974, am verworfenen Gesetz vorbei, zur unbenutzten Referendumsfrist des im Oktober 1979 endlich erdauerten Gesetzes geführt habe. Alle diese Endresultate haben eines gemeinsam: sie sind bis auf den Kern abgeschliffene Kompromisse. Die mit dem Referendum wirksam gemachte Beeinflussung hat sie zu Mini-Erlassen flachgescheuert. Unsere Meinungsbildungsmaschinerie des organisierten Pluralismus bringt auf ihrem langen Weg also nicht nur die halbdirekte Demokratie in Verruf, sondern sie erbringt auch zu späte und halbbatzige Resultate. Die Vorschläge zu Handen des Souveräns werden nicht mehr in einer von der Gewaltenteilungsidee organisierten Exekutiv-Legislativ-Phase erarbeitet, sondern im Zusammenwirken der Gewalten und gewichtiger Teile des Souveräns in einem Kompromißvorschlag zusammengepreßt. Der «König Souverän» bekommt nur noch vorgesetzt, was sein Hofstaat für ihn vorgekaut und eingespeichelt hat.

Während unsere klassischen Vorstellungen von der halbdirekten Demokratie vorsehen, daß ein Gesetz über die Parlaments-, die Behörden- oder die Volksinitiative initiiert wird, daß auf Vorschlag des Bundesrates das Parlament das Gesetz durchberatet und es hernach (über ein Referendum) der höchsten Instanz im Staat, dem Souverän unterbreitet wird, sind diese klaren Positionen durch Außeneinflüsse oder Fragestellungen der Exekutive in der Praxis verwischt. Vor allem aber sind heute auf dem Weg der Willensbildung viel mehr Positionen anzulaufen. Hanspeter Kriesi nennt nicht weniger als zwölf «Interventionspunkte», an denen die Lobby ansetzen kann:

1. Parlamentarische Vorstöße
2. Initiative
3. Arbeitsgruppe der Verwaltung
4. Ständige Kommission
5. Ad-hoc Kommissionen
6. Verhandlungsdelegation
7. Vernehmlassungsverfahren
8. Konsultation
9. Verwaltungsinterne Berichtsverfahren
10. Bundesrat
11. Parlamentarische Kommission
12. Abstimmungskampf

Dazu wäre als weiterer Interventionspunkt wohl auch noch das Parlamentsplenum zu zählen. Im nächsten Kapitel wird versucht, die Wirksamkeit der Lobby auf der Reihe dieser Interventionspunkte abzuwägen und zu bewerten.

Im Vorder- wie im Hintergrund des Kräftespiels der Meinungsbildung stehen die beiden großen Volksrechte Initiative und Referendum. Die *Volksinitiative,* die zu ergreifen es 100 000 Unterschriften braucht, bringt ein Thema nicht nur ins Gespräch, sondern auch zur Beurteilung durch das Volk. Es liegt in der Natur dieses als «Treibmittel» verwendbaren Rechts, daß es vom Konsenssystem nicht begünstigt wird. Von den 76 Volksinitiativen, die zwischen 1891 und 1981 eingereicht wurden, hat der Souverän nur deren sieben angenommen. Wünsche zur Veränderung werden auf diesem Weg also kaum erfüllt. Weil sie meist von aktivierten Volksgruppen oder Parteien und Gewerkschaften vorgebracht werden, die dem linken Teil des politischen Spektrums zuzuzählen sind, werden sie in der Abstimmung von potenten Kräften wirksam bekämpft und haben selten eine Chance. Geringe Aussichten haben sie auch deshalb, weil sie von der erwähnten festen Parlamentsmehrheit entweder abgelehnt, oder aber mit einem Gegenvorschlag begleitet in Abstimmungen geschickt werden, in denen der Bürger nur zweimal Nein stimmen darf.

Beim *Referendum,* der wirksamen Bremse des Systems, liegen die Dinge anders:

Bremsen hemmt Veränderungen, wirkt im Sinne des Status quo, ist im Wesen konservativ und entspricht daher sowohl der «Zauberformel»-Mehrheit ebenso wie unserem «Mini»-Souverän. Das Referendum, für das 50000 Unterschriften erforderlich sind, ist daher das ganz große Steuerungsinstrument unserer Politik. Es ist nicht bloß wirksam, wenn es ergriffen wird, sondern seine nachhaltigste Wirkung entfaltet es auf prophylaktische Weise. Wo gutes Zureden auf Experten, Verwaltungsleute oder Parlamentarier nicht mehr fruchtet, wird mit dem Referendum gedroht. Und der Bundesrat wird mit größter Wahrscheinlichkeit die Einwände berücksichtigen. Er kann das tun, ohne sein Gesicht zu verlieren, denn das System will es auf seiner Konsenssuche so.

5. Kapitel

Die Vorfabrikation der Gesetze

In den Gesetzen wird das Resultat der staatlichen Willensbildung festgeschrieben. Dieser Prozeß wickelt sich in der Schweiz in der Regel in fünf Etappen ab: 1. Anregung eines Verfassungsartikels oder Gesetzes, 2. Vorbereitung durch Bundesrat und Verwaltung, 3. Parlamentsberatung, 4. Volksabstimmung sowie 5. Ausführungsgesetz- oder Verordnungsetappe am Schluß. Das Besondere an der Art der Willensbildung in unserer Demokratie ist nicht bloß die Mitwirkung des Volkes, sondern auch die Eingriffsmöglichkeit der Interessenvertretungen auf dem ganzen langen Weg der Gesetzgebung. Eine Schonphase gibt es in dieser Beziehung nicht; es gibt nur die Geheimhaltungspflicht gewisser Verhandlungsphasen gegenüber der Öffentlichkeit.

In diesem Kapitel ist von den ersten beiden Etappen die Rede: von der Anregung, die zu einem Willensbildungsprozeß führt, und vor allem von der oft beschworenen vorparlamentarischen Gesetzgebungsphase. Von jenem Abschnitt der Willensbildung also, in dem die Verwaltung zusammen mit eigenen und privaten Experten die Materie untersucht und die Verfassungsartikel oder Gesetze zuhanden des Bundesrates formuliert. Ein außerordentlich wichtiger Abschnitt deshalb, weil erfahrungsgemäß die erste Formulierung sich als Vorentscheidung erweist.

Schon diese vorparlamentarische Phase steht Druckversuchen durch die organisierten Interessen offen. Sie ist erwiesenermaßen für diese ein sehr wichtiger Ansatzpunkt, indem sich der Staat in unzähligen Kommissionen des Fachwissens privater Experten bedient. Bei den ersten Formulierungen ist somit nicht objektives, sondern parteiisches Fachwissen die Basis. Die Kommissionen werden nach einer Art Verbände- und Interessenhierarchie zusammengestellt. Der Staat anerkennt eine Mitsprache der Interessenvertretungen schon in den allerersten Expertenkommissionen. Damit kommt diesen Vorberatungsgruppen nicht mehr in erster Linie Fachberatungsfunktion, son-

dern politische Funktion zu. Diese legalisierte Mitsprache unter dem Deckmantel der Fachexperten-Funktion schafft ungleiche Chancen im Staate. Sie ist abzulehnen, nachdem in der Entscheidungsphase des Bundesrates, im Vernehmlassungsverfahren, jeweils ohnehin eine Befragung der Interessengruppen stattfindet. Eine Befragung, die den Bundesrat in seinem Handeln entscheidend beeinflußt. Das Übergewicht der organisierten Interessen ist also schon am Anfang der Willensbildung offensichtlich.

Am Anfang des langen Weges der staatlichen Willensbildung steht der Anstoß, formell eingeleitet durch das Volk, die Kantone (Initiativen), das Parlament oder den Bundesrat. Die Art und Weise, in der ein Gesetz entsteht, illustriert Stil und Technik der Willensbildung in einer Demokratie. Bundeskanzler Walter Buser schreibt dazu: «Ein Überblick über die Organe, denen das Recht der formellen Auslösung eines Rechtsetzungsverfahrens zuerkannt wird, und der Mittel, die ihnen dafür zur Verfügung stehen, würde aber der Bedeutung des Auslösungsaktes nicht gerecht, wenn nicht auch in Betracht gezogen wird, woher die Impulse stammen, welche die legitimierten Organe handeln lassen.» Buser meint aber, diese Impulse seien schwer erfaßbar, dürften sich jedoch zum überwiegenden Teil irgendwo im Bereich des politischen und wissenschaftlichen Ideengutes ansiedeln lassen. An dieser Stelle genügt es, zu wissen, daß Gewerkschaften, politische Parteien und vereinzelte Bürgergruppen neue Gesetzgebungswünsche eher in Szene setzen als die typischen Repräsentanten des «intermediären» bürgerlich-verbandsorganisierten Bereichs. Wirtschaftskreise und bürgerliche Gesellschaftsgruppen haben nicht Veränderungs-, sondern Beharrungswünsche. Sie konzentrieren sich daher auf die Einflußnahme *während* der Gesetzesbearbeitung. Mit der Möglichkeit, das fakultative Referendum ergreifen zu können, wirken ihre Vertreter in Expertenkommissionen, mit «Informationen» zu Handen der Verwaltung, im Vernehmlassungsverfahren, über Vertreter im Parlament, durch Referendumskampagnen in der Volksabstimmung und sogar in letzten Expertengremien bei der Verordnungssetzung des Bundesrates. Dabei kann es um Verzögerungsaktionen, die

Umformulierung von «Schicksalsartikeln» oder gar um die Vernichtung eines gegen den Willen einer starken Lobby zustandegekommenen Konsensproduktes der Bundesversammlung in der Referendumsabstimmung gehen.

Das Tummelfeld der «Experten»

Die Zeiten, da der Vorsteher des Finanzdepartements die Staatskasse zur Freizeitbeschäftigung mit nach Hause nahm, oder ein einziger Beamter sich im Bundeshaus mit Energiefragen beschäftigte, sind längst vorbei. Und jene anderen Zeiten, in denen sich der Bund in seiner Verwaltung modernes Spezialwissen selbst zulegte, sind in unserem sparsamen Staat nie angebrochen. Man zieht in Bern zur Bewältigung komplexer Aufgaben Experten bei. Das ist zu verstehen. Weniger verständlich ist hingegen, daß nicht nur Experten des Sachverstandes, sondern schon in dieser frühen Phase der Meinungsbildung politische «Experten» gesucht werden. Die Verbände verkaufen das Fachwissen ihrer Spezialisten um den Preis der politischen Einflußnahme. Dieses Einflußsystem hat sich so stark verdichtet, daß bei der Zusammensetzung von «Experten»kommissionen sogar eine Art Verbändeproporz beachtet und zwischen Verwaltung und Verbänden schon in dieser Phase eine eigentliche Kollaboration praktiziert wird. Alle diese «Experten» sammeln sich heute in einer gigantischen Infrastruktur von ständigen und nichtständigen Kommissionen der Verwaltung und des Bundesrates. In dieser «Milizverwaltung», wie sie die Politologen nennen, findet die permanente Rückkoppelung zwischen dem staatlichen (Regierung und Verwaltung) und dem privaten Bereich statt.

Im Staatskalender 1981–1982 beansprucht die Darstellung der staatlichen Infrastruktur der ständigen «Kommissionen, Verwaltungsräte und Delegationen» 135 Druckseiten. 204 Titel werden in diesem Abschnitt des Staatskalenders aufgezählt. Dabei ist aber die Fußnote zu beachten: «Hier werden nur die ständigen Kommissionen des Bundes und unter diesen nur die wichtigsten aufgeführt.» Unter dieser Auswahl finden sich nebensächliche Gremien wie die «Schweizerische Delegation in der gemischten schweizerisch-deutschen Kommission für die Enklave Büsingen» oder die «Eidg. Kommission zum Studium der Hagelbildung und der Hagelabwehr». Es finden sich aber auch ausgesprochen wichtige Gruppen wie etwa die «Eidg. Kommission für Jugendfragen», die «Eidg. Energiekommission», die «Eidg. Wohnbaukommission» oder der «Schweizerische Wissenschaftsrat». Ein genaueres Recherchieren ergibt, daß rund 721 ständige und nichtständige Kommissionen und Gruppen in diesem Bereich der Bundespolitik tätig sind (Untersuchungsergebnis einer Arbeitsgruppe der Bundeskanzlei aus dem Jahr 1978): Gremien, die «mehrheitlich aus außenstehenden Experten» bestehen, und Arbeitsgruppen, die «mehrheitlich aus Bundesbeamten und privaten Experten» zusammengesetzt sind, wie der offizielle Kommissionenbegriff lautet. Gremien auch, die von einem Departement eingesetzt wurden, und andere, die der Bundesrat gewählt hat. Unter «Experten-» oder «vorparlamentarischen Kommissionen» werden nachstehend beratende oder vorbereitende Fachkommissionen oder Gruppen verstanden, die ständige oder nichtständige Kommissionen sein können.

Raimund Germann und Andreas Frutiger charakterisieren in ihrem Bericht – sie haben die Zusammensetzung von 200 außerparlamentarischen Kommissionen im Zeitraum 1970–1977 untersucht – das gewaltige Kommissionengebilde wie folgt: «Im Schoße dieser Kommissionen gibt sich die politische Elite des Landes Rendez-vous, in ihnen artikulieren sich die unterschiedlichen Interessen und bilden sich die helvetischen Kompromisse, auf denen die ganze Gesetzgebung des Bundes aufgebaut ist.» Die außerparlamentarischen Kommissionen begründeten Schlüsselelemente des schweizerischen politischen Systems, «dessen Komplexität und Gegensätzlichkeiten es widerspiegelt», heißt es in der Einleitung zu Germanns und Frutigers Bericht. Auch Kriesis Untersuchungen weisen in eine ähnliche Richtung. Dieses vorentscheidende Expertensystem ist vor allem eine Angelegenheit der Vertreter der Verwaltung und der Verbände.

Schon beim Durchblättern der 135 Seiten des Staatskalenders und bei der Durchsicht der Namenlisten fällt auf, daß in diesen Expertenkommissionen die echten Fachexperten in der Minderheit sind. Germann-Frutiger haben festgestellt, daß rund die Hälfte der

Mitglieder der untersuchten 200 Kommissionen der Verwaltung angehörten und «nur» 23,4 Prozent der Sitze von Universitätsprofessoren und Spezialisten privater Firmen besetzt waren. Arbeitgeberorganisationen, Gewerkschaften, Freierwerbende und Bauern stellten 15 Prozent der «Experten». Die Autoren weisen aber darauf hin, daß Zahlen allein das Maß des Einflusses nicht genau wiedergeben. Entscheidend ist jeweils die Präsenz der Interessenvertreter überhaupt. Als Hinweis beachtenswert ist aber dennoch, daß rund sechzig Prozent der in diesen außerparlamentarischen Kommissionen tätigen Personen in einer der Wirtschaftsagglomerationen des Landes wohnen. Die Untersuchung hat auch einen eher schwachen Einfluß der Parteien erwiesen. Sie, die ihr Augenmerk vorwiegend auf Regierung und Parlament richten, haben sich erst seit kurzem für diesen Bereich der Einflußnahme zu interessieren begonnen. Weiter hat sich gezeigt, daß die Sozialpartner in den Expertenkommissionen ungleich stark vertreten sind. Die Arbeitgeberorganisationen stellen doppelt so viele Sitze wie die Gewerkschaften.

Endlich lohnt sich auch ein Blick auf die «Multi-Experten», wie die Träger von vier und mehr Mandaten genannt werden. In der erwähnten Untersuchung von 200 außerparlamentarischen Kommissionen ergab sich, daß 2000 Experten 3000 Sitze innehatten und daß im Kern ein exklusiver Klub von 99 vorwiegend deutschsprachigen Mehrfach-Experten wirkte, in dem sich eine einzige Frau befand. Die Arbeitsgruppe der Bundeskanzlei, die nach einer 1976 erfolgten Intervention des Zuger Ständerats Othmar Andermatt den Themenkomplex untersuchte, stieß auf einen «Experten», der nicht weniger als zwanzig Kommissionssitze innehatte. Zur Begründung dieser Kumulation wird auf den Koordinationseffekt hingewiesen – ein Experte weiß über die Beratungen in 19 andern Kommissionen Bescheid –, andererseits ist die Einflußkonzentration auf einzelne Politiker, die sich dabei ergibt, unerwünscht.

Der Bundesrat versuchte, mit Verordnungen und Direktiven das außerparlamentarische Kommissionenwesen zu reglementieren. In den Direktiven vom 3. Juli 1974 wurde zum Beispiel eine bessere Überwachung angeordnet und die Schaffung kleinerer

Kommissionen verlangt. Es ist von «wissenschaftlichen» Kommissionen die Rede, die 15 Mitglieder nicht übersteigen sollten, und von «politischen», in denen im Rahmen von 25 Mitgliedern die Interessengruppen des Landes vertreten sein müßten. Der Bundesrat sieht also bewußt den Beizug von nicht nur «sachlichen», sondern auch «politischen» Expertengruppen durch die Departemente vor. Schon am Anfang wird somit nicht nur sachlich abgeklärt, sondern es werden gleich auch noch die Interessen der Lobby eingeplant. Das Expertensystem mit dem Angewiesensein des Staates auf Fachwissen zu begründen, ist daher nur die halbe Wahrheit.

Seit 1974 sind die Kommissionen tatsächlich kleiner geworden. Auch die Zahl der Parlamentarier in diesen Gruppen wurde reduziert – ein minimer Beitrag an bessere Gewaltentrennung. Ob indessen von diesem Grundprinzip der Demokratie überhaupt noch gesprochen werden kann, ist eine offene Frage. Das intermediäre System Verwaltung–Privatinteressen hat sich sozusagen zu einer selbständigen Gewalt durchgemausert, allerdings zu einer heimlichen. Das Expertensystem setzt und formuliert gleich am Anfang der staatlichen Willensbildung entscheidende feste Werte, die das Verfahren jeweils bis zum Schluß begleiten und beeinflussen. Die Verwaltungs- und Kantonsfunktionäre und die Spezialisten der Privatindustrie dominieren den vorentscheidenden Beginn. Im Pressedienst der Schweizerischen Volkspartei wurde darauf hingewiesen: «Es ist nicht zu verkennen, daß in den Expertenkommissionen die Tendenz überhand nimmt, politische Entscheidungen vorwegzunehmen, statt nur eine Auslegeordnung der Probleme und Entscheidungsgrundlagen zu liefern. Auch die Kommission Biel (die vom Bundesrat 1979 eingesetzte außerparlamentarische Expertenkommission zur Überprüfung umstrittener Abschnitte des schweizerischen Nationalstraßennetzes unter dem Vorsitz des Zürcher Nationalrats Walter Biel) ist in dieser Hinsicht zu weit gegangen, hat sie doch in zwei Fällen, beim Rawil-Tunnel und beim Teilstück der N1 Avenches–Yverdon, gegen ihre eigenen Analysen entschieden und ‹staatspolitischen› Überlegungen den Vorrang gegeben.»

Die außerparlamentarischen Expertenkommissionen, von denen manche «ständig» sind, andere hingegen nur eine gewisse Zeit tätig bleiben, werden in der Regel vom federführenden Departement zusammengestellt, oft auch vom Bundesrat gewählt. Drei Viertel der Kommissionen gehören zu den drei Departementen Inneres (EDI), Justiz (EJPD) und Volkswirtschaft (EVD). Die Kommissionstätigkeit kostet den Bund zwischen drei und fünf Millionen Franken im Jahr. In der «Verordnung über die Entschädigung für Kommissionsmitglieder, Experten und Beauftragte» vom 1. Oktober 1973 wurde festgelegt, daß die Departemente die Taggelder im Einvernehmen mit dem Eidg. Personalamt festlegen. Zurzeit gelten Taggelder in der Höhe von Fr. 70.– bis Fr. 120.–. Dabei werden drei Kategorien beachtet: Für Fachexpertenkommissionen sind Taggelder von Fr. 70.– bis Fr. 90.– vorgesehen; für Kommissionen von «landesweiter Bedeutung» (wie etwa der Wissenschaftsrat) Fr. 110.–; für Gesetzesentwürfe ausarbeitende Expertenkommissionen Fr. 120.–. Reisespesen kommen hinzu. Experten der Bundesverwaltung, die in einem beamtenrechtlichen Verhältnis stehen, werden nach «den dafür geltenden dienstlichen Vorschriften» entschädigt. Doppelverdienertum ist nur Professoren der Eidg. Technischen Hochschulen gestattet: für sie gelten die gleichen Taggelder wie für nicht im Bundesdienst stehende Kommissionsmitglieder.

In einem Artikel im «Tages-Anzeiger» über «Das Wesen der Schweiz und was an ihr unverwechselbar ist» lobte Professor Martin Usteri: «Es ist ein Merkmal des schweizerischen Volksstaates, im Gegensatz zum Beamtenstaat, daß es, wo immer möglich, Kommissionen sind, denen Ermessen und Abwägung von Interessen überantwortet sind und die dabei das kontradiktorische Verfahren anwenden. Es ist wesentlich, dieses Merkmal schweizerischer Eigenart auch in Zukunft weiterzuentwickeln.»

Diesem Lob sind, wie mir scheint, mancherlei Vorbehalte entgegenzusetzen. Vorbehalte in bezug auf die Nützlichkeit der Expertenarbeit für die Regierung (vor allem dann, wenn keine Alternativvorschläge gemacht werden), die Verfilzung des Systems und die Arbeitsweise der Expertengruppen überhaupt. Auch die Geschäftsprüfungskommissionen der eidgenössischen Räte haben die «Experten-Inflation» beanstandet. Und die Finanzdelegation gab zu verstehen, die Chefbeamten der Bundesverwaltung könnten geradesogut wie «Experten» Gesetzesentwürfe ausarbeiten. Gesamtkonzeptionen würden überdies, meine ich, besser von privaten Büros entworfen als von interessenpolitisch engagierten «Fachleuten».

Tatsächlich macht das Expertensystem, das der Regierung Entscheidungsunterlagen erarbeiten sollte, keinen vertrauenerweckenden Eindruck. Interessenvorbelastete Entwürfe sind für den Bundesrat eine Hemmung. Wichtige staatspolitische Entscheide auf der Regierungsebene wurden in den letzten Jahren im Expertenwirrwarr auffallend schleppend angegangen. Besonders offensichtlich war das in den Bereichen der Verkehrs-, der Energie- und der Medienpolitik. Während die Tunnelgebühren, die Autobahnvignetten und die Schwerverkehrssteuer in der Bevölkerung leidenschaftlich diskutiert wurden, wartete Bern auf die Gesamtkonzeptionsvorschläge der Experten oder brütete über deren Kolumbuseiern. Auch die Frage nach dem Stellenwert der Kernenergie konnte von einer Regierung, die vor lauter Expertenkrücken das Regieren verlernt hat, nicht wertgültig beantwortet werden. Hingegen stiegen die volkswirtschaftlichen Spesen, die die Wartezeit verursachte (KKW Kaiseraugst), in die Hundertmillionenbeträge. Presse und Massenmedien endlich, von der Technik innert kurzer Zeit revolutioniert und mit neuen Möglichkeiten globalen Ausmaßes konfrontiert, stehen noch heute vor einem Bundes-Auskunftsschalter, an dem ein Täfelchen mit der folgenden Aufschrift hängen könnte: «Wegen Konzeptionsstudien bis auf weiteres geschlossen!» Der schwerfällige Expertenbetrieb ist also auch in seiner Effizienz zweifelhaft. Die Kollegialregierung Bundesrat arbeitet zu langsam. Sie entscheidet oft nicht mehr selber, sondern setzt Servoapparate in Gang, die sie Expertenkommissionen nennt. Servohilfen sind aber fehl am Platz, wenn sie bloß verzögern.

Hinzu kommt noch etwas anderes: Expertenkommissionen zur Behandlung von Spezialthemen im modernen Staat sind *eine* Sache, «Expertenkommissionen» zur Einbringung von Interessenpolitik unter fachmännischer Tarnung sind eine *andere*. Leo Schürmann war 1977 als Nationalrat dieses zentrale Thema angegangen. In dem in der Rezessionszeit ins Leben gerufenen Beratergremium «Expertengruppe Wirtschaftslage» führte er erstmals die Trennung von wissenschaftlicher Beratung und politischer Verantwortung durch.

Doch das System versteht unter Expertenkommissionen etwas anderes: nach wenigen Jahren wurde Schürmanns Gruppe aufgelöst. Der Freiburger Professor Henner Kleinewefers schrieb zu diesem «Testfall» in einem NZZ-Artikel: Mit der strikten Trennung von wissenschaftlicher Beratung und politischer Beeinflussung lasse sich zwar noch nicht garantieren, daß die Arbeit eines wissenschaftlichen Gremiums «wertfrei» oder «objektiv» sei. Dennoch dürfe die Vorstellung von der Wissenschaft als einer «pressure group der Objektivität» keineswegs als veraltet gelten. Die Vorzüge einer klaren Trennung von wissenschaftlicher Beratung und politischer Entscheidung und Verantwortung seien offensichtlich. Ein wissenschaftliches Gutachten löse ein Problem zwar noch nicht, doch schaffe es eine transparente Basis für eine engagierte Diskussion in Politik und Öffentlichkeit. Hier bestehe ein Mangel, «dem abzuhelfen die strikte Trennung von wissenschaftlicher Beratung und politischer Entscheidung und Verantwortung vermutlich hilfreich wäre. Daß damit die Einflußmöglichkeiten derjenigen beschnitten würden, die in den üblichen politisch-verbandlich-wissenschaftlichen Proporzkommissionen für die politischen Vorsortierungen und Vorentscheidungen besorgt sind, ist evident und dürfte das Schicksal der Expertengruppe Wirtschaftslage mitbestimmt haben.» Tatsächlich kann die Arbeit der üblichen Proporzkommissionen, auch wenn sie mit einigen Professoren verziert sind, nur mit größten Vorbehalten als unabhängig, unbefangen und wissenschaftlich bezeichnet werden.

Wissenschaftlich-unabhängige Arbeits- und Untersuchungsergebnisse sind von den gegenwärtigen Expertenkommissionen auch wegen ihrer amateurhaften Arbeitsweise und Dotierung nicht zu erwarten. Zum Ungenügen ihrer Infrastrukturen schreibt Kleinewefers mit Blick auf die «Expertengruppe Wirtschaftslage»: «Es ist einfach unmöglich, daß drei Wissenschaftler ohne jeden auftragsgebundenen wissenschaftlichen Apparat im Milizsystem, das heißt nach Feierabend und bei gelegentlichen Zusammenkünften, bessere Prognosen erstellen als das halbe Dutzend professioneller Prognoseinstitutionen, die es mittlerweile auch in der Schweiz schon gibt.» In unserem Land des hochgezüchteten Qualitätsbegriffs müßte das Kommissionensystem auch aus diesem Gesichtswinkel unter Beschuß genommen werden.

Endlich ist am Schluß der kurzen Übersicht über das Kommissionengeflecht auf Bundesebene – von jenem in den Kantonen und Gemeinden war noch nicht die Rede – die Frage nach dem demokratischen Prinzip der Öffentlichkeit zu stellen. Es ist nicht einfach, Einsicht in den Kommissionenbetrieb zu bekommen. Es ist sogar beinahe unmöglich, jene Details in Erfahrung zu bringen, die die Arbeitsweise der Kommissionen präziser beurteilen lassen, die Empfehlungen, die sie geben, und die Beschlüsse, die sie fassen. Auch der Mechanismus, der zur Zusammensetzung von Kommissionen in Gang gesetzt wird, läßt sich nur schwer durchleuchten. Protokolle und Papiere der vorparlamentarischen Kommissionen sind vertraulich. Die Tendenz, schon in diesem Anfangsbereich der Gesetzgebung nachrichtensichere Nischen zu schaffen, ist offensichtlich.

Der Kernkraftwerkgegner André Masson hat das Problem in einem offenen Brief an Bundesrat Hans Hürlimann formuliert: «Sie ließen mir das Reglement für die Eidg. Kommission für Strahlenschutz (KSS) zukommen. Darin ist die Geheimhaltungspflicht für Kommissionsmitglieder und Experten verankert. Das ist ein recht starkes Stück. Immer wieder heißt es – auch in Ihrem Brief –, daß die Wissenschaft und nichts als die reine Wissenschaft bei den Fragen der Strahlenschutzbelastung den Ton angebe, und dann unterliegt alles der Geheimhaltung. An der ETH lernt man es so, daß wissenschaftliche Überlegungen, Methoden und Resultate jedermann frei zugänglich sein sollten, sonst ist es nicht mehr Wissenschaft, sondern Kommerz oder Militär. Sowohl Kommerz wie Militär sind in der Kommission vertreten.»

In welcher Art Kritik am Staatsgeschehen auch stattfinden mag: In der Demokratie ist sie erlaubt. Objektiv kann sie aber nur sein, wenn sie aufgrund von Informationen aus erster Hand erfolgt. Die Geheimnistuerei um die Arbeit der mehreren hundert Kommissionen läßt bestenfalls ein Communiqué-Informationssystem zu: Eine unüberprüfbare amtliche Schriftstellerei, die man als demokratisch ungenügend und unbefriedigend bezeichnen muß.

Doch sind Vorstöße im Parlament, eine offenere Informationspolitik einzuführen, in die Kommissionssitzungen und -hearings Einblick zu gewähren, bisher erfolglos geblieben. Die Trägerschaft unserer halbdirekten Demokratie bevorzugt geschlossene Kreise. Es gibt in der geltenden Expertenkommissionstechnik offensichtlich Beweggründe, die das als ratsam erscheinen lassen.

Die Geburt der EEK

Der Publizist Oskar Reck hat in der «Basler Zeitung» einmal geschrieben: «Die Demokratie erschöpft sich zunehmend im Proporz. Setzen wir, für welche Aufgabe auch immer, eine unserer zahlreichen eidgenössischen Kommissionen zusammen, ist vorerst weit weniger wichtig, was sie leisten wird, als wie sie sich zusammensetzt.»

Und es ist tatsächlich wichtig, wie die Kommissionen vom Bundesrat oder von den Departementen zusammengesetzt werden. Seit dem Erlaß der bundesrätlichen Richtlinien von 1974 ist zuerst zu bestimmen, ob es sich um eine eher wissenschaftlich orientierte kleinere (bis 15 Mitglieder) oder um eine politische Kommission (bis 25 Mitglieder) handeln soll. Wie und nach welchen Überlegungen wählen Departemente und Bundesrat hernach die Mitglieder einer solchen Kommission aus? Die Frage muß uns in diesem Zusammenhang interessieren. Bundesrat Willi Ritschard erklärte sich 1980 freundlicherweise bereit, mir einen Einblick in die Entstehungsgeschichte der noch in seiner Amtszeit als Energieminister erwählten EEK, der Eidg. Energiekommission (Vorsitz: Fulvio Caccia, CVP-Regierungsrat, Tessin), zu geben. Einblick in das Entstehen einer außerordentlich wichtigen Kommission, die den Bundesrat bei seinen energiepolitischen Entscheiden zu beraten hat. Mit der Zusammensetzung einer solchen Gruppe wird bis zu einem gewissen Grad bereits deren Grundhaltung bestimmt. Die Schweizerische Energiestiftung schrieb 1979 zum Stellenwert der EEK: «Für die zukünftige Energiepolitik wird die geplante Energiekommission von entscheidender Bedeutung sein. Wir sind der Ansicht, daß die Haltung der Bevölkerung sich in der Zusammensetzung dieser Kommission widerspiegeln muß.»

Hauptakteure bei der Zusammenstellung der EEK waren der damalige Vorsteher des Eidg. Verkehrs- und Energiewirtschafts-Departementes (EVED), Bundesrat Willi Ritschard, der Direktor des Bundesamtes für Energiewirtschaft, Eduard Kiener, sowie als letzte Entscheidungsinstanz der Gesamtbundesrat. Als erste große Aufgabe war der EEK die Beurteilung des Bedarfsnachweises für Kernkraftwerke zugedacht.

Die Vorgeschichte: Anfang der siebziger Jahre reifte im EVED die Absicht, aus der bestehenden Wasser- und Energiewirtschaftskommission eine spezielle Eidg. Energiewirtschaftskommission zu bilden. Ein Reglement für eine solche Arbeitsgruppe war bereits genehmigt, als sich der Anfang 1974 das Amt des «Energieministers» übernehmende Bundesrat Willi Ritschard entschied, zuerst eine Gesamtenergiekonzeption erarbeiten zu lassen. Am 23. Oktober 1974 setzte daher Bundesrat Ritschard die GEK ein, die Eidgenössische Kommission für die Gesamtenergiekonzeption. Zum Präsidenten wurde Ingenieur Michael Kohn, Präsident des Verwaltungsrates der Motor-Columbus AG, Baden, und des Elektrizitätsunternehmens Aare-Tessin AG, Zürich, und Generaldirektor der Alusuisse, berufen. In unzähligen Sitzungen erarbeitete diese Gruppe zwischen 1974 und 1978 zu Handen des Bundesrates Vorschläge und Alternativen für eine Gesamtenergiekonzeption. Mit der Einsetzung der GEK war die bestehende Wasser- und Energiewirtschaftskommission aufgelöst worden, doch rechnete man damit, daß nach dem Vorliegen des GEK-Berichts eine neue, die Energiepolitik begleitende Kommission eingesetzt würde.

Juni 1976: Mit dem GEK-Zwischenbericht taucht die Frage nach einer EEK neu auf. Kohn stellt in einem Brief an Bundesrat Ritschard die Frage: «Wie soll es nach GEK weitergehen?» Dazu der 1975 als Direktor des Bundesamtes für Energiewirtschaft eingetretene Eduard Kiener: «Er rannte offene Türen ein.» Es sei von Anfang an die Absicht des Departementschefs gewesen, eine EEK einzusetzen, doch müsse diese politisch breiter angelegt sein als die GEK. Hingegen sei auch sie ohne Spitzenvertreter der Wirtschaft nicht denkbar.

April 1978: Kiener erinnert Ritschard daran, daß die Arbeit der GEK zu Ende geht, «auf Anfang 1979 sollten wir die EEK einsetzen können». In einem vierseitigen internen Papier entwirft Kiener das Pflichtenheft und die Funktion der neuen Kommission zu Handen des Departementschefs. Er unterbreitet auch eine Liste der Namen, die als Kommissionsmitglieder in Frage kommen. Persönlichkeiten aus den Bereichen der Energiewirtschaft, des Verkehrs, der Wissenschaft, des Umweltschutzes, der Alternativenergien, der Wirtschaftsverbände, der Kantone, der Gemeinden und der Konsumenten sowie Parlamentarier werden ins Auge gefaßt. Ad personam auch GEK-Präsident Kohn.

Das Papier wird in mehreren Begegnungen und Notizenwechseln zwischen Ritschard und Kiener besprochen. Bemerkung Ritschards: «Muß noch besser überlegt werden, es fehlt Tessiner, Frau.» Direkt angefragt wurde in dieser Phase niemand. Einzig mit Kohn sei die Sache besprochen worden, sagt Kiener, «da die GEK ja wohl den Kern der künftigen EEK wird stellen müssen».

Oktober 1978: Kiener meldet Ritschard, er habe «auftragsgemäß das Zusammensetzspiel weitergetrieben» und die Nominationen mit verschiedenen Persönlichkeiten auch besprochen (Böhlen, Hardmeier, Tschopp, Kohn, Fagagnini, Lieberherr, Schär). Er legt eine neue Namenliste bei, die «soweit möglich ausgewogen» sei und in der nun «die Sprachen, die Frauen und die maßgeblichen Parteien» ihre Vertreter hätten. Offiziell war noch niemand angefragt worden. Kiener an Ritschard: «Wenn Du mit der Zusammensetzung einverstanden bist, werden wir die Anfrage der ins Auge gefaßten Persönlichkeiten vorbereiten.» Die bisherigen Kontakte seien bloß «okkasionell» gewesen, sagt Kiener: zufällig im Bundeshaus, im Parlament oder sonst. Mit CVP-Sekretär Hans Peter Fagagnini sei «ein Bündel» Nominationen durchbesprochen worden. (N. B.: Kiener ist kein CVP-Mann.) Warum keine Namen von Wirtschaftsverbänden auf der Liste stehen? Das rühre daher, sagt Kiener, daß diese ihre Vertreter auf Anfrage und nach Absprache mit der Verwaltung selbst bestimmen. Bundesrat Ritschard versieht die neue Liste mit der Notiz: «Prima!»

Januar 1979: In dieser Zeit gehen die Kandidatenanfragen auf die Post, und die Antwortbriefe treffen ein. Von den Verbänden werden Kandidaten vorgeschlagen und von Kiener, in Übereinstimmung mit dem Departementschef, akzeptiert oder abgelehnt.

Parlamentarier setzen sich schriftlich für Kandidaten ein (z. B. der St. Galler Nationalrat Franz Jaeger für den Umweltschützer Ginsburg; dieser wurde aber nicht berücksichtigt). Gab es Druckversuche? «Es hat viele gehabt, die glaubten, dazugehören zu müssen», antwortet Kiener. Auch Verbände fühlten sich betupft. Man hätte gern mehr berücksichtigt, doch galt es, die Kommission im Rahmen zu halten. Vor allem habe es sich aufgedrängt, die Spitzenverbände hineinzunehmen, sagt Kiener. Auch den Umweltschutzorganisationen wurden Vorschlagsgelegenheiten eingeräumt; sie nannten fünf Kandidaten. Der Vorort schlug den Sulzer-Generaldirektor Pierre Borgeaud vor, und Otto Fischer, Nationalrat und Direktor des Schweizerischen Gewerbeverbandes, nannte SGB-Sekretär Balz Horber. Borgeaud wurde schließlich gewählt, anstelle von Horber jedoch der stellvertretende SGB-Direktor Alfred Ogier, ein Freiburger.

Die Kandidaturen werden oft telephonisch abgesprochen, wobei Wünsche der Verwaltung, Figuren zu finden, die ins Puzzle passen, eine entscheidende Rolle spielen. In dieser Auswahlphase wirkte auch der wissenschaftliche Berater im Bundesamt für Energiewirtschaft mit, der Chemiker Hans Luzius Schmid. «Gern hätte man auch BBC-Direktor und ETH-Professor A. P. Speiser in der EEK gehabt», meint Kiener. Er lehnte jedoch in einem Brief an Michael Kohn die Kandidatur ab und schlug BBC-Direktor Karl Abegg vor. Andere Kandidaturen passten besser ins Konzept und kamen problemlos zustande, so zum Beispiel jene von Hans Dikkenmann vom Schweizerischen Bauernverband. Kiener dazu: «Wir manipulieren nicht, steuern aber zuweilen ein wenig.» Er fühlt sich bei der Zusammenstellung frei. Den Verbänden lasse man soweit möglich die Freiheit, wen sie schicken wollen: «Der Bundesrat ist ja die Wahlbehörde. Am Ende sagt er, wen er will und wen nicht.» Der Verwaltung gehe es um den Sachverstand, meint Kiener, und fügt bei, «und zwar einen repräsentativen».

13. März 1979: Das EVED reicht dem Gesamtbundesrat einen ersten Vorschlag für eine EEK ein. In einem solchen Antrag an die Wahlbehörde werden die Ausgangssituation, das bisherige Vorgehen, die Aufgaben, die Zusammensetzung und die Konsultationsergebnisse dargestellt. Die Eingabe mündet jeweils in einen präzisen Antrag aus. (Das EVED zog später diesen Antrag zurück, weil der Bundesrat die EEK erst nach der Abstimmung über die Energiegesetzrevision einsetzen und keine Parlamentarier in dieser Kommission haben wollte. Diese hätten sonst einen zu großen Informationsvorsprung. Der Wunsch scheint auch im verwaltungsinternen Mitberichtsverfahren, in dem Anregungen oder Vorbehalte anderer Departemente vorgebracht werden können, geäußert worden zu sein.) In dieser Phase fiel auch ein Vorentscheid in bezug auf den EEK-Vorsitz: Auf Wunsch Eduard Kieners sollte das Präsidium nicht ihm als Amtsdirektor zugesprochen werden, wie es der Bundesrat für solche Fälle oft vorsieht. Weil es hier zunächst einmal um die heiße Frage des Bedarfsnachweises für Kernkraftwerke gehe, sei es angebracht, das Amt aus der Sache herauszuhalten. «Daher mein Rückzug», sagt Kiener.

27. März 1979: Das EVED beharrt in einem Brief an den Bundesrat darauf, daß die EEK jetzt gebildet werde. Sie sei zu formieren, ungeachtet ob ein Energie-Verfassungsartikel beschlossen werde oder nicht. Die Kommission sei zur Beratung des Bundesrates unbedingt nötig; die Elektrizitätswirtschaft bereite bereits den Nachweis für zwei weitere Kernkraftwerke vor. Das Schreiben nimmt in dieser Art Stellung zu einem Mitbericht der Bundeskanzlei und unterbreitet mit einer Liste, auf der fein säuberlich nach sechs Parteien geordnet (SPS, FDP, CVP, SVP, LdU, LIB) die Namen von elf Persönlichkeiten aufgeführt sind, Vorschläge für das Präsidium der Kommission. Der Name des späteren Präsidenten Fulvio Caccia ist auf der Liste noch nicht erwähnt.

April 1979: Die Vereinigung Schweizerischer Beratender Ingenieur- und Architekturgesellschaften (USSI) verlangt in einem geschlossenen und die Schweizerische Energie-Stiftung (SES; KKW-Gegner) in einem offenen Brief Vertretungen in der EEK. Das EVED lehnt jedoch Paritätsansprüche ab. «Bei der EEK geht es um Energiepolitik und nicht bloß um Bedarfsnachweis», sagt Kiener.

10. Mai 1979: Das Energieforum Schweiz (KKW-Befürworter) wundert sich in einem Brief, daß die SES bereits Einblick in die Zusammensetzung der Kommission bekommen hat, und interessiert sich ebenfalls für einen Sitz in der EEK.

11. Juni 1979: Luzius Schmid stellt für Bundesrat Ritschard nach den seit Jahresbeginn andauernden Abklärungen eine bereinigte Liste der vorgeschlagenen und angefragten Kandidaten auf. Die Liste ist nach Wirtschaftsgruppen, Verbänden, Konsumenten-, Kantons- und Städtevertretern geordnet. Erstmals taucht der Name des Tessiners Fulvio Caccia auf. Noch immer melden sich beim EVED Bewerber der Privatwirtschaft für Sitze in der EEK.

17. September 1979: Der Bundesrat entscheidet: Keine Parlamentarier in die EEK. In den nächsten Tagen wird die Liste umgekrempelt. Das wirft neue Probleme der «Ausgewogenheit» auf. Den betroffenen Parlamentariern sei der «Hinauswurf» gleichgültig gewesen, «sofern die andern auch hinausfliegen». Der definitive Vorschlag wird schließlich von Bundesrat Ritschard und Eduard Kiener bereinigt. Dabei wird dem Tessiner Regierungsrat Fulvio Caccia, dem der Ruf vorausgeht, «ein junger, dynamischer Typ zu sein», das Präsidium zugedacht.

20. September 1979: Der solchermaßen bereinigte Antrag des EVED geht an den Bundesrat. Es wird nicht bloß die definitive Namensliste, sondern auch die Liste der Namen der in Erwägung Gezogenen beigelegt. FDP-Nationalrat Raoul Kohler ist durch Directeur de Gaz Neuchâtelois Philippe Freudweiler, LdU-Nationalrat Franz Jaeger durch Migros-Direktor Rolf W. Peter und Ständerat Georg Stucki durch Baptist Gehr, Geschäftsführer der Erdöl-Vereinigung, ersetzt. Die Kommission bestehe aus der relativ hohen Zahl von 21 Mitgliedern, weil man bestrebt gewesen sei, «nach Möglichkeit alle interessierten Kreise zu berücksichtigen», heißt es in der Eingabe des EVED.

24. September 1979: Der Gesamtbundesrat genehmigt die vom EVED vorgeschlagene Zielsetzung, Organisation und Zusammensetzung der EEK. Abgeändert wurde nichts mehr.

Die Fallstudie zeigt, daß bei der Zusammensetzung einer wichtigen Kommission vor allem eine ausgeglichene Repräsentation der großen Interessengruppen angestrebt wird. Dabei haben nicht Fachspezialisten, sondern politische Rollenträger und Praktiker den Vorrang. Weiter wird die enge Kollaboration der Verwaltung mit den Interessengruppen offensichtlich, desgleichen die Selbstverständlichkeit, mit der die dominierenden Interessengruppen in wichtigen Kommissionen im voraus eine Vertretung beanspruchen können. Sie bestimmen sogar ihren Vertreter weitgehend selbst, wogegen sich die Verwaltung gegenüber den Ansprüchen kleinerer Gruppen die Selbständigkeit bewahrt.

Der Bundesrat auf der Konsenssuche

Bundeskanzler kennen sich auf der Regierungsebene aufgrund ihrer praktischen Erfahrung besonders gut aus. Alt Bundeskanzler Karl Huber sagte an einem Vortrag: «Bei der Ausgestaltung der konkreten Gesetzgebung stoßen wir auf zwei Problemkreise, die im Rahmen der Fragestellung ‹Gibt es politische Entscheidungsfreiheit?› von besonderem Interesse sind. Ich denke an die sogenannte Expertokratie bei der Ausarbeitung der Vorentwürfe und an das Vernehmlassungsverfahren. Durch Expertenentwürfe kann der Entscheidungsspielraum der Regierung und auch des Parlaments nicht unwesentlich eingeschränkt werden.» Karl Huber bestätigt damit die hier skizzierten Sachverhalte. Darüber hinaus wies er im September 1981 in seiner Rede in Rüschlikon auch auf die Einschränkung der Entscheidungsfreiheit des Bundesrates hin: auf den «breiten Konsensbedarf, den jede Verfassungsrevision, jedes neue Gesetz oder jede Gesetzesrevision erheischt». Theoretisch sei zwar die Regierung frei, Dinge vorzuschlagen, bei denen der breite Konsens nicht ohne weiteres erwartet werden könne: «In gewissen Situationen wird sie es trotzdem tun», sagte Huber, «wenn sie überzeugt ist, daß dies der einzig richtige Kurs darstellt. Nun geht es aber in der Politik um das Realisieren und nicht um Sandkastenübungen. Man kann es deshalb der Exekutive vernünftigerweise nicht zum Vorwurf machen, wenn die Konsensfrage in ihrer Lagebeurteilung eine erstrangige – sicher nicht alleinige – Rolle spielt.» Und Karl Huber wußte, wovon er sprach. Als Kanzler nahm er von 1967 bis 1981 an den Bundesratssitzungen teil. Auch von außen ist aber nicht zu übersehen, daß dem Konsens oft wichtige Demokratieprinzipien geopfert werden.

Im wesentlichen ist es die Verwaltung, welche die Entwürfe für Verfassungsartikel, Gesetze, Beschlüsse, Gegenvorschläge oder

Verordnungen vorbereitet. Unter «Verwaltung» ist dabei insbesondere das federführende Departement mit seinen Experten und seinem Vorsteher gemeint. In einer späteren Phase werden über die Mitberichtsverfahren auch die übrigen Departemente und Verwaltungsstellen einbezogen. Damit wird der verwaltungsinterne Konsens angestrebt. Für unser Thema bedeutungsvoller ist jedoch in diesem ersten Gestaltungsakt der Dialog zwischen der Verwaltung und den intermediären Gruppen. Von ihren Einflüssen in den Expertenkommissionen wurde bereits gesprochen. Kantone, Parteien, Wirtschaftsverbände, Gewerkschaften werden aber regelmäßig noch zusätzlich nach ihrer Meinung gefragt. Die Rede ist vom *Vernehmlassungsverfahren,* auf das bereits kurz hingewiesen wurde.

Dieses Konsultationsverfahren des Bundesrates und der Verwaltung ist seit der Annahme der Wirtschaftsartikel im Jahr 1947 (Artikel 32 und 34) und des «Filmartikels» im Jahr 1958 (Artikel 27ter) in der Verfassung abgestützt, doch gilt das eigentlich nur für die in diesen Normen geregelten Tatbestände. In diesen Artikeln bekannte sich aber der Staat zum erstenmal als sachlich zu wenig zuständig. Konsultationsorgane begannen seither den Behörden schon in der Anfangsphase «dreinzureden», und der Durchbruch zur Kommissionitis und zur Filzokratie erfolgte rasch. Es war eine revolutionäre Veränderung des Systems, die damit eingeleitet wurde und die das ganze Gefüge der konstitutionellen Repräsentation in Frage zu stellen begann, wie Manfred Kuhn sich ausdrückt. Und die Folge ist, daß heute die «Expertenkommissionen als für Referendumschancen maßgebende Interessenparlamente» (Huber) zu gelten haben.

Anders als die Arbeit der Expertenkommissionen sind die Vernehmlassungsverfahren wenigstens einschaubarer geworden. Daran ist freilich nicht der Bundesrat schuld, denn die Verwaltung muß auch mit diesen Informationen sehr zurückhaltend umgehen. Die Beteiligten selbst haben den Wert der Publizität entdeckt und schicken ihre Stellungnahmen heute nicht nur ins Bundeshaus, sondern in Form von Communiqués auch der Schweizerischen Depeschenagentur und der Presse. Sie geben damit ihre politische Meinung auch der Öffentlichkeit kund und markieren, oft mit referendumspolitischen Hintergedanken, von weitem sichtbar ihre

Standpunkte. Die Verwaltung klassiert und wertet die Eingaben, die für die Entscheide des Bundesrates meistens ausschlaggebend sind. Daran hat man sich in der Schweiz bereits gewöhnt. Karl Huber sagte: «Ein Nein des Konkordates Schweizerischer Krankenkassen zu einer Krankenversicherungsvorlage kann doch einfach nicht als unbeachtlich schubladisiert werden. Desgleichen wäre es unrealistisch, in Fragen der Kernenergie die sich bemerkbar machende grundsätzliche Opposition gleichsam als inexistent zu betrachten.» Eine gewisse Unabhängigkeit des Entscheides ist dem Bundesrat indessen geblieben: Während er das Konkordat jeweils nicht übersah, ließ er sich jedoch andererseits von der Opposition in der KKW-Frage keineswegs beeindrucken. Das KKW Kaiseraugst wurde z. B. mit großer Selbstverständlichkeit bewilligt, obwohl sich vor allem die betroffene Bevölkerung dagegen wehrte.

Dem Vernehmlassungsverfahren wohnt so etwas wie ein Warnungseffekt inne. Hier wird, bevor sich das Parlament mit einem Problem befassen kann, Macht demonstriert: die Stimme der Einfluß- und Referendumsstarken wird verwaltungsintern wie -extern zur Geltung gebracht. Schon bevor der Bundesrat dem Parlament eine Sache unterbreitet, weiß er, woher der Wind pfeift. Und, Karl Huber hat es bestätigt, er reagiert darauf. Das wird nicht als «Freiheitsentzug» empfunden, sondern als die Vernunft des Regierens ausgelegt. Wer läuft schon in ein offenes Messer! Eine wirksamere Prophylaxe zum Schutz des Systems ist kaum auszudenken. Hinzu kommt, daß die großen Verbände ihre Vernehmlassungs-Stellungnahmen mit Aufwand und expertenhafter Sachkunde erarbeiten. Sie besitzen dazu die Mittel und die Infrastruktur. Im Jahresbericht 1978-1979 des Schweizerischen Handels- und Industrie-Vereins, des «Vororts», steht zu lesen: «Nach außen sucht der Vorort mit seinem Gedankengut in erster Linie die Bundesbehörden zu erreichen, die ihn bei der Vorbereitung von Gesetzen und Verordnungen in das Vernehmlassungsverfahren einbeziehen oder ihn auffordern, bei der Bestellung permanenter oder ad hoc eingesetzter Bundeskommissionen geeignete Fachleute vorzuschlagen.» Und weiter wird in dem Bericht gesagt: «Besonders intensiv ist dabei die Ausstrahlung des Vororts in den vom Bundesamt für Außenwirtschaft (früher Handelsabteilung) betreuten Gebieten; aber auch mit andern Abteilungen der Bundesverwaltung besteht eine gute Zusammenarbeit.» Die über ausreichende Mittel verfügenden Gewerkschaften und Wirtschaftsverbände nehmen also ihre Tätigkeit im Vernehmlassungsverfahren sehr ernst und kommen darin auch entsprechend zur Geltung. Manchen Kantonen und Parteien andererseits sind die vielen Fragebogen aus dem Bundeshaus eher lästig. Sie erledigen das mit der linken Hand oder übergeben sie einfach einer Person, die sich zufällig dafür interessiert. Dennoch wird die Eingabe als Stellungnahme «der Partei» oder «der Kantonsregierung» deklariert und in Bern gewichtet. In einigen Kantonen nehmen sich oft die staatspolitisch interessierten Staatsschreiber der Vernehmlassungen an, und die Regierungsräte schicken sie als ihre Meinung nach Bern. Im Halbkanton Appenzell-Innerrhoden wurden die meisten Vernehmlassungen einst vom verstorbenen Landammann Raimund Broger in beachtenswerter Machtvollkommenheit (und Sachkenntnis) geschrieben. «Wer wollte es sonst auch tun», pflegte Broger zu sagen. Oft erfolgen die Eingaben auch so stark verspätet, daß die Vernehmlassungen viel zur Verzögerung der Meinungsbildung beitragen.

Dieses Rundfrageverfahren ist also keineswegs über alle demokratischen Zweifel erhaben. Doch floriert es und wird vom Bundesrat für jedes Gesetzlein in Anspruch genommen. Während viele Schweizer die nach wissenschaftlichen Erkenntnissen durchgeführten Meinungsumfragen von privaten Instituten skeptisch beurteilen, beanstandet in der Politik kaum jemand die Glaubwürdigkeit der weder wissenschaftlich noch demokratisch stichhaltigen Vernehmlassungen des Bundesrates. Denn es handelt sich um Erhebungen, die im besten Fall die Meinungen jenes Teils der politischen Elite des Landes wiedergeben, der auch an allen andern Interventionspunkten des Meinungsbildungsprozesses das letzte Wort hat. Dennoch: Wenn unser politisches System weiterhin so interpretiert werden soll, daß den vorparlamentarischen Einflüssen ein maßgebendes Gewicht zugestanden wird, dann wäre ein öffentliches Vernehmlassungsverfahren als Institution sogar tolerierbar, sofern mit ihm die vorparlamentarischen Einflüsse «abgegolten» sind und auf diese Weise vom Expertenbetrieb ferngehalten werden können.

Dem Gesamtbundesrat wird also vom Departement jeweils ein durch Absprachen und Kompromisse mit dem «intermediären Bereich» abgesicherter Gesetzesvorschlag auf den Tisch gelegt. Vorschläge mit einer in den vertraulichen Expertenkommissionssitzungen geschriebenen Vorgeschichte, mit dem Konsens der Verwaltung versehen und vom Stimmenchor des Vernehmlassungsverfahrens begleitet. «Oft sind», schreibt Walter Buser, «besonders bei Verfassungsvorlagen und wichtigen Gesetzesentwürfen, auch bereits mehrere Aussprachen im Sinne eines Gedankenaustausches über Kernfragen vorausgegangen.» In dieser Phase kann es aber auch «zu einer weiteren Fühlungnahme mit den im Vernehmlassungsverfahren beteiligten oder in den Studienkommissionen vertretenen intermediären Gewalten kommen, so daß sich das Zwiegespräch über die ganze Linie der am Vorverfahren beteiligten Stellen erstreckt: Departemente, Abteilungen, Vernehmlassungs- und Expertengremien».

Da stellt sich ganz natürlich die Frage nach der Entscheidungsfreiheit der Regierung. Vor allem aber jene nach dem Entscheidungsspielraum. Kann der Bundesrat zwischen all den Leitplanken, die ihm das System und die er sich selber setzt, noch regieren, oder wird er selber regiert?

Die neuesten Untersuchungen der Politikwissenschaft lassen auf eine starke Stellung des Bundesrates innerhalb der Staatsgewalten schließen. Die Komplexität seiner Aufgaben, der im Kontakt mit Verwaltung und Lobby herausspringende Informationsvorsprung, das Fehlen einer echten Opposition in Parteien und Parlament haben den Bundesrat immer stärker gemacht. Ein selbstherrliches Regiment läßt die Hemmungen der halbdirekten Demokratie freilich nicht aufkommen. Dennoch ist das Verhalten des Bundesrates in der Abfolge der Meinungsbildungsprozesse immer wieder entscheidend. Klaus Schumann weist darauf hin: «Der Bundesrat kann Anregungen, Einwände und Widerstände durch den Zeitablauf abfangen. Er beeilt sich da, wo er gewichtige außerparlamentarische oder parlamentarische Gruppen vermutet; er schiebt das auf die lange Bank, was nicht in sein Konzept paßt. Die Regierung bestimmt letztlich, welche Motionen und Postulate sie berücksichtigen will, und sie übernimmt daraus die ihr genehmen Teile oder fügt dem Entwurf ihre eigenen Vorschläge hinzu. Vom Parlament angeregte Korrekturen an Entwürfen des Bundesrates werden ebenfalls in Gehalt und Gestalt von der Exekutive geprägt, bevor sie in die zweite parlamentarische Behandlung gehen.»

Im Bundesrat laufen tatsächlich die Fäden der schweizerischen Politik zusammen. Auch die Untersuchungen von Hanspeter Kriesi bestätigen die zentrale Stellung, die der Bundesrat zusammen mit den Spitzenverbänden der Wirtschaft im gegenwärtigen System einnimmt. Wenn *er* den Einflüssen der Lobby nachgibt, dann wird deren Regiment total. Als im August 1977 ein geheimgehaltenes Protokoll von einer Sitzung, in der Spitzenvertreter des Bundes mit solchen der Elektrizitätswirtschaft konferiert hatten, bekannt wurde, erlaubte ich mir einen Zeitungskommentar mit der Frage: «Wer regiert in diesem Land?» Das zwanzigseitige Protokoll hatte einen Einblick in eine Konferenz auf höchster Ebene eröffnet, die über den Austausch von Sachinformationen hinaus in die politische Konsenssuche reichte. «Unser System lehnt sich bei der Meinungsbildung ohnehin schon an alles im Lande an, was stark ist. Muß da auch noch eine solche Parallelschaltung stattfinden?» stand in jenem in Bern scharf kritisierten Kommentar. «Wir regieren dieses Land nicht», entgegnete damals Willi Ritschard, «aber wir haben mitzureden.» Die Regierung werde mit jenen reden, die sie zu ihrer Meinungsbildung brauche. Doch werden die Gesprächspartner ungleich gewichtet. Während der Aufmarsch der Elektrizitätslobby im Bundeshaus nur durch Zufall und Indiskretion bekannt wurde, war zum Beispiel der Besuch einer Delegation des Vereins «Grabenfest» von Bern bereitwillig bekanntgegeben worden.

Wo steht der Bundesrat? Die Produktion des Apparates Verwaltung/Lobbysystem passiert seinen «Filter», bevor sie zur Weiterbearbeitung an das Parlament geleitet wird. Der Bundesrat ist also die zentrale Position des Systems, aber auch des Systemkonformismus. Die «Zauberformel» der bürgerlich dominierten Mehrparteienregierung schafft dazu die Voraussetzung. Die politische Mischung – fünf Bürgerliche, zwei Sozialdemokraten – ergibt im Regierungsgremium die automatische Überlegenheit einer Weltanschauung, auf die das ganze System ausgerichtet ist. Das ist kein Vorwurf, muß aber als Tatsache gesehen werden. Der Bundesrat steht an der Spitze des maßgeblichen Elitekreises, dem er angehört. So wird er mit der einen Seele in der Brust nach einem gewissen Ausgleich trachten und aus landesväterlichen Gründen zuweilen anecken (wie etwa in der Hypothekarzinskonfrontation mit den Kantonalbanken), mit der andern Seele sich jedoch dem geltenden System des Status-quo-Schutzes verpflichtet fühlen. Ein Automatismus mit Stabilitätsgarantie.

6. Kapitel

Willensbildung bis zum Schluß unter Interessendruck

Die drei weiteren Etappen der staatlichen Willensbildung betreffen die Parlamentsberatung, die Volksabstimmung und die Ausführungs- oder Verordnungsgesetzgebung. Anders als die vorparlamentarischen Beratungsphasen sind sie in dieser Form nicht «hineininterpretiert», sondern gehörten schon immer zur Willensbildung in unserer Demokratie.

Das Parlament ist, wenn von Lobby gesprochen wird, die populärste Ansprechstelle im Staat – in Wirklichkeit ist es nur eine unter mehreren. Oft finden sich hier die gleichen Persönlichkeiten wieder, denen man bereits in den «Experten»kommissionen begegnet ist. Unter den 246 eidgenössischen Räten der beiden Kammern gibt es – im Anhang dieses Buches wird das klar ersichtlich – nicht nur viele professionelle Interessenträger wie Verbandssekretäre oder anderswie in der Lobby verhängte Milizparlamentarier, sondern die meisten sind auch Verwaltungsräte in der Wirtschaft. Ihnen auferlegt unser Parlamentsverständnis kaum eine Einschränkung: Bisher mußten sie weder ihre Verpflichtungen offenlegen noch bei der Behandlung «ihrer» Themen in den Ausstand treten. Das wird in diesem Kapitel nicht nur dargestellt, sondern auch beanstandet. Beanstandet deshalb, weil die Vorschläge des Bundesrates von den gleichen Kräften wirksam überwacht werden, die sie im vorparlamentarischen Verfahren maßgeblich mitformuliert hatten. Und wie schon im vorparlamentarischen Verfahren steht auch in der Parlamentsarbeit das Referendum als wirksames Lobbymittel im Hintergrund.

Endlich wird in diesem Kapitel gezeigt, daß die gleichen staatsbeeinflussenden Kräfte nicht minder in den Volksabstimmungen und sogar ganz am Schluß, wenn der Bundesrat die Verordnungen erläßt, wirksam sind. In den Volksabstimmungen, in denen über die Referenden entschieden wird, spielt die Nebenerscheinung der Staatsverdrossenheit mit: Nur 25 bis höchstens 50 Prozent des Souveräns gehen an die Urne. Das Oppositionspotential der schweigenden

Mehrheit tritt nicht in Erscheinung. Die Volksabstimmungen, in denen die starken Referendumskräfte in der Propaganda ihre großen Mittel einsetzen, sind heute deformiert. Überdies ist in der Presse ein wirtschaftlich angetriebener Automatismus im Gang, der im Endeffekt die Meinungsbildung diszipliniert, während gleichzeitig die Politik versucht, die Monopolmedien in den Griff zu bekommen. Das System unserer Konsensdemokratie wird mehr und mehr zum Apparat.

Was Verwaltung, Verbände und Bundesrat zu einem Konsens verdichtet haben, gilt es nun auf dem Weg der Gesetzesberatung vor der Volksvertretung oder vor dem Volk «durchzubringen». Der Vorschlag der Exekutive (den der Gesetzesentwurf nun ist), wird den eidgenössischen Räten in der Form einer Botschaft unterbreitet. Diese hilft dem Parlament, den Informationsvorsprung von Verwaltung und Bundesrat einigermaßen aufzuholen. Dabei ist zu beachten, daß jene Parlamentarier, die als interesseninformierte «Experten» in den vorparlamentarischen Kommissionen tätig waren, bereits im Besitz dieser Informationen sind. Ihnen steht also auch dieser Vorteil zu – und als Interessenvertreter im Plenum auch jener, klar zu wissen, was sie wollen. Wer in einer Versammlung weiß, was er will, ist immer um eine Nasenlänge voraus.

Die Hemmungen der eidgenössischen Räte

Das schweizerische Parlament hat in beiden Kammern eine ganz besonders systemdienliche Eigenschaft entwickelt, die Klaus Schumann so formuliert: «Es besteht eine eigenartig stillschweigende Übereinkunft zwischen Parlament und Regierung. Durch die beschränkte Arbeitszeit der Abgeordneten, die ja Politiker im Nebenberuf sind, durch den geringen Informationsgrad und die fehlenden Hilfsinstitutionen ist das Parlament in starkem Maße auf die Regierung angewiesen, so daß es meist keine eigenständige Beurteilung der Regierungstätigkeit vornimmt.»

In der Botschaft unterbreitet der Bundesrat, unter Andeutung der bisherigen Absprachen und Kompromisse, dem Parlament seinen präzis formulierten Antrag. Der langjährige Generalsekretär der Bundesversammlung, Alois Pfister, schrieb in einem Informationstext: «Mit wenigen Ausnahmen gehen die Geschäfte zuerst an eine Kommission, die sie später dem Ratsplenum präsentiert. Die Kommission soll die Vorlage umfassend und systematisch bis in die Einzelheiten prüfen, das Plenum dagegen nur Wesentliches diskutieren und Kontroversen entscheiden.»

Der große Teil der Beratung einer Vorlage wird also von den beiden Kammern in die vorberatenden Kommissionen verlegt. Auch in den Vereinigten Staaten gelten die Kommissionen als Werkstätten des Kongresses. Das schweizerische Parlament arbeitet mit zwei Arten von Kommissionen: mit ständigen und solchen, die von Fall zu Fall zur Vorberatung von Parlamentsgeschäften jeweils von beiden Kammern eingesetzt werden. Im Nationalrat bestehen zurzeit 12 ständige Kommissionen, z. B. die Finanzkommission, die Geschäftsprüfungskommission, die Kommission für auswärtige Angelegenheiten usw. Sie zählen 5 bis 23 Mitglieder und sind in ihren Spezialbereichen laufend beschließend und beratend tätig. Der Ständerat hat sich 10 solche Kommissionen zugelegt, während 7 Gemeinsame Delegationen und Kommissionen für beide Räte tätig sind. 29 Kommissionen also am Rande des Parlaments, zu denen noch die Büros der beiden Kammern und die ständige Konferenz der Fraktionspräsidenten zu zählen wären. Sie haben mit unserem Thema zu tun, weil sie mit Ausnahme der Fraktionspräsidentengruppe alle nach dem bekannten Schlüssel der Regierungsmehrheit zusammengesetzt sind. Dieses Maß wird also auch bei den kleinsten Entscheiden des Parlaments angewendet.

Und dieses Maß gilt auch für die andere Kommissionenkategorie, welche die Gesetzgebungstätigkeit des Parlaments von Fall zu Fall vorberät. Bei der Bestellung der Kommissionen kommt überdies ein «Fraktionszwang» hinzu: Nur jene Volksvertreter, die parteipolitisch «organisiert» sind, das heißt einer Fraktion angehören, können in Kommissionen Einsitz nehmen. Zur Gründung einer Fraktion sind fünf Parlamentarier nötig. Nationalrat Valentin Oehen zum Beispiel, der als Mitglied der Nationalen Aktion für

Volk und Heimat (NA) keiner Fraktion angehören konnte, weil seine Partei im Parlament zu klein war (zwei Sitze), durfte an den Kommissionsberatungen über die NA-Initiative «gegen den Ausverkauf der Heimat» nicht teilnehmen. Dabei wäre Oehen wohl das gewesen, was man im vorparlamentarischen Verfahren einen «Experten» nennt. Doch war er kein Verbandsexperte.

In den Fraktionen und in den vorberatenden Kommissionen laufen sowohl die Linien der Partei- wie jene der Interessenpolitik zusammen. Die Parteien profilieren sich – man bezeichnet sie nicht umsonst als «Leitern zur Macht» – ein weiteres Mal als «Vehikel», sozusagen als ordnende Organisationen auf dem Weg zur staatlichen Meinungsbildung. In der parlamentarischen Phase finden sich auch die Lobbyisten in einem groben Parteienraster geordnet: jene der Gewerkschaften im linken Parteienspektrum, jene der Wirtschaftsverbände in den Bürgerparteien. Obwohl die Lobby sich die Vorteile grundsätzlich dort holt, wo sie sie findet, sind Weltanschauung und Interessenpolitik doch sozusagen automatisch koordiniert. In diesem Zusammenhang wurzelt der Ruf der Parteifraktionen, die Meinungsmacher des Parlaments zu sein. Hier erfolgen die ersten mündlichen Informationen zu einem Themenkreis, und hier besteht für die «Multiexperten», die von der vorparlamentarischen Beratung her bereits Bescheid wissen, schon zu Beginn auch der parlamentarischen Phase eine frühe Eingriffsmöglichkeit in die Meinungsbildung der Parteien.

Der Fraktionsberatung voraus geht indessen jene in den vorberatenden Kommissionen, welche von den Büros der beiden Kammern getrennt zusammengestellt werden. Hier werden innerhalb des Proporzschlüssels natürlich jene Parlamentarier bevorzugt, die von der Sache «etwas verstehen». Mit andern Worten: Auch in den vorberatenden Parlamentskommissionen finden wir jene «Experten» wieder, denen wir bereits im vorparlamentarischen Verfahren begegnet sind: den Bankdirektor bei der Beratung des Bankengesetzes, den Gewerkschaftssekretär in der eine Sozialvorlage beratenden Gruppe oder das Mitglied des «Bauernclubs» als Präsident der Kommission, die sich mit der Futtermittelinitiative befaßt. Daß wichtige Kommissionen von Interessenvertretern präsidiert werden, ist keineswegs selten. In diesen Kommissionen, die die Vorlagen der Regierung stellvertretend für ihre Parlamentskammer durchberaten, gehen die Auseinandersetzungen zwischen den interessierten Gruppen weiter. Wiederum wird um die Formulierung einzelner Verfassungs- oder Gesetzesartikel gerungen, wobei sich sukzessive die sogenannten Schicksalsartikel herausschälen. Vor dem Hintergrund des drohenden Referendums werden Mehrheits- und Minderheitsanträge formuliert, aber auch in wichtigen Positionen Kompromisse geschlossen. Die Kommissionen pflegen sich durch Sachverständige, durch Besichtigungen oder durch den Beizug von Exponenten der Verwaltung informieren zu lassen. «Die Kommissionen sind ermächtigt, Mitglieder des Bundesrates zu ihren Sitzungen einzuladen», heißt es im Geschäftsverkehrsgesetz. Mit dieser Informationsmöglichkeit wird ein weiteres Stilmerkmal der helvetischen Meinungsbildung sichtbar: Wenn es um die Konsens- und Kompromißsuche geht, werden selbst fundamentale demokratische Regeln, hier das Prinzip der Gewaltenteilung, übersehen. Bundesrat Hans Hürlimann beispielsweise war bei sämtlichen zwölf Sitzungen jener Nationalratskommission zugegen, die das Umweltschutzgesetz zu beraten hatte. Er nahm an den Beratungen teil, obwohl man ihm nahegelegt hatte, «sich doch den Zeitaufwand zu ersparen». Doch Hürlimann blieb, mit dem Hinweis, er müsse die Beratungen dieses wichtigen Gesetzes genau verfolgen können, wenn er es im Ständerat «sachkundig begleiten» wolle. Und wirklich, der Bundesrat hat auch in den parlamentarischen Beratungen jeweils das letzte Wort. Bundesrat Hürlimann hatte also für den feinen Hinweis auf die Gewaltentrennung kein Gehör. Dabei sind die Reglemente so angelegt, daß die Kommissionen durchaus unabhängig von der Regierung arbeiten könnten. Es kommt allerdings auch vor, daß sich einmal eine Parlamentskommission gegenüber der Exekutive bockbeinig zeigt und eine Vorlage zur Neubearbeitung zurückweist. Auch im Ratsplenum selbst kann das passieren. Die Regel ist aber, daß die Kommissionen das Resultat ihrer Beratungen ihrem Rat mit Mehrheits- und Minderheitsanträgen unterbreiten. Das bedeutet, daß nun im Plenum die expertenangereicherte Koalition im Großformat wohlwollend darüber befinden wird, was ihr die expertendominierte Koalition im Kleinformat vorschlägt.

Auch in der Tätigkeit der vorberatenden Parlamentskommissionen begegnen wir wieder dem typischen Hang unserer Politik zur Verschwiegenheit. Mitte Oktober 1981 verbreitete die Schweizerische Depeschenagentur die folgende Meldung: «Auch zwischen den Sessionen fehlt es den schweizerischen Parlamentariern nicht an Arbeit für die Eidgenossenschaft: Bis zum Beginn der Wintersession am 30. November finden etwa 50 Kommissionssitzungen statt; 13 davon dauern zwei Tage, und eine ist dreitägig. Außerdem sind im vierten Quartal etwa 20 Sitzungen von Unterkommissionen vorgesehen.» Daraus wird ersichtlich, daß ein wichtiger Teil selbst des parlamentarischen Verfahrens dem Einblick der Öffentlichkeit entzogen ist, denn auch diese Kommissionssitzungen werden vertraulich behandelt. Die Öffentlichkeit wird bestenfalls mit Communiqués etwa so informiert: «Die vorberatende Kommission des ...rates tagte am Mittwoch und Donnerstag unter dem Präsidium von ... und im Beisein von Bundesrat ... in ... Die ersten drei Artikel des ...gesetzes wurden durchberaten. Die nächste Sitzung wird am ... in ... stattfinden.» Es ist nicht verwunderlich, daß die Vertreter der Medien wünschen, über die Arbeit in den parlamentarischen Kommissionen besser informiert und dokumentiert zu werden. Im August 1981 empfahl jedoch das Büro des Ständerates dem Plenum, die Sitzungen der Kommissionen, «in denen vor der Behandlung einer Vorlage in Plenum jeweils wichtige Weichen gestellt werden», sollten «weiterhin unter Ausschluß der Öffentlichkeit» stattfinden. Damit waren die Räte einverstanden.

Was tut das Parlamentsplenum, wenn eine solcherweise mit Expertisen unterlegte, von Expertenkommissionen durchberatene und in einem Panzer von Konsens- und Referendumsabmachungen steckende Vorlage aus dem Tunnel des vorparlamentarischen Verfahrens erscheint und von den eigenen Kommissionssprechern vorgetragen wird? Es hört sich, nach den erwähnten Gesprächen in den Fraktionen, die gleichen Informationen und Anträge der Kommissionssprecher in deutsch und französisch an. In einer Eintretensdebatte wird es sich von den grundsätzlichen Beschwörungen und in der Detailberatung von den Formulierungskünsten seiner Mehrfach-«Experten» beeindrucken lassen, sofern diese nicht allzu plump vorgehen. Ein besonders williges Ohr leiht es dem zuständigen Bundesrat, der an den wichtigsten Passagen für seine und der Verwaltung Vorschläge wirbt und schließlich vor der Abstimmung nochmals das letzte Wort hat. Auch in diesem Verfahren kommt die starke Stellung zum Ausdruck, welche die Exekutive als Konsens- und Kompromißträgerin mit ihrem Informationsvorsprung im schweizerischen Milizparlament innehat. Das Regierungsmehrheitsparlament läßt sich recht willig führen. Zum Beispiel gibt es da das Mittel der parlamentarischen Einzelinitiative, mit dem die Bundesversammlung ohne entscheidende Mitrede des Bundesrates Recht setzen könnte. Auch hier sei die Zusammenarbeit mit dem Bundesrat, wie Bundeskanzler Walter Buser schreibt, «auffallend eng». Und zurzeit ist das Parlament sogar damit beschäftigt, sich das Recht der Einzelinitiative selbst zu beschneiden. Mehr Konsens zwischen den Gewalten kann man wahrhaftig nicht verlangen.

Trotz dieser zum Teil selbstverschuldeten, zum Teil aus den Beschränktheiten des Milizsystems erwachsenen Schwächen ist die maßgebliche Einflußnahme der beiden Kammern auf die Gesetzgebung keineswegs ausgeschlossen. In der Regel sind aber die Chancen sowohl der Minderheitsanträge wie der Einzelvorstöße aus der Mitte des Rates gering. Es läßt sich daher nachweisen, daß das Parlament Vorlagen zwar beeinflußt, daß es das aber innerhalb des Rasters tut, den seine Mehrheits- und damit auch Interessenvertretungs-Zusammensetzung zuläßt. Denn diese Zusammensetzung war ja schon im vorparlamentarischen Verfahren maßgeblich an der Arbeit. Daher wird nun «die Politik» nicht ohne weiteres zerstören, was vorher ihr «intermediärer Teil» ausgehandelt hat.

Wer sitzt mit welchem Auftrag im Parlament?

Damit stehen wir vor der höchst interessanten und immer wieder gestellten Frage: Wer sind diese National- und Ständeräte? Präziser: Wen vertreten sie?

Die Besucher der Sitzungen des National- oder des Ständerates können aufgrund der Sitzpläne der beiden Kammern die Parteienordnung ausmachen und auf diese Weise die Stars der Innenpolitik auf Distanz kennenlernen. Seit einem Jahrzehnt liegt aber auch eine Zusammenstellung des «Tages-Anzeigers» im Bundeshaus auf, in der die Parlamentarier mit ihren Verwaltungsratsmandaten und Interessenchargen dargestellt werden. Wenn das Parlament seine neuesten Deklamationen wahrmachen sollte, dann ist in Zukunft auch mit einem offenliegenden amtlichen Register zu rechnen, in dem alle diese Hintergründe *offiziell* dargestellt sind. Es ist an der Zeit, daß dem Stimmbürger diese wichtigen Informationen gegeben werden. In den bestehenden Unterlagen erscheinen die National- und Ständeräte bloß mit ihren Hauptämtern, das heißt als Regierungsräte oder Stadtpräsidenten, Rechtsanwälte (deren Verpflichtungen man nicht erkennen kann), Verbands- und Gewerkschaftssekretäre usw. Im Milizparlament kann jedes Mitglied seinen Beruf haben und ausüben, das ist selbstverständlich. Ob es hingegen auch seine Interessenbindungen behalten soll, darüber streiten sich die Geister. Es erweist sich, daß die meisten Ratsdamen und -herren auch Verwaltungsräte in kleinen bis allergrößten Firmen sind (siehe Anhang). Jeder (und jede) Volksvertreter(in) ist auf seine (ihre) Art «Experte(tin)» in einem Sachbereich oder in mehreren. Da werden unzählige Fäden sichtbar, auszumachen auch in den Reden und Debatten. Denn bei aller Anerkennung des ehrlichen Objektivitätsbemühens ist eines kaum zu widerlegen: Gegen die Interessen des Unternehmens, dessen Verwaltungsrat er ist, wird kaum einer votieren. Der Genfer Nationalrat Fernand Corbat zum Beispiel leugnete 1980 nicht, die Präsidentschaft des Verbandes der schweizerischen Tabakindustrie als Konsequenz der Nichtwiederwahl ins Bundesparlament aufgegeben zu haben. Eine genauere Untersuchung der Interessenbindungen der Stände- und Nationalräte ergibt das Bild einer außerordentlich starken Verhängung im Verbändegeflecht und in der Wirtschaft. Das ist einerseits der Preis des Milizparlamentarismus, andererseits und besonders entspricht es aber den Neigungen des Systems. Eines Systems, das zwar gegen manche Volksströmungen unglaublich schwerhörig ist (Überfremdung), jedoch infolge der vielen Interessenbindungssensoren auf jedes Säuseln der Verbandsvertreter äußerst sensibel reagiert.

Zur Illustration einer weiteren Eigenart der parlamentarischen Gesetzgebungsphase ein Zitat aus dem bereits erwähnten Geschäftsbericht 1978/1979 des Vororts: «Zum Wirken nach außen gehört auch die Tuchfühlung mit Parlamentariern, mit politischen Parteien, die grundsätzlich auf dem Boden der Privatwirtschaft stehen, sowie – auf nationaler und internationaler Ebene – mit verwandten Wirtschaftsorganisationen. An erster Stelle steht hier die Zusammenarbeit zwischen dem Vorort und dem Zentralverband schweizerischer Arbeitgeber-Organisationen, wobei letzterer für die Fragen der Sozialpolitik sowie der Arbeitsmarktpolitik federführend ist.»

Die Hinweise deuten den Einfluß von referendumsfähigen Kräften an, die nach der vorparlamentarischen nun auch in der parlamentarischen Etappe tätig sind. Das Parlament ist sozusagen die letzte Instanz, die die Referendumsdrohungen zu wägen hat. Walter Buser schreibt, das fakultative Referendum werde in zweifacher Hinsicht anderen als den ihm zugedachten Zwecken dienlich gemacht: «Einerseits ist es zu einem Druckmittel der politischen und wirtschaftlichen Organisationen geworden, wovon namentlich im Vorverfahren, aber auch während der parlamentarischen Verhandlungen offen oder verhüllt Gebrauch gemacht wird – andererseits erfolgt seine Ergreifung zunehmend zum Zweck direkter wirtschaftlicher Interessenwahrung.» Ob das Referendum ergriffen werde oder nicht, hänge heute meistens davon ab, ob eine der im Parlament vertretenen starken politischen Organisationen eine ihr wesentlich erscheinende Forderung in nicht genügendem Maße durchbringe, meint Buser. Möglich ist aber auch, daß eine im Parlament zahlenmäßig schwach vertretene Gruppe mit wirtschaftlich einflußreichem Hintergrund einen Gesetzesartikel als untragbar erachtet und ihn zu bekämpfen beginnt. Hier zeigt sich, daß das Referendum eher selten wegen eines ganzen Gesetzeskomplexes ergriffen wird – in politisch heiklen Fällen sieht das «System» sowieso zum Rechten –, sondern punktuell wegen «Schicksalsartikeln». Besonders wichtig in diesem politischen «Spiel» ist jedoch die Referendumspotenz. Ob ein Referendum ergriffen wird oder nicht, hängt weniger vom Bürger ab als von Gewerkschaften oder Verbänden, die sich ein Referendum finanziell leisten können. Wenn es im Dezember 1961 einem kleinen Aktionskomitee in Wohlen (AG) gelungen war, das Referendum gegen die Erhöhung der Parlamentariertaggelder erfolgreich durchzustehen, dann bestätigt diese Annahme bloß die Regel. Das Referendum ist eine Bremse, die nur von besonders Starken bedient werden kann. Das gilt auch für die Parteien. Die Sozialdemokraten zum Beispiel spannen deshalb oft mit dem starken Schweizerischen Gewerkschaftsbund zusammen, während man vom Landesring der Unabhängigen weiß, daß er über beträchtliche Gelder des Migros Genossenschaftsbundes verfügt (drei bis sechs Millionen im Jahr). Aber auch von den großen bürgerlichen Parteien ist bekannt, daß sie (wenn auch nur in «Bettelaktionen» hinter den Kulissen) die Unterstützung großer Wirtschaftsgruppen oder -verbände benötigen.

Die Wirkung des fakultativen Referendums ist in den letzten Jahren vielfältig untersucht worden. Manche sehen es als nützliche Methode, um sprachliche, kulturelle und wirtschaftliche Gruppen und Minderheiten zum Konsens zu bringen. Sie meinen, damit den eigentlichen Schlüssel zur helvetischen Konsensdemokratie in Händen zu haben. Tatsächlich handelt es sich um einen außerordentlich wirksamen Schlüssel. Unter anderem ist mit seiner Hilfe die Konfliktlösung in den obskuren Bereich der vorparlamentarischen Expertenphase verlagert worden. So findet nicht nur ein referendumstaktischer Suggestiveinfluß auf das Parlament, sondern auch auf die Volksabstimmung statt. All das legt die Frage nahe, ob durch die Abschaffung des fakultativen Referendums die Meinungsbildung in unserer Demokratie nicht entscheidend verbessert werden könnte. Verbessert durch ein Zurückbinden der Interessenvertretung. Der Aargauer Ständerat Julius Binder hatte den Gedanken schon in der Ustertagsrede von 1973 aufgegriffen, weil das fakultative Referendum «als Druckmittel dient und den Gesetzgeber von der Schaffung des richtigen Rechts abhält». Der Gedanke hat in den letzten Jahren zwar an Aktualität, nicht aber an Realisierungschancen gewonnen.

Die Abstimmung – das Vetorecht des Volkes

Im Hintergrund aller Gesetzesformulierung steht in der Schweiz obligatorisch und fakultativ das Volk. Mit 50 000 Unterschriften läßt sich eine Volks- und eventuell Ständebeurteilung wichtiger Gesetzgebungsbeschlüsse der Bundesversammlung erzwingen. «Unsere Verfassung macht das Volk zur Regierung», pflegen die Politiker zu sagen. Sofern man mit der Behauptung einverstanden ist, der Souverän habe tatsächlich das Wichtigste im Staat zu entscheiden (immerhin unterstehen manche bedeutungsvolle Dinge keiner Volksbefragung), ist zuzugeben, daß es mit dem «Volk als Regierung» etwas auf sich hat. Doch ist das bei weitem nicht die ganze Wahrheit.

Es ist richtig, daß in unserem System der halbdirekten Demokratie die Möglichkeit besteht, die in der Vorbereitungsphase und im Parlament ausgehandelten Entscheide einer Nachprüfung durch das Volk zu unterziehen. Nachdem im Unterschied zu vielen andern westlichen Demokratien die richterliche Überprüfbarkeit von Bundesgesetzen und Verfassungssätzen als wesentliches Element des Rechtsstaates nicht besteht, ist wenigstens die politische Überprüfung möglich. Dabei erfolgt das Urteil des Souveräns nach dem Mehrheitsprinzip. Die Mehrheit bekommt also Recht, und die Minderheit, sei sie klein oder groß, hat Unrecht. In der Abstimmung über die Initiative für ein Waffenausfuhrverbot von 1970 begrüßte das Volk mit 366 117 Ja gegen 294 965 Nein die Vorlage, während sie von zwei Dritteln der Stände abgelehnt wurde. Beim Bildungsartikel geschah 1973 ein gleiches sogar deshalb, weil sich ein Patt der Ständestimmen ergeben hatte. 211 Ja-Stimmen mehr im Halbkanton Obwalden hätten damals das Verdikt des Souveräns ins Gegenteil verkehrt. Und 1975 entschied eine ähnliche Zufälligkeit über den während Jahren ausgehandelten Konjunkturartikel, als 166 Innerrhoder mit einem Ja und ihrer halben Standesstimme die Vorlage hätten retten können. Diese Doppelnaht mit Volks- und Ständestimmen, die in unserem föderalistischen Staat nötig ist, macht den helvetischen Souverän noch konservativer, als er bereits ist. Nachdem sich das Volk an der Urne schon bei Entscheiden, in denen die Ständestimmen nicht zählen, jeder bedeutenderen Veränderung abhold zeigt, fällt es dort, wo den Stimmen der nichturbanen Stände ein unverhältnismäßiges Gewicht zugestanden wird, vollends ins konservative Extrem.

Das hat mit unserem Thema, in dem die gesellschaftlichen Standes- und die wirtschaftlichen Gruppeneinflüsse im Staat beanstandet werden, zu tun. Veränderungswünsche stammen, wie schon im ersten Kapitel dargetan, in der Regel weder von Standesgruppen noch von Wirtschaftsverbänden. Die Nullentscheide der letzten Jahre in Volksabstimmungen haben freilich auch noch andere Gründe. Das Mißtrauen zum Beispiel gegen das heutige Funktionieren der Meinungsbildung mit den wirklichen und vermuteten Einflußnahmen hat ebenfalls einen Ablehnungstrend zur Folge. Das führt uns zu den drei wichtigsten Punkten, die auch die Volksabstimmungen als Korrektoren am Schluß unseres Meinungsbildungssystems demokratisch abwerten: dem Absentismus, dem «Nebensächlichkeitseffekt» und der Suggestivwirkung der Beeinflussungstechniken.

1. Die verborgene Opposition. Eine der Hauptursachen für die ununterbrochen abnehmende Beteiligung der Bürgerschaft am Staatsgeschehen ist zweifellos die unübersichtliche Interesseneinwirkung auf die Willensbildung in unserer halbdirekten Demokratie. Zeitlich parallel zur Veränderung des Systems von der offenen zur Konsensdemokratie ist die Beteiligung der Bürgerschaft an eidgenössischen Abstimmungen gesunken. Zwischen 1934 und 1938 betrug die Stimmbeteiligung im Durchschnitt noch 67,1 (!) Prozent. 1948 war sie trotz wichtiger Themen auf 59,9, 1963 auf 47,4 und 1973 auf 41,2 Prozent gefallen. Seither wurden zentrale Fragen wie der Konjunktur- oder der Bildungsartikel von 25,6 respektive 26,4 Prozent und die umstrittene Finanzordnung 1981 von bloß 29,8 Prozent der Stimmbürgerschaft entschieden. Ein Viertel bis ein Drittel des Souveräns übt also bei uns die Funktion der höchsten Gewalt der Eidgenossenschaft aus. Bei einem solchen Tiefstand stellt sich wirklich die Frage nach der Regularität der Staatsführung. Darf man noch von einem «Volksentscheid» sprechen, wenn er nur noch von einem Viertel der Stimmberechtigten getroffen wird? Wenn eine absolute Mehrheit von drei Vierteln des Souveräns sich von einem Viertel regieren läßt? Und vor allem: wenn ein solcher Absentismus nicht eine Ausnahme ist, sondern immer mehr zur Regel wird. Roland Kley hat im «Tages-Anzeiger»-Artikel «Stimmabstinenz – vor allem ‹systembedingt›» auf das Beispiel Dänemarks hingewiesen, wo bis 1953 zur Rechtsgültigkeit einer Volksbefragung die Zustimmung von mindestens 45 Prozent der Stimmberechtigten erforderlich war: «Wäre die dänische Vorschrift auch für die Schweiz gültig gewesen», meint Kley, «so hätte in den letzten zehn Jahren keine einzige Vorlage die Abstimmungshürde genommen.»

Unsere halbdirekte Demokratie hat damit auch dort, wo sie direkt in Erscheinung tritt, in hohem Maß «elitäre» Formen angenommen: Nur noch der an einer Sache theoretisch oder praktisch «Interessierte» entscheidet. Es hat sich eine große schweigende Mehrheit gebildet, in der offensichtlich auch ein beträchtliches Oppositionspotential verborgen liegt. VOX-Analysen, d. h. Untersuchungen der Schweizerischen Gesellschaft für praktische Sozialforschung, haben beispielsweise ergeben, daß sich in den im Jahre 1977 abgelehnten Volksinitiativen über den Mieterschutz, die Fristenlösung und die Reichtumssteuer bei der Teilnahme aller Stimmberechtigten ein Volksmehr ergeben hätte. Somit ist angedeutet, daß die tiefe Beteiligung sich verfälschend auf den Ausgang der Abstimmungen auswirkt. Der Absentismus hat die Kontrolle des Staatsgeschehens durch das Volk in beträchtlichem Maß entwertet.

2. Innenpolitik ist nebensächlich geworden. Unser Demokratiesystem mit den vier festen Abstimmungsdaten im Jahr und den jeweils präsentierten «Multipaketen», das heißt den Schüben anspruchsvoller Vorlagen, verlangt vom Bürger allerhand. Er muß sich um den Staatsbetrieb kümmern, den Verlauf verfolgen und vor Abstimmungen die Unterlagen studieren. Das gehört nun einmal zur halbdirekten Demokratie. Es wird immer wieder behauptet, der Bürger werde überfordert, weil die Probleme zu kompliziert geworden seien. Diese Meinung teile ich nicht. Der Bürger nimmt sich vielmehr ganz einfach keine Zeit zum Studium der Unterlagen und Zeitungsinformationen, weil er sich dafür nicht interessiert. Weil ihm das «Spiel» der Meinungsbildung mißfällt, absentiert er sich, hat er es verlernt, sich für Innenpolitik zu interessieren. Das hat zur Folge, daß zum Beispiel bei der Abstimmung über die Atominitiative nicht weniger als 15 Prozent gegen die Initiative stimmten, obwohl sie deren Anliegen unterstützen wollten. Sie hatten sich mit ihrem Nein – übrigens der gängigen Antwort im Zweifelsfall – gegen sich selbst gewandt, während das Volksbegehren mit bloß 51,2 Prozent der Stimmenden verworfen wurde. Der Trick der Fragestellung war schon im voraus zu erkennen. Ist die Verfälschung des Resultats nun jenen anzukreiden, die die Abstimmung vorbereitet haben, oder den andern, die Innenpolitik als Nebensächlichkeit betrachten und daher «nicht drauskommen»? Entscheidend blieb: Es war verhindert worden, daß etwas passierte, das nicht passieren sollte.

3. Die Beeinflussung und das Geld. Ohne die Urteilskraft der aktiven Stimmbürgerschaft anzweifeln zu wollen: die modernen Beeinflussungstechniken, die über Radio, Fernsehen oder Presse gehen können, vor allem aber mit Schlagzeilen und Schlagwörtern in Flugblättern und Inseraten in Erscheinung treten, haben sich als wirksam erwiesen. Im Vorfeld der eidgenössischen Abstimmungen erscheinen ein weiteres Mal jene referendumsfähigen Mächte auf dem Plan, deren Vertreter bereits im vorparlamentarischen Verfahren, in der Vernehmlassung, im Parlamentsplenum – aber auch als Mäzen in den Wahlen – tätig waren. Zwar trifft es zu, daß eine mit wenig Geld und viel individuellem Engagement arbeitende Bewegung in einer Abstimmungskampagne nicht ohne Chancen ist. Die Befürworter der Atominitiative zum Beispiel hatten vor dem Urnengang im Februar 1979 mit ihrem organisatorischen Verbund von Umweltschutzorganisationen, World Wildlife Fund (WWF) und KKW-Gegnerschaft eine außerordentlich propagandaeffiziente Betriebsamkeit entfaltet. Der Aufwand hatte zur Folge, daß die Stimmbeteiligung auf 49 Prozent anstieg und daß ein im vorparlamentarischen Bereich konsequent bekämpftes Anliegen nicht weniger als 48,8 Prozent Ja-Stimmen erhielt. Damit wäre am Rande wiederum angedeutet, was eine Aktivierung der schweigenden Mehrheit bedeuten könnte. In den allermeisten Abstimmungen bleibt aber eine solche aktivierende Grundwelle aus. Dann kommt den stehenden Organisationen der Wirtschaftsverbände (bei Volksabstimmungen liegt ihre Geschäftsstelle bei der Gesellschaft zur Förderung der schweizerischen Wirtschaft in Zürich) und den Millionenbeträgen, die hier flüssig gemacht werden können, sowie den Gewerkschaften entscheidende Bedeutung zu.

Vor einiger Zeit kursierte das geflügelte Wort eines Werbemannes: «Gebt mir eine Million, und ich ‹schmeiße› Euch jede Volksabstimmung.» Es ist außerordentlich schwer – wäre aber sehr aufschlußreich – jeweils die Einsätze und die Herkunft der Gelder in Abstimmungen und Wahlen zu erfahren. Sicher ist bloß, daß jener Werbemann heute mehr als eine Million benötigte, wenn er sein Versprechen einlösen wollte. Und er bekäme auch mehr. Jedenfalls konnte ich im Februar 1979 nach Recherchen in einem «Tages-Anzeiger»-Artikel behaupten, die Schweizerische Informationsstelle für Kernenergie habe über «gut drei Millionen der Elektrizitätswirtschaft verfügt», ohne daß die Meldung je bestritten worden wäre. Und schon im März des gleichen Jahres fragte der St. Galler Landesring-Nationalrat Franz Jaeger in einer Einfachen Anfrage den Bundesrat, ob er Kenntnis davon gehabt habe, daß die Generaldirektionen der PTT und der SBB ihre Mitarbeiter in zwei Schreiben eindringlich vor der Atominitiative gewarnt hätten. Ob der Bundesrat die Auffassung teile, «daß es höchst problematisch, ja sogar unzulässig ist, wenn öffentliche Institutionen bzw. deren Direktorien mit der Autorität ihrer Leitungsfunktion einseitig gegen ein Volksbegehren Stellung nehmen und dadurch andersdenkende Mitarbeiter einem Gewissenskonflikt aussetzen»? Jaeger hätte den Bundesrat auch fragen können, ob es nicht auch einem zweifelhaften Demokratieverständnis gleichkomme, wenn halbstaatliche gemischtwirtschaftliche Elektrizitätsunternehmen in solchen Fällen zur Beeinflussung einer Volksabstimmung Millionenbeträge locker machen. Doch nehmen die in den Verwaltungsräten dieser Gesellschaften vertretenen kantonalen Regierungsräte solche Praktiken in Schutz.

Selbst die Volksabstimmungen, in denen «das Volk das letzte Wort spricht», werden also vom System und seinen Automatismen in beträchtlichem Maß diszipliniert. Die Tendenz war auch im September 1977 sichtbar geworden, als man die Unterschriftenzahlen für Initiative und Referendum erhöhte. Die vielen Vorstöße «von unten» waren lästig geworden und hatten den eigentlichen Verlauf der Meinungsbildung in der Koalitionsdemokratie zu sehr gestört. Und der «Mini-Souverän» hatte der Erschwerung der Volksrechte willig zugestimmt.

Der Druck auf die Medien

An diesem Punkt kommen wir nicht darum herum, kurz auf die Rolle der Medien in der staatlichen Willensbildung einzugehen. Als Nachrichten- und Meinungsvermittler begleiten sie die staatlichen Gesetzgebungsverläufe und dienen auch als Gesprächsforen. Das geschieht mit den Monopolmedien Radio und Fernsehen und mit der das ganze Meinungsspektrum abdeckenden Presse. In ihrer Funktion stehen die Medien in einem Spannungsverhältnis einerseits zum Staat (den Behörden und der Politik) und andererseits zu den intermediären Kräften (Gesellschaft, Verbände, Wirtschaft), das heißt zwischen den skizzierten Mitwirkenden der staatlichen Meinungsbildung und der Bürgerschaft. Sind sie stark genug, um in dieser heiklen Rolle zu bestehen?

Der Schriftsteller Otto F. Walter sagte einmal in einem Vortrag: «Binsenwahrheit: Jede Demokratie beruht auf der politischen Kultur der Bürger und Bürgerinnen. Sie wiederum: auf der Pressefreiheit. Diese Freiheit, so wollte es das liberale Denken, sollte einerseits dem Staat, andererseits den Inhabern des Faustrechts auf die Finger schauen. In dieser Freiheit und ihrem Recht war die Moral zur Institution erhoben von allerhöchster Bedeutung.» Unser schweizerischer Staat hat, in Anerkennung der Bedeutung der Medienfunktion in der Demokratie, im Artikel 55 der Verfassung die Pressefreiheit theoretisch garantiert. Praktisch hat er sie mit Presseüberwachung und -zensur schon oft der Staatsräson unterworfen und diszipliniert. Auch hält er die Medien rechtlich bewußt in Schranken, indem er ihnen weder ein Recht auf Information noch ein Zeugnisverweigerungsrecht für Journalisten zugesteht. Unser schweizerischer Staat und seine führenden Politiker wollen davon nichts wissen, obwohl in den meisten westlichen Demokratien diese Rechte selbstverständlich sind. Doch läuft die demokratisch verstandene Funktion der Medien, das heißt die kritische Überwachung von Staat, Wirtschaft und Gesellschaft im

Grunde dem zuwider, was das System heute will: die Entschlüsse möglichst lautlos zu fassen und in Gesellschaft und Wirtschaft die Handels- und Gewerbefreiheit als favorisierten Wert zu hegen. Otto F. Walter formulierte das scharf: «In dieser ohnehin gefährdeten Spätphase (unserer Kultur) reagiert das System, dieser Komplex aus Männerherrschaft, privatem Kapitalprinzip und demokratischer Fassade, mit Panik, das heißt: mit Gewalt. Es schlägt zu. Es schlägt genau dorthin, wo Information vermittelt wird, auf die Schulen, auf die Medien.»

Durch die technische Entwicklung in der Nachkriegszeit wurde der Schutz der Pressefreiheit, den Artikel 55 BV gewährt, in den außerstaatlichen Bereichen in geradezu perfider Weise unterlaufen. Es begann mit der technischen Revolution, welche die seit 500 Jahren angewandte Gutenbergsche Setz- und Drucktechnik erfaßte. Das Blei wurde durch Zellophan, das mechanische durch das elektronische Verfahren ersetzt. Mit dem damit verbundenen hohen Kapitaleinsatz begann sich das Pressegewerbe rasch zur Presseindustrie zu deformieren. Heute vegetiert mehr als die Hälfte der Schweizer Zeitungen in roten Zahlen dahin. Das Inserat (das achtzig Prozent der Kosten trägt) und die Druckaufträge (der Existenzzwang der kapitalintensiven Druckerei) begannen die Unabhängigkeit der Zeitungen einzuschränken. Eine abhängige Presse wird jedoch zur Schuhputzerin der Politik oder der Wirtschaft. Heute ist das finanzielle Wohlergehen, und damit die Pressefreiheit selbst für einen gesundgebliebenen Verlag zu einseitig auf die Wirtschaft abgestützt. Der Zürcher Werbeberater Jost Wirz sagte es in einem Vortrag deutlich: Die werbetreibende Wirtschaft spiele zurzeit im Wandel der Pressestruktur das Zünglein an der Waage. «Der Werbeauftraggeber», meinte Wirz, «entscheidet letzten Endes über Sein oder Nichtsein zahlreicher Zeitungen.»

Hier, beim Werbeauftraggeber, liegt das Maß der Pressefreiheit, das heißt die Möglichkeit der Presse, ohne Rücksicht auf Inserenten und deren Politik das zu schreiben, was sie für richtig hält. Es gibt aber heute in Politik und Gesellschaft Tatbestände, die ehrlicherweise eine andere als die konforme Beurteilung erfordern. Im Bereich der technischen Entwicklung zum Beispiel oder in den unzähligen Fragen der Umweltnutzung durch technische und wirtschaftliche Aktivitäten. Alle diese für unsere Existenz lebenswichtigen Fragen allgemein und abstrakt anzutippen, mag noch angehen, sobald aber konkrete Auswüchse der Gesellschaft und der Wirtschaft aufs Korn genommen werden, stehen die Inserenten vor den Türen der Chefredaktoren. Das gleiche ist von den Bereichen des Konsumentenschutzes zu sagen. Auch die Monopolmedien haben da in der Furche zu marschieren.

In dieses Systembild passen auch die laufenden Disziplinierungsversuche der Massenmedien (Radio und Fernsehen), die von der Politik über Konzessionsüberwachungsgremien und vom gesellschaftlich-wirtschaftlichen Bereich über politischen Druck in Szene gesetzt werden. Hier haben wir es mit einem politischen Disziplinierungsautomatismus zu tun, während es sich bei den Vorgängen im Pressewesen um einen wirtschaftlichen handelt. Doch dienen im letzten beide dem gleichen Zweck: Sie versuchen Opposition gegen das auszuschalten, was in Staat und Gesellschaft, was im Konsensbetrieb geschieht und gilt.

Endlich gibt es da auch die Fälle «Tages-Anzeiger», in denen sichtbar wird, daß die Automatismen, die in unserer offiziellen Mehrheitspolitik wirksam sind, nicht nur auf die staatliche Meinungsbildung einwirken, sondern auch «das Umfeld der Presse» im Griff zu halten versuchen.

Am 3. März 1979 veröffentlichte das «Tages-Anzeiger-Magazin» unter dem Titel «Die Autolobby Schweiz – wie sie funktioniert und wer ihr angehört», einen minutiös recherchierten Artikel. Das Anliegen der Autoren kam in der kurzen Einleitung wie folgt zum Ausdruck: «Das private Motorfahrzeug ist für viele von uns ein unentbehrliches Hilfsmittel. Die Vorzüge der Mobilität erkaufen wir aber teuer. Über tausend Menschen werden pro Jahr in der Schweiz im Autoverkehr getötet, über zehntausend schwer verletzt. Unser Straßenverkehr besprüht die Umwelt in gesundheitsschädigendem Ausmaß mit Schadstoffen. Der Straßenbau zehrt täglich weiter an der Landschaft. Von einer Umkehr wird viel geredet. Aber in Richtung auf eine andere, den Autoverkehr eindämmende Verkehrspolitik geschieht wenig. Und wenn etwas geschieht, dann schleppend, zögernd. Warum? Wer stemmt sich dagegen? Mit welchen Mitteln und Methoden?»

Der Artikel nahm die am 25. September 1977 in der Volksabstimmung abgelehnte «Albatros»-Initiative gegen die Luftverschmutzung durch Motorfahrzeuge zum Anlaß, die Praktiken und Druckmittel der Automobilhersteller und Verbände im vorparlamentarischen Verfahren und in der Volksabstimmung darzustellen. Man tat also nichts anderes, als das Wirken der Autolobby im Bundeshaus, die Aktivitäten des intermediären Systems an einem konkreten Beispiel zu zeigen. An einem Fall, der wahrhaftig diskutierenswert ist, denn die Umweltverschmutzung durch Motorfahrzeuge stellt eines der schwersten Probleme der modernen Zivilisation dar. Soll das in einer Demokratie, die die Pressefreiheit gewährleistet, nicht zur Sprache kommen?

Die konkrete Folge war, daß die großen Autoimporteure ihre Inseratenaufträge an den «Tages-Anzeiger» zurückzogen. Man wolle in einer Zeitung mit einem solch «autounfreundlichen Umfeld» nicht mehr inserieren. Der deutsche Großverleger Gerd Bucerius, Herausgeber der bekannten Zeitung «Die Zeit», schrieb einmal einem Inserenten, der Druck auszuüben versuchte: «In Ihrem Hause ist es nicht ganz klar, daß Redaktion und Anzeigeabteilung einer Zeitung scharf getrennt sind. Damit sich solche Mißverständnisse nicht wieder ereignen, habe ich die Anzeigenabteilung angewiesen, Anzeigen Ihres Hauses nicht mehr entgegenzunehmen.» Der «Tages-Anzeiger» zog das Gespräch mit dem Inseratenkunden vor. Vergebens. Die Beanspruchung der Pressefreiheit hatte mit millionenschwerem Inserateneinnahmenverlust ihren Preis.

Diesem ersten Teil der Geschichte folgt ein zweiter. Im Herbst 1979 hatte die Kartellkommission von sich aus begonnen, den Konflikt zu untersuchen. Nun zeigte sich aber, daß auch das Kartellgesetz einst das Vorverfahren und die Vernehmlassung durchlaufen hat und so formuliert wurde, daß nicht allzuviel passieren kann. Im Juni 1981, also zwei Jahre nach dem Erscheinen des erwähnten Artikels, stellte die Kartellkommission in ihrem Bericht zwar fest, die Autoimporteure hätten tatsächlich in der Form des «stillschweigend abgestimmten Verhaltens» als Kartell gehandelt und überdies gemeinsam «Nachfragemacht» ausgeübt. Auch die wichtigste Frage, daß die Nachfragemachtausübung durch Inseratensperre «volkswirtschaftlich oder sozial schädlich» und damit kartellgesetzlich verboten sei, wurde bejaht. Schlüsse aus dem konkreten Fall zog aber die Kartellkommission ebensowenig wie sie Maßnahmen einleitete. Dazu hätte sie auch gar kein Recht gehabt, denn der Kartellkommission sind nur wenige Kompetenzen gegeben. Sie konnte es sich hingegen nicht verkneifen, Richtlinien für die Zeitungsredaktionen zu erlassen, nach denen es nicht genüge, ein Inserat zu publizieren. Der redaktionelle Teil habe vielmehr darauf zu achten, den Werbeerfolg nicht zu zerstören. Man sprach in der Folge auf hoher intellektueller Ebene viel von der Inserentenfreiheit und der Pressefreiheit, kaum je aber vom Systemzusammenhang, in dem auch dieser Fall erscheint. Davon, daß nach dem Staat in der Kriegszeit nun die Wirtschaft in der Friedenszeit die Presseüberwachung übernommen hat.

Ein anderes, eher noch gravierenderes Beispiel stammt aus dem Jahr 1980, als im August die Straßenkrawalle der Jugendlichen die Stadt Zürich verunsicherten. Damals kürzten Warenhäuser und Industrie- und Handelsorganisationen die Inseratenaufträge der gleichen Zeitung mit dem Hinweis, die Krawallberichte seien nicht objektiv. In Versammlungen und Pressediensten von Wirtschaftsverbänden wurde in Suggestivformulierungen zu einer neuen Welle von Inseratensperren aufgerufen. Diesmal waren es nicht mehr vom Journalismus Direktbetroffene, die eine Zeitung boykottierten, sondern es handelte sich um eine *politische* Aktion gegen eine Zeitung. Der inzwischen verstorbene Zürcher Staats- und Strafrechtler Peter Noll schrieb damals in einem Presseartikel: «Die beiden Fälle unterscheiden sich wesentlich nach dem Grad ihrer Bedenklichkeit. Der zweite Fall ist schwerer als der erste und zeichnet eine ungemein gefährliche Entwicklung vor. Beide zeugen von einer überheblichen Haltung und Verachtung gegenüber dem Leser und Staatsbürger, dem man nicht zutraut, sich aus verschiedenen und kontroversen Meinungen eine eigene Meinung zu bilden; es muß ihm vielmehr die ‹richtige Meinung› vorgesetzt werden. Genau dies hat früher der Obrigkeitsstaat getan.» Und Eric Walter sagte im September 1980 als Präsident des Verbandes der Schweizer Journalisten: «Unsere Presse muß der ‹Washington Post› und nicht der ‹Prawda› gleichen. (...) Das Schweizer Establishment muß wählen. Entweder will es, mit Hilfe des Zürcher Regierungsrates, den Inhalt von Zeitungen und Sendungen diktieren, und dann genügt ein einziges Organ: es könnte ‹Zürcher Prawda› genannt werden. Oder dann respektiert es die redaktionelle Freiheit, und es wird in der Region zehn Zeitungen von guter Qualität geben. Die offenste und kritischste dieser Zeitungen könnte der ‹Washington Post› ähnlich sein.»

Die Intoleranz der offiziellen Politik und des intermediären Systems (sie wirken auch hier im Gleichschritt) den Medien gegenüber paßt genau in unser Systembild. Die Unduldsamkeit tritt aber nicht nur in Wort- und Meinungsgefechten in Erscheinung, wie es der Demokratie wohl anstünde, sondern grobschlächtig und existenzbedrohend die Keule schwingend. Auf der Ebene des Staates drängen Parteigruppen, Radio und Fernsehen «endlich in den Griff zu nehmen», und nur vereinzelten letzten Mohikanern eines echten Liberalismus ist es zu verdanken, daß der Maulkorb den Massenmedien nicht auch noch die Luft abschneidet. Und auf der privaten Ebene wird dem kritischen Einzelnen von systemloyalen Arbeitgebern mit der Kündigung des Arbeitsverhältnisses und der kritischen Presse mit dem Inseratenentzug gedroht. Man diskutiert nicht mehr, sondern setzt sich das Messer an den Hals. Hier verstehen unsere Koalitionsträger keinen Spaß. Mit dieser Intoleranz verstößt das System ein weiteres Mal ganz klar gegen demokratische Grundprinzipien – gegen die Meinungsäußerungs- und gegen die Pressefreiheit.

Letzter Akt der Beeinflussung: die Verordnung

Als letztes Glied der staatlichen Willensbildungskette finden wir in der Ausführungsphase die Verordnungsstufe. Rechtlich ist sie in mehrere Formen geordnet. Immer handelt es sich aber um Entscheidungen, die der Gesetzgeber der Exekutive überlassen hat. Obwohl auch das Parlament auf der Verordnungsstufe tätig sein kann, liegen die Aktivitäten dieses Bereichs doch vorwiegend bei Bundesrat und Verwaltung. Dem Bundesrat wird in Gesetzen aufgetragen, Einzelheiten des Vollzugs in eigener Machtvollkommenheit zu regeln. Wenn die Ausmarchung von Details auf dieser Stufe beginnt, sind die Referendumsfristen verklungen, die Geister der vorparlamentarischen Phase sind aber wiederum präsent. Sie wissen, daß in diesem allerletzten Moment ein Gesetz noch entscheidend entschärft werden kann. Die Politikwissenschaft hat im Laufe der Jahrzehnte alle Phasen der Gesetzgebung intensiv durchleuchtet und interpretiert, die Verordnungsgesetzgebung indessen wurde vernachlässigt. Dies obwohl schon Z. Giacometti in seinem «Schweizerischen Bundesstaatsrecht» im Kapitel «Die Verordnung» auf die große Bedeutung dieser Willensbildungsstufe hingewiesen hat. Und wirklich verstecken sich oft hinter den Kompetenzdelegationen des Parlaments an den Bundesrat ganz wesentliche Akzente eines Gesetzes. Seit kurzem liegen Resultate von Untersuchungen über die Verordnungsgesetzgebung vor, die Charbel Ackermann am ORL-Institut der ETH Zürich im Bereich des Umweltschutzes durchgeführt hat. Dabei hat sich erwiesen, daß die grundlegenden Charakteristiken des Gesetzgebungsverfahrens auch für die Verordnungsstufe gelten: die Tendenz zur Konfliktvermeidung, die Beteiligung der Interessengruppen sowie die Selektionskriterien der Gruppenbeteiligung und Interessenberücksichtigung. Zur Illustration dieser Vorgänge diene nachstehend als Vorlage eine Fallstudie von Charbel Ackermann, in der die Auseinandersetzung um die Verordnung über Abwassereinleitungen vom 8. Dezember 1975 nachvollzogen wird. In dieser Phase der Verordnungsrechtsetzung war es vor allem darum gegangen, über das in den Abwässern zulässige Maß der Schadstoffe Phosphor und gelösten organischen Kohlenstoff (DOC) zu entscheiden. Es ging also um eine sehr wichtige «praktische» Position des Gesetzes.

Im Bundesgesetz über den Schutz der Gewässer gegen Verunreinigung, das am 8. Oktober 1971 in Kraft gesetzt wurde, steht im ersten Abschnitt des Artikels 22: «Der Bundesrat erläßt Bestimmungen über: ... b. die Beschaffenheit der in die Gewässer abzuleitenden Abwässer.» Die anzustrebenden Ziele zum Schutz der Gewässer gegen Verunreinigung sind im «Zweckartikel» (Art. 2) des Gesetzes formuliert.

Schon Mitte der sechziger Jahre, als nach der Typhusepidemie in Zermatt die Dringlichkeit des Gewässerschutzes erkannt worden war, hatte die Vereinigung der kantonalen Gewässerschutzlimnologen den Kantonen Richtlinien über die Ableitung der Abwässer «zur probeweisen Anwendung» empfohlen. Kurz vor dem Inkrafttreten des Gewässerschutzgesetzes im Jahr 1971 nannte das Eidg. Departement des Innern in einem Kreisschreiben an die Kantonsregierungen «die maximale Abflußkonzentration» für Phosphor in Kläranlagen. Bei diesem wichtigen Vorentscheid in der Frage der Phosphorelimination lehnte man sich an eine Regelung der Internationalen Gewässerschutzkommission für den Bodensee an. Der Wert wurde auch in den ersten Entwurf zur Abwassereinleitungsverordnung übernommen.

Dieser erste Entwurf zur Abwassereinleitungsverordnung, vom Amt für Umweltschutz (AfU) erarbeitet, wurde der Eidg. Anstalt für Wasserversorgung, Abwasserreinigung und Gewässerschutz (EAWAG) zur Begutachtung übergeben. Auf Initiative dieser Anstalt erfolgte dann in einer längeren mündlichen und schriftlichen Diskussion zwischen den beiden Fachstellen und in Anlehnung an internationale Normen die Fixierung der Immissionsgrenzwerte für fließende Gewässer. Damit war schon auf der Ebene des Vorentwurfs ein wichtiger Vorentscheid gefallen.

Der weitgehend bereinigte Entwurf wurde nun der ungefähr dreißigköpfigen Eidg. Gewässerschutzkommission (EGK) unterbreitet, die der Bundesrat im August 1972 als koordinierendes und beratendes Organ eingesetzt hatte. Die EGK übergab die Bearbeitung des Entwurfs einer Arbeitsgruppe von neun Mitgliedern, womit ganz am Schluß des langen Gesetzgebungsweges wiederum das intermediäre System eingeschaltet wurde. Die Gruppe bestand aus Vertretern des Amtes für Umweltschutz, Wissenschaftern sowie Kantons- und Industrievertretern; schon Anfang 1973 hatte der Bundesrat mit P. Brulhart, Sulzer AG, Winterthur, einen weiteren Industrievertreter in die EGK gewählt. Die Subkommission begann im Juni 1973 mit ihrer Arbeit. Verfolgen wir ihre Tätigkeit anhand der Entscheidung über den Grenzwert für den gelösten organischen Kohlenstoff (DOC), einem wichtigen Gewässerverschmutzungsfaktor.

Ackermann legt dar, daß die Arbeitsgruppe in der ersten Sitzung vom Endgrenzwert 5 mg C/l ausging, der einer DOC-Ausfällung von 95 Prozent entsprach. Vorher waren auch höhere Werte zur Diskussion gestanden. In ihrer sechsten Sitzung (im August 1973) diskutierte die Arbeitsgruppe das Thema der Elimination der gelösten organischen Kohlenstoffe. Dabei behauptete ein Industrievertreter, stellvertretender Direktor eines Basler Chemieunternehmens (in der Arbeitsgruppe also gleichzeitig Repräsentant der Abwasserproduktion wie der Abwasserreinigung), die hier zur Diskussion stehenden Einleitungsbedingungen würden von industriellen Anlagen noch während fünf bis zehn Jahren nicht eingehalten werden können. Wenn man sie durchdrücke, sei mit der Schließung von Betrieben zu rechnen. Der Chemievertreter verlangte eine Streichung der DOC-Bestimmungen überhaupt, oder dann eine Entscheidung von Fall zu Fall. Der Mann der EAWAG wies demgegenüber nach, die 5-mg-C/l-Norm sei einhaltbar. Dennoch schlug er im Oktober eine Limite von 7 mg C/l vor, und die Arbeitsgruppe schloß sich ihm trotz der Opposition der beiden Industrievertreter an. Die Folge war, daß nun der Eidg. Gewässerschutzkommission ein Mehrheits- und ein Minderheitsantrag vorgeschlagen werden mußte. Diese Kommission entschied sich mit 12:4 Stimmen dennoch für die 7-mg-C/l-Limite, wobei sie freilich die starre Einführungsfrist lockerte. Die Vertreter der Industrie, die also nicht ganz durchgedrungen waren, ließen aber nicht locker. Indem sie die Kompetenz der EGK anzweifelten, verlangten sie, Departement und Bundesrat seien auch die Minderheitsanträge vorzulegen. Die Kommission gab tatsächlich nach. Sie nahm den Minderheitsantrag, der die DOC-Limite nur auf kommunale Anlagen (und nicht auf industrielle) beschränken wollte, in das Protokoll auf.

Nach einer kurzen Pause legte das Amt für Umweltschutz am 19. Februar 1974 einen neuen Entwurf vor. Darin tauchte plötzlich als DOC-Wert die Limite 10 mg C/l mit einem Reinigungseffekt von bloß 85 Prozent auf. Das bewog den Vertreter der EAWAG, diesem Ansuchen entgegenzutreten. Doch er unterlag, nachdem die Industrievertreter angeboten hatten, ihren Minderheitsantrag zurückzuziehen, wenn die Kommission der Limite des Amtes für Umweltschutz zustimme, bei fast fünfzigprozentiger Stimmenthaltung der Kommission mit 9:8 Stimmen.

Der aufgrund dieser Beschlüsse vom AfU ausgearbeitete neue Entwurf vom März 1974 wurde nun den folgenden Stellen zur Vernehmlassung unterbreitet: den zuständigen kantonalen Departementen, den kantonalen und städtischen Fachstellen, den Wirtschafts- und Dachorganisationen sowie den Fachstellen und Instituten des Bundes. Es wurden also Fachverbände und Spezialisten, aber keine Umweltschutzorganisationen begrüßt.

Charbel Ackermann meint, im Vergleich zu den vorangegangenen Stufen sei diese Vernehmlassung als weniger wichtig zu bezeichnen. Doch hatte sie immerhin ein weiteres Nachgeben zur Folge. Im Protokoll der letzten Sitzung der Subkommission (16. Juni 1975) resümierte der Berichterstatter den Entscheidungsprozeß wie folgt: «Sie erinnern sich, daß einmal die Forderung im Raume stand, abzuleitendes Abwasser dürfe höchstens 5 mg C/l enthalten. Nach heftigen Diskussionen geläutert, durch die Zeit, offengesagt auch durch die Rezession gefördert, ist nun in gewissen Fällen, vermutlich in der Mehrzahl der Fälle, eine Konzentration bis 22 mg C/l zulässig. Also eine gewaltige Entschärfung. Die meisten Kläranlagen werden den Anforderungen, wie sie jetzt vorgeschlagen werden, genügen können.»

Das Beispiel der Einflußwirksamkeit von Interessenvertretern auch noch am letzten, bürgernächsten Punkt der politischen Meinungsbildung wird noch gewichtiger durch das Verhalten des Bundesrates: Er übernahm den Vorschlag. Sein eigener Beitrag bei der Erarbeitung dieses Entscheides hatte darin bestanden, die Gewässerschutzkommission zuerst interessenausgewogen zu bestellen und etwas später interessenakzentuiert zu erweitern.

7. Kapitel

Das Parlament merkt etwas

Es ist an der Zeit, der «Gegenseite» das Wort zu geben. Vorher freilich stellt sich noch die Frage nach der ethisch-moralischen Verpflichtung, die jeder Parlamentarier mit der Eidesformel (oder dem Gelübde) eingegangen ist. Was hat in diesem Eid den Vorrang: das Staats- oder das Verbandsinteresse? Daß sich aus der heutigen Doppelspurigkeit der interessenvertretenden Parlamentarier Loyalitätsprobleme auch im Hinblick auf den Eid ergeben, ist nicht leicht zu widerlegen.

Der Großteil der Gesprächspartner aus Wirtschaft, Exekutive und Parlament, die in diesem Kapitel angesprochen werden, verteidigt das geltende System der Willensbildung im Staat. Der gesunde Menschenverstand der Politiker und der verantwortungsbewußte Gruppenkonsens der Parlamentskammern führe zu seiner vernünftigen Auslegung. Für einen Politiker sei Interessenvertretung etwas Normales, und Verbands- und Interessenpolitik ergebe eine übersichtliche Ordnung in den eidgenössischen Räten. Man kenne sich, und wenn einer zu weit gehe, dann weise man ihn in die Schranken.

Es finden sich aber auch viele Politiker, denen bei dieser Sachlage nicht wohl ist. Für sie ist der Einfluß der Interessenvertreter und der Verbände zu stark. Und sie stehen mit ihren Vorbehalten offensichtlich nicht allein. Während die Interessenpolitik noch allgemein verteidigt wird und das Parlament eine Attacke des Basler Nationalrats Andreas Gerwig gegen die Einmischung der Großbankenlobby bei der Bankensteuerdiskussion entrüstet zurückwies, begann es gleichzeitig erste Schranken zu setzen. Das Parlament will ein Register führen, in dem jedes Ratsmitglied seine Interessenbindungen und Verwaltungsratsmandate einträgt, und es beabsichtigt, Ausstandsregeln vorzuschreiben. Das heißt, daß Interessenvertreter wenigstens im Ratsplenum in eigener Interessensache nicht mehr mitreden dürfen. Das sind nur kleine Schranken, die man allzu penetrantem Lobbyismus setzen will; viel kleinere, als man in anderen Demokratien kennt.

Aber sie sind doch ein Eingeständnis dafür, daß auch unser Parlament etwas zu merken beginnt. Daß man langsam begreift, wie sehr der in unserer Willensbildung praktizierte Lobbyismus dem Ansehen unserer Politik schadet.

Obwohl immer wieder nachgewiesen werden kann, daß die eidgenössischen Räte die ihnen von der Verfassung zugewiesene starke Stellung im Staat – Artikel 71: «Unter Vorbehalt der Rechte des Volkes und der Kantone wird die oberste Gewalt des Bundes durch die Bundesversammlung ausgeübt...» – oft nicht mehr auszuüben vermögen, weil sie in Vollzugszwänge manövriert oder sonstwie überspielt werden, stellt das Parlament in unserem Thema doch eine besonders interessante Position dar. Interessant nicht nur wegen des Verhaltens der beiden Kammern, sondern auch wegen der Art, wie ihre Mitglieder ihre Parlamentariermandate auslegen.

Der Parlamentariereid verpflichtet

Im Parlament sind, erstmals in der staatlichen Willensbildung, die gewählten Volksvertreter nicht nur als Parteipolitiker, sondern auch als Interessenvertreter zu erkennen. Hier finden sich auch jene wieder, die bisher hinter den Kulissen tätig waren. Dabei erscheint das Parlament, obwohl die Verfassung das nicht vorsieht, sozusagen als Forum eines Ständestaates: der Vertreter der Gewerkschaft, der Vertreter der Partei, der Vertreter der Bauernschaft, der Vertreter des Gewerbeverbandes. Und der Bundesrat in der Mitte spielt den Dompteur. «Der Nationalrat wird aus 200 Abgeordneten des schweizerischen Volkes gebildet», bestimmt Artikel 72[1] BV, während Artikel 80 sagt: «Der Ständerat besteht aus 46 Abgeordneten der Kantone.» Von Abgeordneten der Verbände und der Interessengruppen steht nichts in der Verfassung. Und wir stellen uns den Volksvertreter auch nicht als Vertreter einer Großfirma, eines Verbandes oder einer Berufsgruppe vor. Dennoch hat ihn das System in dieser Verzerrung akzeptiert. Niemand will daran etwas Ungutes finden, auch dann nicht, wenn die Interessenvertreter mit ihrem Wissensvorsprung im schlecht informierten Milizparlament die Entscheide nach ihrem Willen beeinflussen. Wenn dadurch nicht mehr nach dem Volksdurchschnitt, sondern nach jenem der Gruppen entschieden wird. Ist diese Selbstverständlichkeit der Interessenvertretung auch im Parlament richtig? Wem sollen unsere volksgewählten National- und Ständeräte eigentlich verpflichtet sein?

Der Eid, den jede Parlamentarierin und jeder Parlamentarier am Beginn der Amtsperiode im Plenum abzulegen hat, sofern nicht die materiell gleichlautende Gelübdeformel vorgezogen wird, lautet wie folgt:

> «Ich schwöre vor Gott, dem Allmächtigen, die Verfassung und die Gesetze des Bundes treu und wahr zu halten; die Einheit, Kraft und Ehre der schweizerischen Nation zu wahren; die Unabhängigkeit des Vaterlandes, die Freiheit und die Rechte des Volkes und seiner Bürger zu schützen und zu schirmen und überhaupt alle mir übertragenen Pflichten gewissenhaft zu erfüllen, so wahr mir Gott helfe.»

Dieser promissorische Eid (Amtseid), die in Verfassung und Gesetz begründeten Amtsaufgaben zu erfüllen, verpflichtet die Parlamentarier nicht nur auf Staatstreue, sondern auch auf loyales Verhalten gegenüber Volk und Bürgern. Was aber mag Loyalität gegenüber dem Volk für einen interessenvertretenden Parlamentarier bedeuten? Sind «Volk» und «Bürger» identisch mit dem gewerkschafts- oder wirtschaftsverbandorientierten Wähler, dem sich der Parlamentarier verpflichtet fühlt? Unser Wahlsystem kann solange nicht den Volksdurchschnitt ergeben, als der Wähler nicht genau weiß, welchen Interessenvertreter er wählt. Es wäre der Mühe einer genaueren Analyse wert, inwiefern die heutige egozentrische Mandatsauslegung der Interessenvertreter den Anforderungen des zitierten Voreides noch zu genügen vermag. Doch scheinen sich nur wenige in der schweizerischen Bundesversammlung darüber Gedanken zu machen. Die schleichende Systemveränderung durch die Überhandnahme der Interesseneinflüsse wird zwar offensichtlich vielen bewußt, doch sitzen sie nun einmal in diesem Schiff und rudern mit. Ich habe mit einigen Politikern darüber gesprochen. Hier Ausschnitte aus den Gesprächen.

Gespräche mit Bundesrat Ritschard

Bundesrat Willi Ritschard verteidigt zwar das Verbände- und Interventionssystem unserer pluralistischen Demokratie, sieht aber offensichtlich auch dessen Schwächen. Darauf läßt sich aus Äußerungen schließen, die er in Interviews gemacht hat (siehe Seite 83). Ich konnte das Thema der Beeinflussung durch Interessenträger in unserem Staat in mehreren Gesprächen mit unserem Finanzminister diskutieren. Bundesrat Ritschard gab einige Antworten sogar schriftlich.

Auf die Frage, ob parlamentarische Interessenvertretungen, wie sie für Verbandssekretäre oder Verwaltungsratsmandatsträger typisch sind und häufig vorkommen, überhaupt in das in unserer Verfassung umschriebene Demokratiesystem passen, reagiert Ritschard mit der Gegenfrage: «Paßt unser System überhaupt noch? Ist ein Milizparlament noch in der Lage, seine Aufgabe zu erfüllen?» Die Antwort gibt er aber sogleich selbst: «Ich glaube nicht, daß unser Land ein Berufsparlament verkraften könnte. Nicht wegen dem Geld, obwohl wir auch keines haben. Aber ein Berufsparlament braucht eine Parlamentsverwaltung und die entsprechende Bürokratie. Eine Verwaltung, die sich ständig an der bestehenden reiben und eine Eigengesetzlichkeit entwickeln würde.» Nachdem ein Berufsparlament nicht möglich sei, müsse man halt einige Nachteile des Milizparlaments in Kauf nehmen: «Jeder Parlamentarier hat bei uns einen Beruf. Er hat neben politischen auch berufliche und wirtschaftliche Interessen. Das Parlament ist das ‹Nebenamt›. Das kommt auch in den Entschädigungen zum Ausdruck. Soll man das, was das ‹Hauptamt›, also der Beruf, an Einfluß und Sachkenntnis mitgibt, einfach liquidieren?» Auch ein Verwaltungsratsmandat oder eine Funktion in einem Verband dürften den Parlamentarier nicht daran hindern, politisch zu denken und das Ganze zu sehen.

Dennoch: Wo sind eigentlich die Einwirkungen, die auf dem ganzen langen Weg der Gesetzgebung möglich sind, am stärksten?

«Vermutlich in der Expertenphase», sagt Ritschard. Nach einer Aussage von Leo Schürmann habe im Staat derjenige die Macht, der den ersten Entwurf zu einem Gesetz ausarbeite. «Man kommt nie mehr von ihm weg», bestätigt auch Ritschard. Doch wisse Leo Schürmann, «wie die Gesetze sich abschleifen und verändern können. Daß sie gelegentlich auch in der Versenkung verschwinden, bevor sie das Licht dieser traurigen Welt erblicken.»

Aber heute finden die Einwirkungen von außen auf der ganzen Länge der Willensbildung statt. Es müßte doch für lobbyfreie Passagen gesorgt werden.

«Die lobbyfreie Phase besteht ganz sicher im Bundesrat», behauptet Ritschard. Ein Bundesrat werde sich nie beeinflussen lassen. Doch erwartet bestimmt auch der Bürger, daß ein Bundesrat einen Standort hat, der von seiner politischen und wirtschaftlichen Herkunft geprägt ist: «Wir bemühen uns einfach, das zu finden, was für das Ganze richtig ist. Und der Wille dazu ist nicht nur bei den Bundesräten, sondern auch bei den meisten Parlamentariern vorhanden.»

Ich bin der Meinung, daß ein Parlamentarier bei der Beratung von Themen, die stark auch seine eigenen Interessenbindungen betreffen, in den Ausstand treten müßte. Wie kann übrigens ein Verbandssekretär in seiner einseitigen Interessenbindung sein Parlamentariermandat überhaupt mit dem Eid vereinbaren?

«Ja», meint Ritschard, «aber wo liegen da die Grenzen? Ein Milizparlament setzt sich aus dem Volksdurchschnitt zusammen. Müßte man da die Volksvertretung nicht so nehmen, wie sie das Volk gewählt hat? Ich war Verbandssekretär. Bei Ihrer Forderung wäre ich nie Solothurner Regierungsrat, nie Nationalrat und nie Bundesrat geworden. Ich hätte also auf meine politischen Rechte verzichten müssen. Das kann ich mir nicht so recht vorstellen.»

Auf welche Weise und in welcher Form ist Lobby an Bundesrat Ritschard herangetreten?

«Natürlich melden sich bei mir Gewerkschaftsfunktionäre und solche anderer Verbände, aber auch Bankiers, Industrielle usw. Sie tragen mir ihre Anliegen vor, übergeben oder senden mir auch schriftliche Unterlagen. Auf solche Informationen bin ich angewiesen. Das fällt in den Bereich der Entscheidfindung. Lobby würde für mich dann vorliegen, wenn mich Interessenvertreter unter Druck zu setzen versuchten oder mir Vorteile anböten. Aber auch der mächtigste und raffinierteste Interessenvertreter weiß, daß es neben der seinen auch noch eine andere Optik gibt. Ein Bundesrat kann nicht der verlängerte Arm von Interessen sein. Es gibt jedoch auch private Interessen, die der Gesamtheit dienen können.»

Neben dem Informationsgespräch gibt es aber wohl noch den gängigen Lobbyismus: den Besucher, der etwas will?

«Ich habe in den zehn Jahren, in denen ich Bundesrat bin, den Umgang mit vielerlei Leuten gelernt. Gespräche mit Verbandsdelegationen und so sind Verhandlungen. Es ist meine Sache, damit fertig zu werden. Als Energieminister mußte ich oft mit Gruppen der Elektrizitätswirtschaft verhandeln. Als die Sache mit der Kernenergie schwieriger wurde, wollte plötzlich jeder bauen. Damals mußte ich die Vertreter der Elektrizitätswirtschaft zwingen, eine Reihenfolge aufzustellen. Das brauchte mehrere Sitzungen. Die Berner zum Beispiel verlangten damals, man solle Kaiseraugst hinter Graben stellen. Solche Entscheide machen Verhandlungen mit den Interessengruppen nötig.»

Welche Erfahrungen er mit Expertenkommissionen mache, wollte ich von Bundesrat Ritschard noch wissen. Und wie es zur Ernennung des Interessenvertreters Michael Kohn als Präsident der GEK habe kommen können?

«Experten werden eingesetzt, damit sie alle Aspekte eines Problems ausleuchten», erklärt Ritschard. «Sie erweitern den Sachverstand der Verwaltung und des Bundesrates. Ihre Berichte müssen aber immer politisch beurteilt werden.» Der Bericht der großen Expertenkommission, die die Verkehrskonzeption auszuarbeiten hatte, sei ein wertvolles Werk, doch habe es die politischen Probleme nicht gelöst. Für die Energiekonzeption habe er eine kleinere Gruppe von Technikern suchen wollen: «Die Chronologie ist leicht nachzuvollziehen. Ich machte eine Liste der Energieträger- und Umweltschutz-Wissenschafter und suchte die hinter ihnen stehenden Persönlichkeiten. Herrn Kohn kannte ich von der Atel her, wo ich den Kanton Solothurn vertreten hatte. Ich kannte ihn als speditiv und tüchtig. Deshalb schlug ich ihn dem Bundesrat als Präsidenten vor.»

Die Selbstsicherheit der Engagierten

Michael Kohn war in der Folge an diesem Posten sehr umstritten. In den letzten Jahren als «Energiepapst» bekanntgeworden, steht er heute mit den folgenden Verwaltungsratsengagements zu Buch:

Als Präsident: Aare-Tessin AG für Elektrizität, Olten; Electricité d'Emosson SA, Martigny; Elektrizitätswerke Rheinau AG, Rheinau; Kernkraftwerk Gösgen-Däniken AG, Däniken; Kraftwerk Ryburg-Schwörstadt AG, Rheinfelden; Motor-Columbus AG, Baden; Motor-Columbus Ingenieurunternehmung AG, Baden; Rhätische Werke für Elektrizität AG, Thusis; Società Elettrica Sopracenerina, Locarno; Südamerikanische Elektrizitäts-Gesellschaft, Zug.
Weitere Verwaltungsratsmandate: Ellis AG, Zürich; Officine Idroelettriche di Blenio SA, Olivone; Privatbank und Verwaltungsgesellschaft, Zürich; Schweizerisch-Amerikanische Elektrizitäts-Gesellschaft, Zug; Società Locarnese di Partecipazioni e Immobiliari, Locarno.

Michael Kohn kannte sich also zweifellos in der Materie aus, als er mit seiner Kommission den Bericht ausarbeitete, der dem Bundesrat beim Entscheid über die künftige Energiepolitik der Schweiz dienen sollte.

Nur Rohstoff erarbeitet: Michael Kohn findet, darauf angesprochen, es sei nicht einzusehen, weshalb ein Wirtschaftsvertreter den Vorsitz einer solchen Expertenkommission nicht führen dürfe. Es sei kein Widerspruch, Präsident des KKW Gösgen und zugleich Präsident der GEK zu sein. Bundesrat Ritschard habe Leute der Basis gesucht, die er den rauhen Winden der politischen Landschaft aussetzen könne, Leute, die es nicht so leicht umbläst. Ein Mann der Verwaltung wäre zu sehr exponiert gewesen. «Man will nicht, daß die in den Zeitungen herumgeschleift werden wie der Herr Schär, die Frau Lieberherr und der Kohn.» Überdies stelle sich da die Frage der Kapazität, sowohl im Personellen wie im Geistigen.

Aber jedermann weiß, daß die Expertenkommissionen die wichtigsten Ansatzpunkte der Lobby sind.

«Wir in der GEK haben nur Rohstoff erarbeitet und Varianten unterbreitet. Das Parlament kann den Text des Verfassungsartikels, den wir vorgeschlagen haben, verdünnen oder verdicken, wie es will.»

Da wäre dann aber nach der Suggestivwirkung der politischen Expertenvorschläge zu fragen. «Was sagen Sie zu Kriesis Untersuchung, in der vorgerechnet wird, daß auf diese Weise eine kleine Elite im Land entscheidet?» werfe ich ein.

Ja, der rede von einem kleinen Elitekreis, der besonderen Einfluß ausübe. Es sei aber auch in der Demokratie gut, wenn jemand die Dinge vorbereite: «Der Schweizer weiß sehr wohl, daß er etwas zu verlieren hat.»

Ob er denn als Präsident von Gösgen und GEK nicht in Loyalitätskonflikte hineingeraten sei?

«Weil ich Alternativvorschläge vorlegte? Nein! Ich könnte aber dort Konflikte gehabt haben, wo es um den Entscheid Energieverfassungsartikel Ja oder Nein ging. Das Wirtschaftsumfeld, aus dem ich stamme, ist gegen einen staatlichen Eingriff. Ich war also dagegen. Das war ein Konflikt des liberalen Denkens, auch bei andern Mitgliedern der GEK.»

«Integrierte» Politik: Für den freisinnigen Nationalrat Otto Fischer aus Bern ist der Staat mit seinen 2000 bis 3000 Gesetzen und Verordnungen pro Jahr die größte Bedrohung für das Gewerbe, dessen Verbandsdirektor er bis 1980 war. Nicht der Staat, der Wohlstand soll die wenigen Lücken immer mehr selber ausfüllen. Selbstbehauptung ist der wichtigste Pfeiler der Gewerbepolitik, sagt Fischer. «Wir brauchen keinen Staatsapparat.»

Wem er sich denn als Nationalrat verpflichtet fühle, dem Land oder dem Schweizerischen Gewerbe-Verband (SGV)?

«Mir macht die Doppelstellung Parlamentarier–Gewerbeverbandsdirektor nichts aus», behauptete Fischer, als ich ihn kurz vor seinem Rücktritt als Verbandsdirektor befragte. Er habe die Politik des Verbandes beeinflußt und als Nationalrat nach der gleichen Politik gehandelt. Er betreibe eine integrierte Politik und sehe die Probleme gesamtheitlich. «Meine politische Weltanschauung ist im SGV integriert, gleich wie meine politische Haltung im Nationalrat. Ich tue an beiden Orten nichts, das meiner politischen Weltanschauung widersprechen würde. Vielleicht mit einer Einschränkung: Wenn die Konjunkturankurbelung im Parlament diskutiert wird, um das Baugewerbe in Schwung zu bringen, dann wende ich mich vielleicht nicht gegen den Staatsbeitrag. Wenn also etwas drankommt, an dem unsere Leute hängen, dann exponiere ich mich nicht grad.»

Wem er sich denn verpflichtet fühle, frage ich nochmals, dem SGV oder dem Nationalratsmandat?

«Meiner Weltanschauung. Es hat noch nie einen richtigen Konflikt gegeben, weil ich das integriere.»

Sein Parlamentariermandat verpflichte ihn doch, zuerst die Interessen von Volk und Staat wahrzunehmen.

«Politik ist etwas Subjektives. Der Eid verpflichtet mich nicht, Dinge zu tun, die gegen meine Einstellung sind. Man muß jeweils einfach die Probleme durchdenken. Das gibt viel zu tun. Meine Leute lassen mir meine Freiheit, erwarten aber, daß ich nicht grad das Gegenteil von dem mache, was sie wollen. Das ist klar. Treuepflicht und so. Ich bekomme nämlich den Lohn hier, nicht im Parlament.»

Seine ständige Opposition sei also doch sozusagen vorprogrammiert?

«Unsere Parlamentarieraufgabe ist es, kritisch an die einseitigen Vorlagen des Bundesrates heranzugehen. Wir haben keine Opposition. Wenn ich ein reicher Mann wäre, würde ich einen Fonds für jene Leute anlegen, die das Referendum ergreifen wollen.»

War er, Otto Fischer, in vielen wichtiger Expertenkommissionen tätig?

«Ja, in sehr vielen. In Kommissionen vertrete ich die Vorstellungen des SGV. Ich war noch nie Präsident – mit Ausnahme der Finanzdelegation –, weil ich immer engagiert bin. In Kommissionen gehe ich mit einer bestimmten Vorstellung und nicht, um dort ein wenig zu philosophieren. Die Hauptrichtung eines Gesetzes wird in den Expertenkommissionen gemacht.»

Ob denn die Bundesverwaltung von Verbandsvertretern nicht ansprechbar sei?

«Wenn man vernünftige Ideen hat, ist die Verwaltung ansprechbar. Vor allem, wenn Sie politische Macht besitzen, das heißt, zu einem Referendum fähig sind. Sie ist aber sehr auf ihre Eigenständigkeit bedacht. Es gibt immer wieder Fälle, in denen Sie mit der Verwaltung nicht vorwärtskommen, in denen Sie mit dem Referendum drohen müssen. Sie finden alles, vom sturen bis zum vernünftigen Beamten. Wir als Nationalräte haben oft eine Höllenmühe, die Verwaltung zur Vernunft zu bringen.»

Sein eigener Volksvertreter: Felix Auer, Nationalrat des Kantons Basel-Landschaft, einst Journalist und jetzt «Mitarbeiter (Prokurist) im Stab Volkswirtschaft der Ciba-Geigy AG» sieht sich selbst nicht als «Volksvertreter». «Ich wurde von einer freisinnigen Minderheit gewählt und vertrete hier meine persönliche Auffassung. Wenn die Wähler finden, ich vertrete sie nicht richtig, dann sollen sie mich wegwählen. Ich entscheide aufgrund meines Wissens, meiner Meinung und meiner Zivilcourage und vertrete diese Haltung vor meinen Wählern.»

Ergeben sich aus dieser ausschließlichen Wählerverpflichtung nicht auch Probleme der Interessenvertretung?

«Wir haben hier im Bundeshaus gute und schlechte Nationalräte. Sind nun jene die guten, die keine Verwaltungsratsmandate besitzen, und die andern die schlechten? Je mehr Verwaltungsratsmandate einer hat, desto größer ist seine Unabhängigkeit. Wenn 25 in seinem Dossier liegen, macht ihm der Verlust eines Mandats, den er bei einer bestimmten Haltung im Rat erleiden kann, nichts aus. Besitzt er nur ein Mandat, dann ist er abhängiger.»

Gehören also Verwaltungsratsmandate auf alle Fälle zu einem Parlamentarier?

«Ein bekannter Basler Nationalrat vertritt als Anwalt den schweizerischen Tabakhandel. Auch andere Großfirmen werden hier von Anwälten vertreten. Ich gebe zu, daß in der Wirtschaft zurzeit die Tendenz besteht, Nationalräte in die Verwaltungsräte zu holen. Man sucht besseren Kontakt mit den Behörden.»

Ob das nicht das Parlament belaste und die Entscheide verfälsche?

«Das schwerste in Bern ist, sich selber treu zu bleiben. Es gibt unter den 246 aber doch noch Persönlichkeiten, die unabhängig denken.»

Also wiederum: das System funktioniert akzeptabel dank tugendhaften Menschen.

Der Landwirtschaft dienlich sein: Der Berner Ständerat Peter Gerber, zur Zeit dieses Gesprächs Präsident des Schweizerischen Bauernverbandes, versucht, seine Haltung im Rat mit den landwirtschaftlichen Bedürfnissen in seinem Kanton in Einklang zu bringen: «Ich helfe Lösungen erarbeiten, die der Landwirtschaft dienlich sind. Das Parlament ist darauf angewiesen, Leute mit dem nötigen Sachverstand in den eigenen Reihen zu haben, Leute, die die Zusammenhänge kennen. Ich helfe, einen vernünftigen Weg zu finden. Das kann mit einem Gewissenskonflikt verbunden sein. Jeder muß seine Probleme vernünftig in den Gesamtrahmen einbringen. Man wird vom gesunden Menschenverstand her gefordert. Wenn etwas unvernünftig ist, dann wird es vom Plenum korrigiert. Man sagt: ‹Mein Lieber, das kommt nicht in Frage, das geht zu weit.› Man muß sehen, was politisch tragbar ist.»
Auch hier ruht alles auf dem «Bon sens».

Mit den Interessen leben: Walter Biel, Zürcher Nationalrat des Landesrings der Unabhängigen, Parteipräsident und Direktor des Migros-Genossenschaftsbundes: Wird er tatsächlich in Ausstand treten, wenn ein die Migros stark interessierendes Gesetz zu beraten wäre?
«Eigentlich nein», sagt Biel. «Es kommt aber darauf an: Wenn ich im Vorverfahren als Experte beteiligt war, gehe ich im allgemeinen nicht in die Parlamentskommission. Ich diskutiere auch nicht im Plenum. In der Fraktion haben wir auch die Einsitznahme in die Verwaltungsräte der Bundesbetriebe SBB und PTT abgelehnt. Hie und da kann es einen auch ‹verjagen›, dann redet man doch.»
Ich renne mit diesen Fragen theoretischen Problemen nach, meint Biel, und ergänzt: «Ich habe die Absicht, bei heiklen Fällen zurückzuhalten. Ist es aber sinnvoll, solchen Purismus anzustreben? Die Gewaltentrennung, ja freilich, sie ist in manchen Details nicht durchgehalten. Aber wir leben doch alle in einem Spannungsverhältnis der Interessen.»

Die Wahlgesetze untersuchen: Der liberale Neuenburger Ständerat und Staatsrechtsprofessor Jean-François Aubert rechnet in der Gesetzgebung auf alle Fälle mit Beeinflussungen, möchte sie aber offenlegen. «Sichtbar machen! Verbandsvertreter im Parlament? Wenn die Wähler sie wählen... Sie wissen ja, was sie tun. Bei den Verwaltungsräten ist es etwas anderes. Hier weiß man es nicht.»

Wo bleibt da bei uns die Gewaltentrennung?

«Das ist angesichts der Wirtschaft ein reelles Problem. Es gibt hier sozusagen keine Gewaltentrennung zwischen Politik und Wirtschaft. Das zu sehen ist wichtig. Die Expertenkommissionen sind nicht frei von Lobby. Solange man das der Wirtschaft nicht verbietet, so macht sie es.»

Soll man es so belassen?

«Man hat eine Wechselwirkung. Fischer kommt nicht ohne Staat aus. Hier hineinzuleuchten ist Aufgabe der Medien. Es stellt sich aber tatsächlich die Frage der Quantität. Es wäre gut, die Wahlgesetze zu untersuchen. Damit man weiß, wen man wählt. Kämpfen Sie aber da nicht gegen Windmühlen?»

Unsichtbare Lobby am Werk: Der Luzerner CVP-Nationalrat und Mittelschullehrer Alfons Müller-Marzohl vertritt die Meinung, die starken Verknüpfungen gingen über die Beraterverträge. Damit kommen vor allem die Anwälte ins Gespräch.

«Wenn einer Berater eines Konzerns ist, braucht er gar nicht im Verwaltungsrat zu sitzen. Da sieht von außen nichts nach Loyalitätskonflikt aus. Es ist aber richtig, die Liste zu erstellen. Alles deutet darauf hin, daß eine unsichtbare Lobby hier am Werk ist.»

Dann ist es doch falsch, Vertretungen als normal und gegeben zu bezeichnen, wie man das immer tut.

«Es müßte tatsächlich eine andere Formel gefunden werden. Die Verknüpfungen über Expertenkommissionen usw. ergeben eine dermaßen totale Bindung des Gesetzgebungsverfahrens, daß es erstarren muß.»

Die parlamentarische Komödie Gerwig

In Bern weiß es jedermann und sagt es laut: Die Politik des Parlaments wird in den Wandelhallen gemacht. In den Wandelhallen als Kontaktstationen. Was geschieht dort konkret? Lobbyismus ist nichts Anrüchiges, sagen die Parlamentarier eines Systems, dessen sauberes Funktionieren auf Ehrenmännern ruht. Honny soit qui mal y pense.

Zwei parlamentarische Ereignisse deuten jedoch an, daß die Frage der Beeinflussung der Parlamentarier in unserer Demokratie eben doch ein heißes Problem darstellt: Die Behandlung des Falles Gerwig und der parlamentarischen Initiative Ziegler.

Am Mittwoch, dem 20. September 1978, behandelte der Nationalrat das Finanzpaket des Bundesrates, in welches die Sozialdemokraten neben der Mehrwertsteuer auch eine Bankensteuer aufnehmen wollten. In dieser Debatte ritt der Basler Anwalt und SPS-Politiker Andreas Gerwig eine feurige Attacke gegen «die Einmischungspolitik» der Großbanken. Es sei ihm unerklärlich (ich folge dem Stenographischen Bulletin), daß es in diesem Saal möglicherweise eine Mehrheit von Parlamentariern gebe, die – aus welchen Gründen auch immer – eine Besteuerung der Banken ablehne: «Warum dieser parlamentarische Eifer zum Schutz eines Wirtschaftszweiges, dem es sehr gut geht, der als einziger Zweig Rezession und Blüte der Wirtschaft gewinnbringend ausnützt?» Die Banken lehnten jede Abgabe ab und würden vom freisinnigen Finanzminister G.-A. Chevallaz auch noch unterstützt. Es liege ihm nicht daran, sagte Gerwig, ein Feindbild aufzubauen. Die Banken hätten aber schon aus staatsbürgerlicher Verpflichtung beweisen müssen, daß sie nicht nur ihre großen Vorrechte, sondern auch Pflichten hätten. Und dann leistete sich Gerwig eine Tirade, die ihm allerhand Ungemach bereiten sollte: «Ich sagte: kein Feindbild. Das liegt an den Banken selber, die ganz massiv die Parlamentarier unter Druck gesetzt haben. Das haben mir verschiedene bürgerliche Parlamentarier bestätigt. Alle sind bearbeitet worden, außer den Sozialdemokraten – denn da lohnte es sich nicht.»

Die nationalrätliche Parlamentsrunde goutierte diese Anspielung gar nicht. «Das Votum unseres Kollegen Gerwig war demagogisch und unsachlich», wurde im weiteren Verlauf der Finanzdebatte gesagt. Nur der Berner Fraktionskollege Heinz Bratschi trat dem Vorwurf, Gerwigs Behauptungen seien Popularitätshascherei, entgegen: «Natürlich waren und sind die Angaben, die unser Basler Freund Gerwig gemacht hat, populär», sagte Bratschi. «Aber wissen Sie, warum diese Ansprache so populär war? Ich will es Ihnen sagen: deshalb, weil die meisten Leute im Volk so denken.»

In der Nachmittagssitzung schritt der Baselbieter Freisinnige Felix Auer zum Gegenangriff und reichte eine Motion folgenden Inhalts ein: «In der heutigen Debatte des Nationalrats über das Finanzpaket erklärte Nationalrat Gerwig, die Parlamentarier, ausgenommen die Sozialdemokraten, seien im Hinblick auf die Beratungen von den Banken ‹ganz massiv unter Druck gesetzt› worden. Ich verlange eine Untersuchung dieser schwerwiegenden Vorwürfe.»

Die allgemein gehaltene Behauptung Gerwigs hatte im Parlament offensichtlich einen heiklen Punkt getroffen.

Der Nationalrat behandelte die Motion Auer in der Sitzung vom 3. Oktober 1979, also ein Jahr danach, wobei ihm eine ablehnende schriftliche Stellungnahme des Ratsbüros vorlag. Darin wurde dem Plenum empfohlen, die Motion abzulehnen: «Es geht hier um eine allgemeine, abstrakte Behauptung, von der noch auf keine widerrechtliche Einflußnahme zu schließen ist. Damit verliert der Vorwurf aber seine Kontur.» Es liege in der Natur der Sache, daß Parlamentarier von interessierter Seite, von Befürwortern wie von Gegnern einer Vorlage, Zuschriften, Eingaben, Informationen, Propagandamaterial oder Resolutionen erhielten. Die Wirkung solcher Einflußnahmen dürfe jedoch nicht überschätzt werden. Der Motionär hätte seine Beweisforderung nicht an das Büro, sondern an Nationalrat Gerwig richten sollen. Daher sei die Motion abzulehnen.

Felix Auer hingegen taxierte im Rat die Vorwürfe von Andreas Gerwig als gravierend. Sie gewännen an Gewicht, weil Gerwig als Insider zu gelten habe. Er sei Verwaltungsrat einer bedeutenden internationalen Bank (Internationale Genossenschaftsbank AG) und bis 1977 Vizepräsident einer ausländischen Bank in der Schweiz (der Tochter der israelischen Gewerkschaftsbank) gewesen. Er kenne sich aus. Das Ansehen des Parlaments wie die Rolle der Banken geböten es, solch gravierende Vorwürfe abzuklären. In welcher Form erfolgte der von Gerwig behauptete Druck, fragte der Motionär. Er selbst habe als Mitglied der Finanzkommission zum Finanzpaket 29 schriftliche Eingaben erhalten, «u. a. von Ingenieuren und Architekten, von der schweizerischen Juwelen- und Edelmetallbranche, von den selbst einkellernden Weinbauern, vom Verband schweizerischer Zollbeamten, von der Arbeitsgemeinschaft unverheirateter Frauen, von Bierbrauern, von der Bankiervereinigung, von den Finanzdirektoren, vom Anwaltsverband und gleich sechs Briefe von den Krankenkassen» (Zitat aus dem Stenographischen Bulletin). Außerdem hätten zwei Kaderleute einer Großbank an 14 ihnen persönlich bekannte Parlamentarier ungefähr gleichlautende persönliche Briefe geschrieben. Die Namen seien einzusehen. Es handle sich um eine Darlegung des Bankenstandpunktes und nicht um Druck. Er habe 34 Kollegen angefragt, keiner sei informiert oder gar «ganz massiv» unter Druck genommen worden.

Nationalrat Gerwig, nun aus der Angriffs- in die Verteidigungsposition gedrängt, berief sich auf Informationen von Kollegen, deren Namen er aus kollegialen Gründen nicht bekanntgeben könne. Er habe aber Verständnis für die Feststellung des Büros, Einflußnahmen lägen «in der Natur der Sache»: «Niemand hat je daran gezweifelt», erklärte Gerwig, «daß jeweils von außen her massiv Einfluß genommen wird. Niemand hat behauptet – zuallerletzt ich – daß solche Kontakte rechtswidrig wären. Sie sind eben leider allzu normal, häufig und nicht außergewöhnlich.» Dann zitierte Gerwig aus Protokollen des Verwaltungsrates der Schweizerischen Bankiervereinigung, die einen Versuch belegen sollten, in der Bankenpolitik auf Bundesrat, Nationalbank und Parlament starken Einfluß zu nehmen. In den Protokollen sei die Rede von «einem großen Kreis ausgewählter Parlamentarier, denen das Konzept und die Vereinbarung unterbreitet» werde, und von einer persönlichen Zusammenkunft «mit einigen interessierten Parlamentariern, die allenfalls in die Debatte eingreifen könnten». Die Rede sei auch davon, daß eine vorzeitige Publikation des erarbeiteten Konzepts nicht beabsichtigt werde, «weil sonst die guten Argumente, die wir Herrn Bundesrat Chevallaz und den uns wohlgesinnten Parlamentariern liefern, abgenutzt werden». Der Wandelhallenlobbyismus äußere sich nicht immer bloß in Briefen. Gerwig räumte aber ein, es sei etwas übertrieben gewesen, wenn er von «alle Parlamentarier» gesprochen habe.

Nach dieser Konfrontation der beiden Basler wurde in einer längeren Diskussion über den Lobbyismus gerechtet und darüber beraten, ob eine Untersuchung durchzuführen sei oder nicht. Dabei ergab sich vorherrschend die Meinung: Information und Beeinflussung seien üblich und erlaubt. Nicht erlaubt sei Unterdrucksetzen, denn «unter Druck setzen heißt, wir seien käuflich». Die Bankenlobby spiele nicht besser und nicht schlechter als die Gewerkschaftslobby, die Angestelltenlobby, die Krankenkassenlobby, die Industrielobby, die Weinbauernlobby oder die Bergbauernlobby, behauptete der Zürcher Freisinnige Hans Rüegg. Eine recht undifferenzierte Behauptung, wäre nach meiner Ansicht beizufügen, denn selbst der kleine Moritz weiß zwischen dem Gewicht von Industrie und Bergbauern zu unterscheiden. In Hearings hätten die Bankenvertreter erklärt, die Bankenbesteuerung bewirke den Abbau des Finanzplatzes Schweiz, sagte in der Debatte Helmut Hubacher. Eine solche Information komme einer generellen Unterdrucksetzung gleich, obwohl sie mit Käuflichkeit nichts zu tun habe. «Aber tun Sie nicht so jungfräulich», bemerkte Hubacher, «so ganz ohne Folgen bleiben solche Übungen natürlich nicht.» Und ein anderer Sozialdemokrat, Walter Renschler aus Zürich, beurteilte die Motion Auer realistisch: «Das Ergebnis einer Untersuchung kann nur sein, daß kein einziger Parlamentarier einem Druck der Banken ausgesetzt war. Dieses Resultat wiederum könnte das Schweizervolk nur mit einem Hohnlachen quittieren.» Dennoch: Der Rat überwies die Motion mit 103:17 Stimmen. Die Untersuchung war durchzuführen.

Renschler bekam recht. Am 4. Dezember 1979, als das Büro des Rates das Resultat veröffentlichte, stand in der Zeitung der Titel zu lesen: «Untersuchung ergab teilweise rege Tätigkeit der Banken wegen Bankensteuer, aber: Keine Rede von einem ‹massiven› Druck.»

Das Büro hatte die Untersuchung in eigener Regie durchgeführt, indem es den 200 Nationalräten Fragebogen unterbreitete. «Es ist erfreulich», heißt es in dem dem Plenum am 13. Dezember 1979 unterbreiteten Bericht zweideutig, «daß beinahe 80 Prozent der Ratsmitglieder mitgewirkt, und bedauerlich, daß zwanzig Prozent nicht geantwortet haben. Das Ausbleiben von vierzig Antworten ist als solches hinzunehmen.» Bloß 160 Nationalräte hatten sich also in die Untersuchung einbeziehen lassen. Davon waren anläßlich Gerwigs beanstandeter Rede vier noch nicht im Rat tätig gewesen, so daß 156 bei der Auswertung in Betracht fielen. Von ihnen gaben 45 an, in der strittigen Frage mit Bankenseite Kontakte erfahren zu haben: in 41 Fällen handelte es sich um die Zusendung von Zirkularen und Unterlagen, in fünf Fällen um persönliche Briefe (die Banken hatten 14 angegeben), in sechs Fällen um persönliche Treffen, in zehn Fällen um Teilnahme an einem gemeinschaftlichen Anlaß und in zwei Fällen um «andere Kontakte». In 39 Antworten der Umfrage wurde behauptet, die Banken hätten «objektive Sachorientierung» geliefert, während vier Ratsmitglieder den Eindruck hatten, «daß (auch) ein Beeinflussungsversuch vorgelegen habe oder daß die Orientierung nicht immer ganz objektiv gewesen sei». Von einem «gewissen Druck» sprachen drei Parlamentarier. Hingegen hatten drei Ratsmitglieder einen negativen Eindruck von einem Hearing der erweiterten Finanzkommission mit Bankenvertretern am 30. Mai 1978, als ein recht massiver Druck ausgeübt worden sei: «Auf massiven Bankendruck deute auch die Tatsache», habe eines der Ratsmitglieder ausgesagt, «daß es der Direktor der Steuerverwaltung im persönlichen Gespräch nach der Kommissionssitzung abgelehnt habe, einen bei ihm liegenden Gesetzesentwurf über eine Devisenumsatzsteuer den Kommissionsmitgliedern zur Verfügung zu stellen, ‹weil dies von den Banken nicht verstanden würde›.»

Die Untersuchung ließ auch die Bankenseite nochmals zu Wort kommen. Die Banken erachten es danach als ihr Recht und ihre Pflicht, zu wirtschafts- und bankenpolitischen Fragen Stellung zu nehmen. Das entspreche der Meinungsfreiheit in der Demokratie. Mitglieder der Generaldirektionen der Bankgesellschaft, des Bankvereins, der Kreditanstalt und der Volksbank träfen periodisch mit einer Anzahl von National- und Ständeräten zu Aussprachen über aktuelle Wirtschafts- und Finanzfragen zusammen. Das werde von beiden Seiten geschätzt. Solche Kontakte seien in unserem politischen System allgemein üblich. Die Bankiervereinigung stützt ihre Kontakte sogar auf die Bundesverfassung ab: «Als Wirtschaftsorganisation nach Artikel 32 der Verfassung unterhält die Vereinigung in Fragen der Bundesgesetzgebung vielfältige Parlamentarierkontakte», heißt es im Bericht.

Das Büro dankte am Schluß den «Kolleginnen und Kollegen, die auf die Rundfrage geantwortet haben, und vor allem auch den Direktionen der Großbanken sowie der Leitung der Bankiervereinigung für ihre bereitwillige und aufschlußreiche Mitwirkung».

Der Rat nahm zum Abschluß der kleinen Komödie vom Bericht Kenntnis und schrieb die Motion Auer ab. Die Ehre des Parlaments war gerettet und seine Integrität amtlich beglaubigt. Mehr noch: Nationalrat Gerwig gab in Sack und Asche zur allgemeinen Erleichterung die Erklärung ab, seine in freier Rede gemachte generalisierende Feststellung sei «sicher unrichtig» gewesen. Nachdem bestätigt worden sei, daß sich die Banken unter zahlreichen Titeln intensiv um die Parlamentarier gekümmert hätten, ziehe er seine damals in der Hitze des Gefechts geäußerte Behauptung zurück. Es gehöre wohl zum Menschen, das Richtige nicht immer auch im richtigen Zeitpunkt zu tun.

... und dennoch stimmt etwas nicht

Der Fall Gerwig war ein Hornberger Schießen, wurde nachher behauptet: Viel Lärm um nichts. Mir scheint, er müßte vielmehr als typisches Zwischenspiel in einer Phase des schlechten Parlamentariergewissens gesehen werden. Schon die Studienkommission «Zukunft des Parlaments» der eidgenössischen Räte, die unter dem Präsidium des Zürcher SVP-Nationalrates Erwin Akeret eine seriöse Untersuchung durchgeführt hatte, war auf das gleiche Thema gestoßen. In ihrem 200 Seiten umfassenden Bericht, der im Herbst 1978 veröffentlicht worden war, sprach sie von den Interessenbindungen zahlreicher Ratsmitglieder, die dem Ansehen des Parlaments schaden. Sie forderte die Offenlegung der Interessenbindungen in einem Register. Unter Bindungen verstand der Bericht nicht nur Verwaltungsratsmandate, sondern auch solche an Verbände, Arbeitnehmer- und Arbeitgebergruppen, Teilbereiche der Wirtschaft, verschiedenerlei Organisationen sowie Mitgliedschaften in Aufsichtsgremien öffentlicher Betriebe. Dieses Warnsignal, dem von andern Stellen weitere folgten, zeigt unmißverständlich, daß der in unseren Parlamentariergesprächen und im Fall Gerwig immer wieder als selbstverständlich hingestellte Parlamentslobbyismus kein reines Gewissen hinterläßt.

Das Problem war übrigens schon im Jahr 1975 vom Genfer Sozialdemokraten Jean Ziegler ins Gespräch gebracht worden. Ziegler regte damals in einer Einfachen Anfrage an, eine amtliche Liste zu führen und zu veröffentlichen, in welcher die Parlamentarier ihre Sitze in Verwaltungsräten, Direktionen oder Aufsichtsorganen von multinationalen Gesellschaften und Privatunternehmungen einzutragen hätten. Die öffentliche Meinung sei beunruhigt. Das Büro des Nationalrates wies Ziegler mit der Begründung ab, dazu gebe es keine Rechtsgrundlage und der Vorstoß sei zu einseitig. Im März 1977 doppelte aber Ziegler mit einer Parlamentarischen Initiative nach. Er regte an, den Artikel 77 der Bundesverfassung – «Die Mitglieder des Ständerates, des Bundesrates und von letzterem gewählte Beamte können nicht zugleich Mitglieder des Nationalrates sein» – wie folgt zu ergänzen:

«a) Niemand darf Nationalrat und gleichzeitig Verwaltungsrat einer Aktiengesellschaft mit über 10 Millionen Franken Aktienkapital oder über 500 Personen Belegschaft sein.

b) Ausgenommen sind Personen, die von einer Behörde oder vom Personal in den Verwaltungsrat einer Aktiengesellschaft delegiert werden.»

In der Frühjahrssession 1979 lehnte der 200köpfige Nationalrat die Einzelinitiative Ziegler mit 94:22 Stimmen ab – es wurde ihr vorgeworfen, sie sei zu schroff und zu plump. Der Rat beschloß, eine Kommission einzusetzen, die das Problem der Interessenbindung von Parlamentariern zu untersuchen und eine gesetzliche oder reglementarische Regelung vorzuschlagen habe. Es ist interessant, die Standpunkte in Erinnerung zu rufen, die an jenem 8. März 1979 vertreten worden sind.

Die Kommission des Nationalrates, die die Einzelinitiative Ziegler durchberaten hatte, stand unter dem Vorsitz des Zürcher Landesring-Nationalrates und damaligen Stadtpräsidenten Sigmund Widmer. Widmer rapportierte im Ratsplenum, eine Mehrheit seiner Kommission erkenne «in den Interessenbindungen der Volksvertreter ein ernstes Problem, das gründlicher Untersuchung bedarf». Daher wünsche sie, daß eine Ad-hoc-Arbeitsgruppe Vorschläge für eine gesetzliche und reglementarische Ordnung unterbreite. Hingegen sei die Initiative Ziegler abzulehnen. Eine erste Minderheit wolle indessen der Initiative Ziegler zustimmen, während eine zweite Minderheit diese Initiative nicht nur ablehnen, sondern auch keine Arbeitsgruppe einsetzen möchte. Wie bereits erwähnt, folgte der Rat der Mehrheit. Er bekräftigte damit den Willen, das Problem der Vertretung starker Wirtschafts- und Verbandsinteressen in den eidgenössischen Räten der Lösung um einen kleinen Schritt näherzubringen.

Wiederum hatte also eine Parlamentskammer zugegeben, daß die Art der Interessenvertretung durch Parlamentsmitglieder ein Stein des Anstoßes ist. Sie tat es aber widerwillig, denn wiederum hatte sich fast die Hälfte der Ratsmitglieder von der Abstimmung ferngehalten. Typisch war aber auch die Art und Weise überhaupt, in der die beiden parlamentarischen Intermezzi Gerwig und Ziegler über die Bühne gingen. Beide Vorstöße wurden zuerst als «ungerechtfertigt» oder «plump» abgestempelt. Parallel dazu war jedoch eine von beiden Räten eingesetzte, unter dem Vorsitz von Nationalrat Erwin Akeret stehende Expertenkommission (sie wurde bereits erwähnt) tätig, die auf genau dieselben Minuspunkte der Interessenverfilzung im Rat stieß und sie ihrerseits aufgriff. So geschah es, daß schließlich die Erkenntnisse der auf die Initiative Ziegler eingesetzten Ad-hoc-Arbeitsgruppe mit jenen der Subkommission zusammenliefen, welche die Vorschläge der Gruppe Akeret weiterverfolgte.

Die Kommissionstätigkeit ist also nicht nur in der Verwaltung, sondern auch im Parlamentsbetrieb enorm, hier indessen kaum zu umgehen. Zur Ausführung der Vorschläge der Kommission Akeret waren weitere Kommissionen nötig geworden. Die eine stand unter dem Vorsitz des Sozialdemokraten Helmut Hubacher. Sie setzte ihrerseits eine Subkommission unter der Leitung des Aargauer CVP-Nationalrats Leo Weber ein, die auch die Aufgaben der Ad-hoc-Gruppe weiterführen sollte, welche zur Bearbeitung der Initiative Ziegler eingesetzt worden war. Anfang Mai 1981 wurden die Vorschläge bekannt, welche diese beiden Gruppen zuhanden der Kommission Hubacher erarbeitet hatten. Sie fielen, wie zu erwarten war, maßvoll aus. Dennoch dokumentieren sie ein deutliches Eingeständnis der Schwachstellen in unserem Parlamentsbetrieb. Die Kommission Hubacher beantragte in der Folge dem Nationalrat, das Geschäftsverkehrsgesetz in folgender Weise zu ergänzen:

– Jedes Ratsmitglied hat beim Eintritt in den Rat und zu Beginn einer Legislaturperiode das Büro schriftlich zu unterrichten a) über seine berufliche Tätigkeit; b) die Tätigkeit in Führungs- und Aufsichtsgremien bedeutender Körperschaften, Anstalten und Stiftungen des privaten und des öffentlichen Rechts; c) dauernde Leitungs- und Beraterfunktionen für wichtige Interessengruppen; d) die Mitwirkung in Kommissionen und andern Organen des Bundes. Änderungen sind zu Beginn jedes Kalenderjahres nachzutragen. Das Berufsgeheimnis bleibt vorbehalten.

– Das Sekretariat der Bundesversammlung erstellt ein Register der Interessenbindungen, das von jedermann eingesehen werden kann.

– Das Büro jedes Rates wacht über die Einhaltung der Offenlegungspflichten. Es kann Ratsmitglieder auffordern, sich im Register eintragen zu lassen.

– Bei der Beschlußfassung treten Ratsmitglieder in den Ausstand, wenn sie persönliche Interessen vertreten, die von diesem Geschäft unmittelbar berührt werden. Die Bestimmung gilt nicht bei Beschlüssen über Voranschlag, Staatsrechnung und Gesetzgebung.

– Vom Bundesrat gewählte Personen dürfen parlamentarischen Kommissionen nicht angehören, die für Kontrollfunktionen im gleichen Bereich zuständig sind.

Subkommissionspräsident Leo Weber war mit seiner Arbeitsgruppe vor der Grundsatzfrage gestanden: Inkompatibilität ja oder nein? Inkompatibilität ist ein fast unaussprechbares Fachwort für Unvereinbarkeit. Markus Schuppisser umschreibt den Begriff wie folgt: «Wirtschaftliche Inkompatibilität heißt das Verbot der Kumulierung einer bestimmten öffentlich-rechtlichen Stellung mit einer bestimmten Funktion wirtschaftlicher Art.» Die Kommission hatte zuerst auf diese Frage eine Antwort zu geben.

Leo Weber sagte mir dazu: «Die Motion Ziegler, die solcherlei Inkompatibilität forderte, war vom Ratsplenum abgelehnt worden. Auch die Kommission wollte sie nicht.» Man sei der Meinung gewesen, Parlamente, und das schweizerische Milizparlament im besonderen, lebten davon, daß die Mitglieder Interessen vertreten. «Wir wissen», meinte Weber weiter, «daß Interessenvertreter im Parlament sitzen. Das ist nicht systemwidrig. In der Kommission fanden wir dann aber, grad gar nichts zu tun, wäre doch falsch.»

Mit Begeisterung scheint man also nicht an dieses Thema herangegangen zu sein. Ferner sagte mir Weber:

«Wir haben untersucht, wie ausländische Parlamente das Problem lösen. Sie kennen in der Regel irgendeine Form der Offenlegungspflicht. Diese Variante haben wir dann gewählt. Jeder soll sich in einem Register eintragen. Er soll aber nicht nur seine wirtschaftlichen Engagements angeben – nicht nur Verwaltungsratsmandate, sondern auch die Beteiligung an Gewerkschaften und Berufsverbänden. Anzugeben sind aber auch die Dauermandate von Anwälten.»

Die Eintragung wird für den Parlamentarier zur Pflicht, *was* er einträgt, bleibt Privatsache.

«Wir haben uns überlegt, was getan werden könnte, wenn einer eine wichtige Verpflichtung verheimlicht. Wir waren der Meinung, das moralische Gewicht genüge. Rechtsfolgen sind da nicht vorgesehen. Jeder muß sich selber darüber klarwerden, wo die Grenzen liegen. Wenn ein kritischer Fall bekannt werden sollte, dann wird einer fertig gemacht. Die Medien werden dafür sorgen.»

Die Frage nach der Wirksamkeit einer solchen freiwilligen Maßnahme bleibt offen. Der Ruf nach Inkompatibilität als Basis eines sauberen Parlaments wird nicht verstummen.

«Wir sind im Parlament zur Vertretung gewisser Interessen. Wo liegen da die Grenzen?» sagt Weber. «Wir fragten uns, was mit Parlamentariern zu tun sei, die den wesentlichen Teil ihres Einkommens aus Verwaltungsratstantiemen beziehen. Was soll man da ausschließen? Das ist einfach so. Ein Berufsparlament hat bei uns keine Chance. Das sind Verhältnisse, die, in Anführungszeichen gesagt, vielleicht nicht ganz sauber sind. Wir wollen sie jetzt transparenter machen. Am heikelsten liegen die Dinge bei den

Anwälten. Bei den Dauermandaten, von denen niemand weiß. Das Berufsgeheimnis hat Vorrang. Das sind natürlich Schwachstellen, aber das können Sie nicht ändern. Das Anwaltsgeheimnis ist im Strafgesetzbuch wie im Anwaltsgesetz fixiert...»

8. Kapitel

Wer regiert nun:
Das Volk oder die Interessengruppen?

Der Arbeitsstil der schweizerischen Demokratie hat zweifellos viel Sympathisches an sich. Die für eine Staatsorganisation optimale Größe des Landes ist daran schuld wie die zurückhaltende helvetische Art, mit der Politik umzugehen. Wer aber genauer hinsieht, der entdeckt doch manche Fehlentwicklung und vor allem ein immer offensichtlicheres Auseinanderklaffen der demokratischen Wirklichkeit mit der Demokratievorstellung. Schulterklopfen allein ist der Politik nicht zuträglich. Daher ist die Frage, wer die Schweiz regiere, nicht leicht zu beantworten. Die bisherigen Ausführungen haben indessen untermauert, daß die Behauptung, in unserer halbdirekten Demokratie regiere natürlich das Volk, in dieser absoluten Form nicht stimmt. Wenn das Volk wieder vorbehaltlos regieren soll, dann sind wichtige Verfälschungen an unserem politischen System zu reformieren.

Darauf wird in diesem Schlußkapitel das Augenmerk gerichtet. Nach einem letzten kritischen Blick auf das geltende System folgen, in sechs Themenbereiche gegliedert, Vorschläge zu seiner Korrektur. Der erste Abschnitt betrifft das Phänomen der Abwendung der Bürgerschaft von ihrer halbdirekten Demokratie. Diese Abwendung ist das wichtigste Symptom, das zu ernsthaften Reformen drängt, denn das herrschende Mißtrauen ist alarmierend. Der Demokratieverlust im Bereich der Gewaltenteilung, der unterlaufenen politischen Mitbestimmung sowie der mangelnden Öffentlichkeit der Meinungsbildungsverfahren ist das Thema des zweiten, die Virulenz der organisierten Interessen jenes des dritten Abschnitts. Hier wird eine rigorose Einschränkung der Interesseneinwirkung insbesondere im vorparlamentarischen Verfahren verlangt. Es ist die Rede von Leitplanken, die in diesem Sektor der Meinungsbildung dringend notwendig sind. Die Disziplinierung des Milizparlaments in bezug auf die Interessenvertretung betrifft den Themenkreis des vierten und die bessere Kenntlichmachung der Kandidaten in den Parlamentswahlen jenen des fünften Abschnitts. Am Schluß folgt die Kritik an der Schlüssel-

stelle unserer Interessen- und Verbändedemokratie: am fakultativen Referendum. Soll man es, um der Sauberkeit im Staat willen, abschaffen? Soll man es reformieren?
Erst wenn diese Positionen überdacht und aus demokratischer Sicht angepaßt worden sind, darf wieder behauptet werden, in der Schweiz regiere das Volk.

In der Literatur wird Politik als gesellschaftliches Handeln zur Lösung sozialer Konflikte bezeichnet. Dem Staat wird die Aufgabe zugedacht, diese Konflikte zu entscheiden. Dabei kommt es nicht bloß darauf an, tragbare Lösungen zu finden und durchzusetzen, sondern eine wichtige Rolle spielt auch, wie die Konfliktlösung vor sich geht. Ob die Entscheidungsvorgänge nach demokratischen Prinzipien verlaufen, ob sie der Idee und dem Geist der Verfassung entsprechen und ob es gelingt, die wichtigen Entscheide rechtzeitig zu fällen.

Das größte Glück der größten Zahl...

Wie ist, an solchen Kriterien gemessen, das schweizerische System zu beurteilen? Die Beantwortung der Frage führt zu einem Phänomen, auf das auch der Zürcher Professor Ulrich Klöti in dem bereits erwähnten Vortrag vor der Schweizerischen Gesellschaft für Zukunftsforschung hingewiesen hat: Während Umfragen oft ein zufriedenstellendes Bild zeigen und ausländische Urteile zuweilen schmeichelhaft klingen, ergibt ein Überblick über die jüngere politikwissenschaftliche Literatur in der Schweiz die dominierende Meinung, unser politisches System sei untauglich geworden, undemokratisch und leistungsunfähig. Man beklagt die wachsende Kluft zwischen dem Problemlösungsbedarf und der Problemlösungskapazität, vor allem aber den Funktionsverlust wesentlicher Elemente des Systems.

Es sind unterschiedliche Ausgangslagen, die zu solch verschiedenen Beurteilungen führen: hier der empirische und dort der theoretische Vergleich. Wer die schweizerischen Resultate der staatlichen Entscheidungsfindung an solchen anderer Staaten mißt (und dabei die besonders günstigen schweizerischen Größenverhältnisse nicht allzu hoch gewichtet), der muß bei uns zwar eklatante Verspätungen zugeben, er kommt aber insgesamt doch noch auf ein akzeptables Ergebnis. Als akzeptabel kann das Resultat vor allem unter Berücksichtigung des mildernden Umstandes gelten, der Staat sei immer Menschenwerk und ein fehlerloses Funktionieren überhaupt nicht zu erreichen. Wer jedoch jene Vorstellungen von Demokratie und Staat, die in der Bundesverfassung niedergeschrieben sind, mit der praktischen Wirklichkeit vergleicht und auch die Entscheidungswege unter die Lupe nimmt, der kommt zu einer wesentlich kritischeren Beurteilung des schweizerischen Systems. Eine Beurteilung, die auch diesem Buch zugrunde liegt. Solche Theorie ist nicht weltfern, sondern Signal für langfristige Verbesserungen und Reformen. Hier wird dann sichtbar, daß unser Staat für die Menschen Gottfried Kellers und Alfred Eschers erdacht wurde, während jetzt die Menschen Friedrich Dürrenmatts und Fritz Schmiedheinis diese Institutionen auslegen und überdies deformieren. Das fällt ins Gewicht.

Die in der Schweiz vollzogene Veränderung der halbdirekten Demokratie ist unter dem Druck neuer Lebensverhältnisse laufend und anpassend erfolgt. Der Schweizer ist kein Planungstyp, sagte Bundesrat Chevallaz in einer Rede. Als gutversicherter und wohlhabender Zeitgenosse ändert er im Staat nur dann etwas, wenn es nicht mehr anders geht. So ist denn in den letzten fünfzig Jahren auf pragmatischer Spur über die Führung des Proporzes und die verfassungsmäßige Berücksichtigung der Verbände (statt der Parteien) eine in doppeltem Sinn halbdirekte Demokratie herangewachsen. Halbdirekt durch die bei der Schaffung des Systems eingeplante Mitwirkung des Volkes. Halbdirekt nun aber auch durch die bevorzugten Mitwirkungsrechte der Verbände und Interessengruppen. Daraus ist mit dem Vernehmlassungsverfahren die Technik der direkten Einflußnahme eines speziellen Volksteils auf die Entscheidungen des Bundesrates entstanden, aber auch das stillschweigende Einverständnis für den offenen und versteckten Lobyismus bei allen Aktivitäten des Staates. Diese bereits eingebürgerte zweite «halbdirekte» Einflußlinie wirkt sich verfälschend auf die erste aus. Die Initiative und vor allem das Referendum sind nicht mehr nur Rechte von Bürgergruppen, die sich von Fall zu Fall um politische Probleme gruppieren, sondern Instrumente von permanent tätigen, Gesellschaftsinteressen wahrnehmenden Verbänden. Nicht mehr Ideologienstreit (Parteien), Interessenstreit (Verbände) dominiert das Geschehen. Daher sind die Parteien im Gespräch über unser Thema, trotz ihrer politisch zentralen Funktion, zweitrangig geworden. Sie haben in der neumodischen Interpretation der «halbdirekten» Demokratie nur noch die Funktion der «Leitern zur Macht» und der Verstärker inne – die bürgerlichen spielen den Part der Wirtschaftsverbände, die sozialistischen jenen der Gewerkschaften. Variationen des Themas bestätigen bloß die Partitur.

Diese schweizerische Art, durch pragmatische Angleichung des Staatssystems auf das Zeitalter des Pluralismus zu reagieren, kommt bei näherem Hinsehen einer Abwertung der Demokratie gleich. Zwar ist es richtig, wenn die in der pluralistischen Gesellschaft lebendigen Meinungen und Interessensströme gehört werden. Doch stellt sich die wichtige Frage, auf welche Weise «das größte Glück der größten Zahl», wie Reinhold Zippelius es nennt, zu erreichen sei. Offensichtlich meinen viele, in der offenen Gesellschaft sei dieses größte Glück in der Konkurrenz der organisierten Interessen zu erreichen. Zippelius sagt dazu: «Im Nebeneinander und Gegeneinander der Interessen- und Meinungsgruppen (...) liegt eine nicht zu unterschätzende Machtkontrolle und damit eine wichtige Sicherung der Freiheit.» Dieses Grundprinzip des Pluralismus kann aber nur bei gesundem Konkurrenzdenken funktionieren. Manche Staatstheoretiker übersehen denn auch die Gefahren dieser Formel nicht. Die Mitsprache möglichst vieler Gruppen im Staat und das ständige Schielen auf Kompromisse birgt zum Beispiel jene Gefahren, die auch Zippelius anerkennt: «... daß einzelne Mächte versuchen, den Staat unter Ausnützung seiner Toleranzen unter ihre Gewalt zu bringen, sei es ganz oder nur für bestimmte Entscheidungen.»

Die Gefahr des «Staatsstreiches», die in diesem System lauern soll, können wir für unsere Verhältnisse ausklammern. Auch ist es fraglich, ob der «Machtbalance» als positivem Effekt des Systems ein solch hoher Wert zuzumessen sei. Im Land des «Friedensabkommens», also der Bewältigung von Sozialkonflikten mit dem Mittel des Vertrags, wirkt Machtkonkurrenz nicht akut, sondern bestenfalls prophylaktisch. Während aber in parlamentarischen Demokratien wie der Bundesrepublik Deutschland sich neben den Bundestagswahlen nur die (kanalisierte) Lobby im Parlament anbietet, stehen den Interessenträgern in der «doppelt halbdirekten Demokratie schweizerischer Ausprägung» sämtliche Türen offen. Mehr noch: Auf dem ganzen langen Weg der Gesetzgebung halten die verbandspolitischen Kraftprotzen den Hammer des Referendums drohend hinter dem Rücken bereit. Besonders an diesem Punkt unterscheidet sich die helvetische politische Praxis. In andern Staaten mag der Lobbyismus zwar eher noch aggressiver als hierzulande sein, doch ist er sichtbarer und hat es mit Entscheidungsträgern zu tun, die infolge der Regierungsparteienwechsel unstabil bleiben. Wenn die «Administration» von Reagan jene von Carter ablöst oder jene von Wilson zu Thatcher wechselt, dann wechseln auch die meisten Lobbyansätze. In der Schweiz sind auch in dieser Hinsicht die Verhältnisse «stabiler». Weniger stabil ist hingegen der Hintergrund dieser Aktivitäten: Lobby wird im Volk nicht gern gesehen. Das Gefühl, daß es das trotzdem gibt, ist dem Image des Staates schädlich. So steht denn immer wieder die Frage im Raum, wer in der Schweiz eigentlich regiere.

Nach diesen letzten Hinweisen auf theoretische Einwände, die gegen die Veränderungen in unserer Demokratie vorzubringen sind, sollen nachstehend und abschließend die wichtigsten Probleme in sechs Gruppen zusammengefaßt und gewichtet werden. Auch sei versucht, Thesen zu formulieren und an den wichtigsten Punkten Änderungsvorschläge zu nennen.

Die Abwendung der Bürgerschaft in der halbdirekten Demokratie als Zeichen für die Fehlentwicklung des Koalitionssystems

These 1: Nur eine Korrektur des umfunktionierten Systems der halbdirekten Demokratie kann ein neues Klima und die Stimmbürger wieder an die Urne bringen. – Während die Beteiligung der Bürgerschaft am Staatsgeschehen unablässig sinkt, nimmt der Einfluß der organisierten Interessen auf allen Stufen der staatlichen Willensbildung zu. Eine schleichende Systemveränderung ist im Gang. Der Interessenfilter des Volkes funktioniert nicht mehr, wenn ein Drittel des Souveräns über einseitig beeinflußte Vorschläge im Staat entscheidet. «Falsche» Gesetze sind die Folge.

Wer unsere Innenpolitik genau verfolgt, der kann nicht glauben, daß die stete Abwendung der Bürgerschaft von den Urnen und das allgemeine Desinteresse gegenüber der Innenpolitik ausschließlich die Folge eines in der Wirtschaftskonjunktur und im Wohlstand sattgewordenen Volkes sei. Analysen lassen vielmehr auf sowohl definierbare emotionale wie auf sachbezogene Motive schließen.

Manche Beobachter glauben, es seien die Fehlleistungen des Staatssystems, welche die Stimmbürger belasteten. Tatsächlich erfolgen wichtige Entscheide mühsam und schleppend, die Kartellgesetzrevision zum Beispiel, aber auch die Raumplanung, die Beratung des Umweltschutzgesetzes, die Revision der «Lex Furgler». Andere Kritiker legen Gewicht auf die Tatsache, daß große Minderheiten laufend unberücksichtigt bleiben, etwa in der Energie- und in der Überfremdungspolitik. Viele endlich stoßen sich daran, daß die Entscheide im Staat immer in die gleiche wirtschaftsopportunistische Richtung fallen. All das läßt zweifellos immer wieder ein Unbehagen zurück.

Ich glaube hingegen nicht, daß zum Beispiel die fehlende Effizienz ein entscheidendes Motiv eines helvetischen Malaises darstellt. Es sind vielmehr die einseitig beherrschten Entscheidungswege, die ein untergründiges Mißtrauen wecken. Die traditionellen

100 000 Neinsager bekommen immer mehr Zuwachs von politischen Aussteigern. Bereits ist eine absolute Mehrheit dieser «Fraktion» entstanden. Meines Erachtens kommt es nicht von ungefähr, daß in den letzten Jahren junge Politologen und Soziologen Gründen der politischen Abstinenz auf der Spur sind, über die man in der Schweiz nicht so gern spricht. Hanspeter Kriesis Darstellungen der manipulierten Entscheidungsmechanismen zum Beispiel und der kleinen maßgeblichen Eliten im Staat bestätigen einige Malaisevermutungen doch recht eindrücklich. Auch die Untersuchungsberichte der ORL-Politologen, die besonders penetrante Kollaborationen des Staates mit Verbänden im Außenhandelsbereich (Hans Vogel) oder in den wichtigen Phasen der Verordnungsgesetzgebung (Charbel Ackermann) ausleuchten, tragen wesentlich dazu bei, die Gründe des Malaises bloßzulegen. Ulrich Klöti spricht in diesem Zusammenhang von der Legitimität, einem Begriff, unter dem das Maß der Anerkennung der bestehenden Herrschaftsordnung durch die Bürgerschaft zu verstehen ist. Legitimität als die Überzeugung, daß die geltenden Institutionen und Verfahrensregeln für die Gesellschaft und den Staat die bestmöglichen sind. Dazu gehöre «auch eine affektive und rationale Zustimmung der Bürger» zu den Verläufen und Entscheidungen eines politischen Systems. Diese Bereitschaft, der Arbeitsweise des Staates zuzustimmen, fehlt nun offensichtlich mehr und mehr. Wenn sich aber die Abwendung zur Resignations- und Protestbewegung verdichtet, dann stellt sich das System selbst zur Diskussion.

Der zunehmende Demokratieverlust in der langsamen Veränderung zum Ständestaat wird offensichtlich

These 2: Bei den durch Verfassungsrevisionen und die Gesetzgebung bewirkten Änderungen im Staat sind mehr als bisher die wichtigen Demokratiegrundwerte Gewaltenteilung, Öffentlichkeit der Willensbildung, Persönlichkeitsschutz und Meinungsäußerungsfreiheit als Maßstab zu nehmen. – Die pragmatische Veränderung des Staatssystems hat Demokratieverluste zur Folge. Grund- und Freiheitsrechte sind nur gegen Übergriffe des Staates geschützt, während ihr Maß immer mehr von Wirtschaft und Gesellschaft bestimmt wird. In der Willensbildung ist eine Verlagerung des Gewaltengewichts von der Legislative auf die Liaison Exekutive–Verwaltung–Interessengruppen im Gang. Die Folge ist ein starker Öffentlichkeitsverlust des politischen Geschehens (wichtige Gesetzgebungsverläufe bleiben verborgen) und eine Unterdrückung der Meinungsäußerungsfreiheit.

Unser Staatssystem gilt weltweit noch als Gütebegriff der Demokratie. An diesem guten Ruf sind heute Abstriche vorzunehmen. Zwar stimmt es, daß die schweizerische Demokratie im vergangenen Jahrzehnt menschenrechtliche Mängel ausgebügelt hat: die politische Gleichberechtigung der Frau wurde weitgehend hergestellt und die Diskriminierung der Katholiken durch das Kloster- und Jesuitenverbot aufgehoben. Andererseits hat aber die Entwicklung zum pluralistischen Staat jene Rechte relativiert, die bisher als Stärke des schweizerischen Systems gegolten haben: jene der politischen Mitbestimmung im Staat. Unsere Verständigungsdemokratie degeneriert langsam zur Elitedemokratie eines beschränkten Interessenkreises. Die Folge ist, daß innerhalb der Konkordanzgruppen das große Schulterklopfen herrscht, während außerhalb nicht nur immer die gleichen Minderheiten unberücksichtigt bleiben, sondern in diesen «Subsystemen» auch die gleichen Betroffenen. Diese Minderheiten haben sich der Meinung der fixen Mehrheit permanent zu fügen.

Wie bereits gesagt, geht es aber weniger um die Frage nach der Gerechtigkeit als um jene nach der demokratischen Qualität, in der die Strukturen verändert werden. Die Anwendung der Interessenpolitik als einem legalen Verfahren ist nicht nur zu beklagen, weil sie die Entscheidungsfähigkeit hemmt, sondern auch deshalb, weil sie das Gewaltenteilungsprinzip überspielt. Die Verflechtung der Eliten als Folge dieser Handlungsweise ist undemokratisch. Sie ist ein Sündenfall gegenüber dem Prinzip der Öffentlichkeit des politischen Geschehens. Daß dieser demokratische Wert freilich schon immer unterentwickelt war, zeigt sich zum Beispiel im Mißtrauen gegenüber den Medien. Es lohnt sich, diesen Punkt noch kurz zu illustrieren. Im Jahre 1974 strengte der amerikanische Kongreß als Folge der durch die Presse entlarvten Vertuschungsversuche der Regierung nach dem Einbruch in die Wahlbüros der Demokratischen Partei im «Watergate»-Gebäude in Washington ein Impeachment-Verfahren gegen Richard Nixon an, das zum Rücktritt des Präsidenten führte. Man konnte damals von der wirksamen Überwachung der herrschenden Administration durch die Öffentlichkeit in den USA und von der Wächterfunktion einer mit Informationsrecht ausgestatteten Presse beeindruckt sein. Beeindruckt aber auch von einer gesellschaftspolitisch unabhängig gebliebenen Justiz in einem Staat, dessen Gewaltenteilungssystem mit Medienhilfe so funktioniert, wie es sich in einer Demokratie gehört. In der Schweiz jedoch hielt sich das Staunen in Grenzen. Obrigkeitsfürchtig meinten viele, mit einem Staatspräsidenten dürfe man nicht so verfahren. Das hätte unterdrückt werden müssen, weil es die Staatsgewalt untergrabe. Die Presse habe sich in Dinge eingemischt, die sie nichts angingen.

Diese Betrachtungsweise ist hierzulande noch sehr verbreitet. Der «Staat» wird zwar streng in Schranken gehalten, doch schirmen ihn die Elite und ihr Gefolge sofort ab, wenn die Stabilität des Systems auf dem Spiele steht. Hier erscheint der Staat als effizienter Vertreter der starken Gesellschaftsgruppen. Und mancher Bürger stellt sich die Frage: Ist das noch die Eid-Genossenschaft meines Geschichtsbilds – oder wessen Demokratie ist das?

Die pragmatische Veränderung der staatlichen Strukturen führt uns schließlich auch noch zum Stichwort «Drittwirkung». Im Blick auf die Durchsetzung der Meinungsfreiheit schreibt Peter Gilg: «Wieviel gerechter und demokratischer sähe eine Schweiz aus, in welcher der vorgeschlagene Artikel 25 der neuen Verfassung Wirklichkeit wäre und von Gerichten in einfacher und billiger Prozedur durchgesetzt werden könnte! Der Artikel lautet einfach: ‹Gesetzgebung und Rechtsprechung sorgen dafür, daß die Grundrechte sinngemäß auch unter Privaten wirksam werden.›»

Wenn in der pluralistisch weiterentwickelten Demokratie von heute die politische Einflußnahme so stark durch gesellschaftliche Macht- und Interessenorganisationen wahrgenommen wird, dann muß man dafür sorgen, daß die Bürgerrechte auch im Gesellschaftsbereich geschützt sind. Als Macht in der Demokratie erscheint heute nicht mehr bloß der Staat, sondern vor allem die organisierten und die privaten Interessen sind hautnah wirksam. Sie müßten sich daher als in der Meinungsbildung akzeptierte «Gewalten» einem verfassungsmäßig garantierten Bürgerrechtsschutz unterziehen. Darauf geht der Bayreuther Professor Peter Häberle in den Schlußthesen der Abhandlung «Verbände als Gegenstand demokratischer Verfassungslehre» ein. Eine demokratische Verfassung habe «sowohl von einer im weiteren Sinne verstandenen – ‹gesellschaftlichen› – Gewaltenteilungsidee her (Machtbalance im nichtstaatlichen Bereich) als auch von der grundrechtlichen Freiheit des Bürgers aus Vorkehren» zu treffen. Je größer die Mächtigkeit der Verbände im gesellschaftlichen Bereich sei, «je mehr ihre öffentliche Bedeutung wächst, desto mehr bedarf es ihrer rechtlichen – notfalls richterlichen – Einbindung: von der grundrechtlichen und demokratischen Seite her».

Wie immer das geschehen mag: das Problem ist gestellt. Im «Friedensabkommen» war schon sehr früh ein «Pilotversuch» einer «Verfassung als Vertrag», also eines freiwilligen Weges, auf einem Teilbereich recht erfolgreich aufgezeigt worden. Die Eskalation der Verbände in der Demokratie stellte inzwischen das Problem neu. Die Verbandsinteressenvertretung hat sich eine Machtbasis erschlichen, die langsam zum «Ständestaat» führt. Es ist an der Zeit, sie im Interesse der demokratischen Werte in Schranken zu weisen.

Die allgegenwärtige Aktivität der organisierten Interessen ruft nach neuen Regeln

These 3: Bundesrat und Verwaltung sollen sich ihr Know-how nicht mehr von den Direktinteressierten, sondern von unabhängigen Sachverständigen beschaffen, mit denen und der Verwaltung zusammen auch die Expertenkommissionen zu bilden sind. – Die Einwirkung der Interessenverbände auf die Expertenkommissionen beginnt unappetitlich zu werden. Dieser Beeinflussung sind Schranken zu setzen; sie muß auf das Vernehmlassungsverfahren beschränkt bleiben. Mit Sachkenntnis getarnte politische Experten haben in den vorparlamentarischen Kommissionen nichts zu suchen.

Organisierte Interessen sind Teil der pluralistischen Demokratie, doch wirken sie nicht «demokratisch», sondern «ambivalent». Wir haben es erlebt, daß Verbände wie der Schweizerische Arbeitgeber-Verband und der Schweizerische Metall- und Uhrenarbeitnehmer-Verband durch ihre Vertragspolitik eine perfekte Konfliktregelung im Sozialbereich zustandebrachten. Auch ist nicht zu übersehen, daß Gewerkschaften sowie Wirtschafts-, Verkehrs- oder Kulturverbände eine gewisse Struktur ins helvetische Meinungsbild legen. Die Summe dieser Meinungen ist aber noch nicht die Meinung «des Volkes», von der in der Demokratie gesprochen wird. Sie ist es auch dann nicht, wenn sie unter dem Trommelfeuer der Propaganda zuweilen den Segen des 35-Prozent-Souveräns erhält. Dieses Ausspielen der Machtpotentiale in Einflußnahme und Propaganda durch Gewerkschafts- und Verbändeaktivität negiert das Prinzip der staatlichen und gesellschaftlichen Gewaltenteilung. Die sogenannte Machtbalance ist in der Schweiz als Folge der politischen Praxis gestört.

Es kann nicht die Meinung haben, einen unrealistischen antiseptischen Staat anzustreben, doch ist bei staatlichen Entscheiden der Verbandseinfluß in eine Balance mit jenem der Bürgerschaft zu bringen. Dabei geht es darum, den Staat nicht länger bedingungslos der Virulenz der organisierten Interessen auszusetzen. Vor allem ist eine Korrektur jener Denkweise bei unseren Politikern nötig, Interessenvertretung sei selbst in massiver Form legal und praktikabel. Legal sollte Interessenvertretung nur in einzelnen wenigen vom System gestatteten Abschnitten der Willensbildung sein. In einer solchermaßen fair geordneten Pluralismus-Demokratie fände in besonderen Fällen sogar eine gewisse Kooperation der Gewalten Platz. Sie müßte aber demokratischer als die seit Jahrzehnten in unserer Außenwirtschaftspolitik praktizierte sein. Hans Vogel hat jenes enge Zusammenwirken zwischen Bund und Privatwirtschaft dargestellt. Die schweizerische Entscheidungsform im Bereich der Außenwirtschaftspolitik kommt zwar modernem Management entgegen, findet jedoch weitgehend unter Ausklammerung der Öffentlichkeit statt und ist daher ganz und gar nicht demokratisch.

Ein besonders beachtenswertes Kapitel der staatlichen Willensbildungsprozesse ist die Arbeit der Kommissionen. Theoretiker wie Praktiker sind sich einig, daß der erfolgreichste Einfluß der Lobby über die Tätigkeit der vor- und nachparlamentarischen Kommissionen geschieht. Peter Gilg meint, das vorparlamentarische Verfahren sei an sich noch kein Sündenfall. Es sei aber dann fragwürdig, wenn es in den Mechanismus der Macht eingespannt werde, wobei sich ein sehr ungleicher Einfluß der Gruppen ergebe. Mir scheint in diesem frühen Zeitpunkt der Willensbildung Einflußnahme überhaupt äußerst fragwürdig zu sein. In diesem Stadium der Gesetzgebung sollten die Stimmen der Interessenträger auf die öffentliche Diskussion des politischen Tagesbetriebes und auf die Medien verwiesen werden. Es genügt vollkommen, wenn sich die offiziell geduldete Einflußnahme im Stadium der Vernehmlassungsverfahren kundtut. Damit würde dieses Verfahren aufgewertet und auch von den schwächeren Teilnehmern ernst genommen werden.

Und nun zur Frage der Experten. Wer sind sie? Das schrankenlose vorparlamentarische Kommissionenwesen wird mit dem Bedürfnis von Bundesrat und Verwaltung nach Fachwissen begründet. Weil die Politiker glauben, Know-how sei nur von Interessenträgern zu bekommen, sind wir in eine Herrschaft von politischen «Spezialisten» hineingeschlittert. Das Expertenwissen der Interessenträger ist aber einseitig. In den fünfziger Jahren zum Beispiel bestätigte eine «Experten»-Kommission die Zusammenbruchsthese der Emserwerke im Bündnerland. Jene Werke florierten indessen während Jahrzehnten, obwohl das Volk in der Abstimmung die empfohlenen Bundessubventionen verweigert hatte. Warum werden eigentlich, wenn die Spezialisten der Verwaltung Wissenslücken offenlassen, diese Expertenaufträge nicht an die Universitäten vergeben, wo die nötigen Infrastrukturen vorhanden sind? Oder als Aufträge an private Firmen oder Büros? Es kommt nicht selten vor, daß der Bundesrat die Vorschläge, obwohl sie offensichtliche interessenpolitische Empfehlungen sind, übernimmt und damit das frühe Lobbying honoriert. Bei der heutigen Sachlage sind – wenn überhaupt – nur noch Expertenberichte mit Alternativvarianten tragbar, wie sie von der GEK formuliert wurden. Sie zwingen die Regierung, selber politisch aktiv zu werden und nicht alles den Experten zu überlassen. Politische Kommissionen sind politische Krücken für den Bundesrat. Und Krücken braucht nur ein Invalider.

Endlich ist noch die Geheimnistuerei in diesem Bereich zu verurteilen. Heute gelingt es einem Journalisten nur mit Vitamin B (Beziehungen) oder W (journalistisches Wohlverhalten) unter beträchtlichen Risiken etwas über die Tätigkeit politisch interessanter Kommissionen in Erfahrung zu bringen. Selbst die Bundeshausjournalisten, die an der «Quelle» leben, haben sich über die Geheimnistuerei beklagt. Und Hanspeter Kriesis Umfrage wurde nicht nur vom Vorort, sondern auch von den Staatsschreibern der Kantone blockiert.

Die Tauglichkeit der eidgenössischen Räte mit tiefgreifenden Reformen verbessern

These 4: Angesichts der Interesseneinflüsse im vorparlamentarischen Verfahren ist besonderes Gewicht auf die Lobbyunabhängigkeit von Exekutive und Legislative zu legen. – Dem Bundesrat kommt heute im Staat ein maßgebendes Entscheidungsgewicht zu. Nachdem aber seine Kollegialbeschlüsse in der Politik der Regierungskoalition wurzeln, ist an einem besonders wichtigen Punkt vor allem bloß das System garantiert. Im Parlament verhindert die dominierende Meinung, daß Interessenvertretung selbstverständlich sei, deren Abschwächung oder Ausschaltung. Daher hat die berechtigte Forderung nach Inkompatibilität, das heißt nach Unvereinbarkeit eines Parlamentariers mit einem Interessenmandat, nur wenig Chancen. Um so dringender ist es, schon bei den National- und Ständeratswahlen die Interessenbindungen der Kandidaten in Listen offenzulegen.

Die Ausformulierung der Verfassungs- und Gesetzesvorschläge am Schluß der langen vorparlamentarischen Willensbildung wird vom Bundesrat besorgt. Bei ihm münden die Ergebnisse der Arbeit der Expertenkommissionen ein, er hat sie zu bewerten. Bevor der Bundesrat seinen Vorschlag in einer Botschaft den eidgenössischen Räten unterbreitet, befragt er aber über das Vernehmlassungsverfahren noch einmal die wichtigsten Interessenträger. Hier werden dann die letzten Konsensüberlegungen gemacht und die Referendumsdrohungen einkalkuliert, die auf den Tischen des Bundeshauses liegen. Diese Einwände und versteckten «Hinweise» erhalten auch deshalb eine große Chance, weil sie nicht selten aus dem eigenen Lager der Zauberformel-Regierung stammen. Bekanntlich verfügen die Anhänger dieser Formel auch in den beiden Kammern des Parlaments über eine erdrückende Mehrheit. Da wird der Löwenanteil des Bundesrates an den Mängeln des Systems offensichtlich.

Wie nimmt das Parlament, das ich trotz eines gewissen Konflikts zwischen den Artikeln 71, 85 und 95 der Verfassung als höchste Behördengewalt in unserem Staat bezeichnen möchte, seine Funktion als «gerechter» Filter der Interessenrückstände in den Botschaften von Verwaltung und Bundesrat wahr? In der politischen Diskussion wird immer wieder festgestellt, sein Beitrag bei der Ausarbeitung von Gesetzesvorlagen sei zu bescheiden. Vor allem vernachlässige es die parlamentarische Oberaufsicht. Die Schuld für die unbefriedigende Tätigkeit unserer Volksvertretung liegt aber nicht nur im Milizstatus der Parlamentarier begründet, sondern zu einem wesentlichen Teil in den Tatbeständen, die wir vorstehend beschrieben haben. In der parlamentarischen Interessenverquickung und – ich wiederhole das bewußt – in der provokanten Selbstverständlichkeit, mit der sie akzeptiert wird. Nur tiefgreifende Reformen können das ändern. Die Vorschläge der Kommission «Zukunft des Parlaments» reichen nicht aus.

Bei der Beurteilung der Tätigkeit unserer Volksvertretung ist davon auszugehen, daß ein Parlament ebensowenig moralisch «antiseptisch» sein kann, wie es die Gesellschaft ist. Hingegen tritt hier nochmals das Gewaltenteilungsprinzip in Erscheinung, Gewaltenteilung diesmal zwischen Staat und Gesellschaftsgruppen. Die Verfilzung ist deshalb zum Problem geworden, weil der Sinn für die Konkurrenz der Gewalten und für das Schickliche in der

Politik verlorengegangen ist. Unsere Politiker reden sich mit dem Hinweis auf ihre «Vernunft» und ihre «Tugendhaftigkeit» heraus. Hier stoßen aber die Argumente aufeinander: Wenn das Parlament in seiner Gesamtheit nicht «antiseptisch» sein kann, wie Politiker behaupten, wie können es dann die einzelnen Parlamentarier sein? Wie sollen sie dann die Tugendbolde sein, die das System braucht? Die Suggestivfrage ist keine böswillige Unterstellung, sondern sie rechnet mit der menschlichen Realität. Der leider verstorbene freisinnige St. Galler Nationalrat Ruedi Schatz sagte einmal in Anwesenheit eines Ostschweizer Journalisten, er habe Goldvreneli zurückgegeben, die ihm von Bankenseite zugestellt worden seien. Es scheine ihm möglich, daß solches auch anderen Parlamentariern passiere.

Das hätte man eigentlich bei der Erledigung des Falles Gerwig auch berücksichtigen müssen.

Bei einer Revision des Parlamentsbetriebes steht die Frage nach der Inkompatibilität im Vordergrund. Die Kommissionen, welche diesen Betrieb untersuchten, hatten es abgelehnt, ihre gesetzliche Verankerung zu fordern. Man will das weiterhin der Ehrenhaftigkeit der Volksvertreter überlassen. Hier drängt sich die Suggestivfrage auf, ob es klug sei, die Ehrenhaftigkeit der Parlamentarier auf eine solch harte Probe zu stellen? Vorwiegend die Kategorie der Karrierepolitiker sei gefährdet, sagt Schuppisser. Seinen Forderungskatalog zur Revision der Parlamentsarbeit möchte ich auf sechs Punkte erweitern. Wenn damit dem Milizstatus unserer Parlamentarier, an dem festzuhalten ist, materiell zuviel zugemutet werden sollte, dann sind eben die Taggelder zu erhöhen. Die sechs Forderungspunkte lauten:

1. Unvereinbarkeit zwischen einem Parlamentsmandat und der Funktion als Verwaltungsrat in einem staatlichen oder halbstaatlichen Unternehmen.

2. Unvereinbarkeit zwischen Parlamentsmandat und einer vollamtlichen Verbandsfunktion.

3. Offenlegung der Interessenverbindungen der Parlamentarier in einem offiziellen Register des Parlamentssekretariats.

4. Unvereinbarkeit zwischen Experten- und Parlamentskom-

missions-Mitgliedschaft und einer deklarierten Interessenbindung (Verwaltungsratsmitgliedschaft oder Interessenmandat).

5. Ausstandspflicht im Plenum bei der Behandlung von Themen, die die deklarierten Interessenbindungen eines Parlamentariers betreffen.

6. Unvereinbarkeit zwischen einem Nationalratsmandat und der Charge eines kantonalen Regierungsrates oder eines Stadtpräsidenten.

Ein solches Statut, das eine wirksame Kanalisierung des Interessenbetriebs herbeiführen könnte und über die ungenügenden Vorschläge der Parlamentskommission hinausgeht, wäre rechtlich durchaus abstützbar. Artikel 91 der Bundesverfassung gibt den Hinweis: «Die Mitglieder beider Räte stimmen ohne Instruktionen.» Dieser Verfassungssatz richtete sich einst gegen die befürchteten Instruktionen der Kantone an ihre Parlamentarier. Sollte er heute nicht erst recht gegen anderlei «Instruktionen» zu verstehen sein? Und was Punkt 6 betrifft: Die gegen dreißig kantonalen Regierungsräte und Stadtpräsidenten, die zurzeit in der Volkskammer sitzen, verschärfen das föderalistische Übergewicht im Bund über Gebühr. Nachdem die spezifisch kantonalen Belange bereits im Ständerat, aber auch in der Vernehmlassung zur Geltung gebracht werden, stört die «Eroberung» des Nationalrates durch die Kantone das von den liberalen Schöpfern des Bundesstaates angestrebte Gleichgewicht. Die fortschreitende Regionalisierung der Probleme ist an der akuten Entscheidungsschwäche im Staat mitbeteiligt.

Am Schluß des Gesprächs über die Parlamentstätigkeit in der Schweiz drängt es mich, kurz noch zwei Postulate zu formulieren, die nicht übersehen werden sollten. Sie betreffen die Unabhängigkeit der Parteien und die Zivilcourage der Politiker.

Die politischen Parteien arbeiten im Parlament in Fraktionen unter ihrem ideologischen «Firmenschild». In Wirklichkeit sind sie aber doch in hohem Maß zu Vehikeln der in ihrem «Kundenkreis» aktiven Interessenträger geworden. Eine größere Distanznahme könnte den Parteien ihr angestammtes Wirkungsfeld, das Parlament, sowie die Beziehungen zur Basis, dem Volk, zurückgeben. Eine solche Veränderung hätte freilich in die verfassungsmäßige Anerkennung und in eine clever aufgezogene Parteienfinanzierung einzumünden. Die Parteien sind heute nicht bloß vor dem Staat, sondern auch vor den Interessengruppen zu schützen. Die Betteleien, zu denen man sie zwingt, machen sie abhängig.

Endlich ist auch noch auf den typischen Konsensstil kritisch hinzuweisen, der in der schweizerischen Politik vorherrscht. Auch im Parlament. Er hat viele menschlich sympathische Seiten, dieser Stil, und er unterscheidet sich wohltuend von jenem mancher Nachbarländer. Sein Nachteil liegt darin, daß oft wichtige Standpunkte gemieden werden, wenn sie nicht konform sind. Diese Bereitschaft führender Politiker, die Verantwortung für neue, richtungsweisende Entschlüsse zu übernehmen, fehlt. Es fehlt an Zivilcourage, die nicht die Stärke unserer überversicherten Gesellschaft ist. Vielleicht würde es aber weiterführen, wenn die Parlamentarier weniger von ihrer Tugendhaftigkeit und dafür mehr von Zivilcourage sprächen.

Es ist nötig, die Gerechtigkeit an der Urne neu zu überprüfen

These 5: In den Abstimmungen über Volksinitiativen sind faire Regeln und in den Parlamentswahlen übersichtliche Verhältnisse zu schaffen. – In den Abstimmungen über Volksinitiativen sorgt das System dafür, daß die Bäume der Opposition nicht in den Himmel wachsen: bei Initiativen mit Gegenvorschlag sind zwei Nein erlaubt, zwei Ja aber nicht. Das ist eine demokratische Ungerechtigkeit; sie dient ausschließlich dem Systemkonformismus. In den Parlamentswahlen ist es der Proporz, der für Stabilität sorgt. In größeren Kantonen sind die Wahlen unübersichtlich geworden, so daß sich kleinere Wahlkreise aufdrängen. Vor allem muß für den Wähler die Information über die Kandidaten verbessert werden: Schon auf den Wahllisten sind die privaten Bindungen der Kandidaten zu nennen. Der Wähler muß wissen, wen er wählt.

Noch vor wenigen Jahrzehnten schätzte man es nicht, wenn Bundesräte vor wichtigen Urnengängen öffentliche Reden hielten. Das galt als ungebührlicher Beeinflussungsversuch des Souveräns. Auch der Kampf gegen das sogenannte Bundesbüchlein, das heißt die Darstellung der Abstimmungsvorlagen durch «Bern» selbst, dauerte Jahrzehnte. Heute hingegen werden Bundesräte vor wichtigen Urnengängen zu Wanderpredigern, die am Bildschirm in Großaufnahme zum Volk sprechen. Das Bundesbüchlein erhalten wir jährlich gratis drei- bis viermal ins Haus geliefert. All das ist zur Selbstverständlichkeit geworden. Der Sinn für «Anstand» und «Ausstand» und für selbstauferlegte Zurückhaltung einer «Gewalt», wenn die andere sich die Meinung bildet, ist in unserer Bundespolitik völlig verlorengegangen. Jeder Schweizer mit Sinn für Demokratie muß das bedauern. Was auf diese Weise für das Verhältnis zwischen Exekutive und Souverän recht wurde, war in der Folge den Interessenträgern billig: auch sie verstärkten die Einflußnahme auf allen Stufen. Während einst Abstimmungspropaganda von Parteien und Parteigruppen in Versammlungen, in Deklamationen und mit Flugblättern an den Stimmbürger gebracht wurde, geschieht heute ein wesentlicher Teil der Beeinflussung unter tatkräftiger Mithilfe der Verbände und Interessenträger. Reklame ist nicht nur wirksam, sondern auch teuer. Und Reklamegelder haben ihren Preis. Weil der Weg Erfolg verspricht, hat das fakultative Referendum eine derart systembestimmende (und -belastende) Aufwertung erfahren. Die teuren Beeinflussungstechniken besitzen einen ungebührlichen Anteil an unserer Politik. Das Schweizervolk entscheidet oft unter dem Einfluß von Trommelfeuern. Und wie fühlt es sich dabei? Nach einer Umfrage des Instituts für Markt- und Meinungsforschung SCOPE im Winter 1980 sehen nicht weniger als 57 Prozent der Befragten in der Volksabstimmung bloß «eine weitere Möglichkeit» der Politiker, «ihre eigenen Interessen durchzubringen». Nur 29 Prozent der Urnengänger glauben, daß es bei Abstimmungen wirklich um die Meinung des Volkes gehe. Der Glaube, in Abstimmungen ernst genommen zu werden, fehlt vor allem bei den Romands und der Arbeiterschaft. Doch ist daran nicht nur die Reklame schuld. Da sind vielmehr die weiteren Zusammenhänge zu sehen, in denen diese Reklame wirksam ist.

Recht eigentlich perfid wirkt sich im Sektor Volksbefragung die Gewohnheit aus, bei Initiativabstimmungen mit Gegenvorschlag zwar zwei Nein, aber nicht auch zwei Ja zuzulassen. Mit diesem Trick wurde schon mehrmals erreicht, daß oppositionelle Volksbegehren «im Sand verlaufen» sind. Die führenden Politiker haben es bisher fertiggebracht, die Anerkennung des doppelten Ja zu verhindern. Zuletzt geschah das mit einer Verschleppungsaktion im Nationalrat: Man legte das Anliegen in jenen «Lagerraum» der Innenpolitik, in dem auch andere wichtige Reformbegehren gut versorgt auf die Totalrevision der Bundesverfassung warten.

Endlich ist in diesem Zusammenhang noch eine andere Form der Volksbefragung unter die Lupe zu nehmen: die Parlamentswahlen. Insbesondere die Nationalratswahlen werden heute auf eine unbefriedigende Art durchgeführt. Die Rede ist vom Proporz und seinen Eigenheiten. Seit der Einführung dieses Wahlverfahrens im Jahr 1919 sind manche Kantone als Wahlkreise so unübersichtlich groß geworden, daß die Kandidaten für den Wähler versteckt bleiben. «Der Proporz erlaubt die Wahl von Männern (und Frauen), die sich ihren Wählern persönlich nicht zu stellen brauchen», stellt Manfred Kuhn fest. Damit sei die Sanktion gefährdet, das Vertrauen auf beiden Seiten erschüttert und das parlamentarische Mandat zum Objekt anderer Sanktionen und Einflüsse erniedrigt worden. Darauf kommt es tatsächlich an: Was weiß der Wähler schon von seinen Kandidaten? Und was weiß er von ihnen in Wirklichkeit, wenn er sie zu kennen glaubt? Im Blick auf das Proporzverfahren drängen sich hauptsächlich zwei Forderungen auf: 1. Die Reduzierung der Wahlkreise auf eine überschaubare Größe. 2. Die Offenlegung der Interessenbindungen der Kandidaten schon bei den Wahlen.

1. Das Proporzwahlsystem, einst unter andern Bevölkerungsverhältnissen eine Wohltat, ist mangelhaft geworden. Schon während des Zweiten Weltkrieges war daher von seiner Anpassung die Rede. Es gilt als wünschenswert, Elemente des Majorz, also der Persönlichkeitswahl, in den Proporz hineinzukombinieren. Ständerat Julius Binder wies 1969, als er in einer Motion die Einführung eines Mischwahlsystems verlangte, auf die ungenügenden Ergebnisse der Proporzwahlen hin. Die Auslese sei schlecht, und die

Hinterbänkler seien übervertreten, «das heißt diejenigen Abgeordneten, die nur dann an dieses Rednerpult treten, wenn ihr Kanton, ihre Stadt, ihr Verband oder ihr eigener Berufsstand betroffen ist. Warum sind zum Beispiel, ganz ehrlich gefragt, beim Exportdepot dreißig oder mehr Redner angetreten, obwohl jedermann in diesem Saal zum voraus wußte, daß die Vorlage an den Bundesrat zurückgewiesen wird? Doch nur, um dem ‹wirtschaftlichen Hintergrund› zu beweisen, wie sehr man sich für dessen Interessen einsetzt.» (Motionsbegründung, 3. Juni 1970; aus dem Stenographischen Bulletin.) Binder sah in seiner Motion ein Mischsystem vor, in dem der Wähler zuerst eine Persönlichkeitswahl vornimmt und in einer zweiten Stimme eine Liste wählt. «Von den 200 Nationalräten müßten 100 in Einerwahlkreisen und die weiteren 100 in größeren Wahlkreisen (wobei die großen Kantone allenfalls mehrere Wahlkreise bilden könnten) gewählt werden», präzisierte Binder seinen Vorschlag.

Die Zielrichtung dieses Vorstoßes ist richtig: Um der Übersichtlichkeit willen müssen die großen Wahlkreise reduziert werden. In den größeren Kantonen werden den Wählern Listen mit 20 bis 35 Kandidaten vorgesetzt, zu denen sie kaum mehr eine Beziehung haben. Weder eine über menschliche Kontakte noch eine andere über eine ausreichende Information. Wie läßt sich dann der Parlamentarismus der unzähligen Interessenvertreter mit dem Hinweis begründen, das Volk habe sie ja gewählt, wenn dieses Volk gar nicht weiß, wen es wählt?

2. Damit der Wähler weiß, mit wem er es in den National- und Ständeratswahlen zu tun hat, sind bei der Nominierung die Interessenprofile der Kandidaten vorzulegen. Wenn der Bürger und die Bürgerin Interessenvertreter wählen, dann sollen sie das in voller Kenntnis der Tatsachen tun. Im Kanton Zürich kandidieren bei Nationalratswahlen rund 700 Persönlichkeiten für 35 Sitze. Bei der gegenwärtigen Informationslage ist eine solche Wahl eine Lotterie, in der die Wirklichkeit getarnt ist.

Das fakultative Referendum ist ein «zweischneidiges» Volksrecht geworden

These 6: Das fakultative Referendum ist als Machtinstrument im Staat ernsthaft zur Diskussion zu stellen. – Auch wenn (oder weil) zwischen 1970 und 1979 nur sieben von 18 Referendumsabstimmungen erfolgreich ausgingen, spielte dieses Volksrecht bei der Gesetzesformulierung eine wichtige Rolle. Die wirksamste Art, den Einfluß der Interessengruppen einzudämmen, wäre die Aufhebung oder die Neugestaltung des fakultativen Referendums. Weil eine Abschaffung politisch unrealistisch ist, muß ein Umbau dieses Volksrechtes ins Auge gefaßt werden.

In der Ustertagsrede des Jahres 1973 sagte der bereits zitierte Ständerat Julius Binder: «Ich habe alles Verständnis für die politischen Volksrechte, und ohne sie läßt sich eine zukünftige Schweiz nicht denken. Aber ich wage zu behaupten, daß wegen des Mißbrauchs dieser Volksrechte heute im Parlament vielfach nicht mehr das richtige Recht geschaffen wird. Hier beginnt für unsere Demokratie eine äußerst gefährliche Entwicklung. Ein Parlament, das angeblich im Namen des Volkes dauernd den heftigsten Pressionen von allen Seiten ausgesetzt ist, kann nicht mehr gute Arbeit leisten. Ich weiß, daß viele meiner Kollegen unter dieser zwiespältigen Situation leiden. Wir müssen uns über den Sinn und die Tragweite der Volksrechte ernsthaft Gedanken machen und ganz neuartige Lösungen diskutieren.»

Die Frage nach den Volksrechten und ihrer praktischen Anwendung in unserem System drängt sich am Schluß unserer Überlegungen mit Nachdruck auf. Die Konflikte verlaufen in unserem Staat nur noch scheinbar entlang der traditionellen Parteilinien, vielmehr werden sie zwischen den Interessenblöcken zerrieben. Die Volksrechte sind in diese «Technik» einbezogen worden und weitgehend bloß noch deren Werkzeuge. Verwaltung und Verbände haben auf ihre Weise den Part der Parteien übernommen. Das ist eine Funktionstechnik, die in manchen Punkten nicht mehr dem Geist der Verfassung einer halbdirekten Demokratie entspricht. Zwar gelingt es in der Kooperation zwischen Behörden und Interessengruppen jeweils mit einiger Verspätung, die Gesetzeserlasse so zu formulieren, daß es keiner Gruppe im Land mehr wert erscheint, einen Volksentscheid herbeizuführen. Der Preis für die Navigation um die Klippen des Referendums sind abgeschliffene Kompromisse. Es ist nicht auszudenken, wie auf diese Weise die Probleme einer Schweiz des Jahres 2000 zu lösen sind. Das fakultative Referendum wirkt heute auf Bundesebene nicht nur bremsend, sondern es betoniert und es lähmt. Hinzu kommt, daß es in der geltenden Praxis bei manchen wichtigen Fragen gar nicht «greift» und daß damit weitgehend die Abmachungen der Vorverfahren zu Gesetzen werden. Das alles läuft darauf hinaus, daß wir es in diesem Bereich mit schlechten Entscheiden zu tun haben.

Zwar ist es richtig, daß in den westlichen Demokratien immer öfter zum Mittel des «Plebiszits» gegriffen wird. Diese «fakultativen Referenden» werden aber nicht von Interessengruppen, sondern von den Behörden in Szene gesetzt, die das Volk nur für wirklich weichenstellende Entscheide bemühen. Die Schwäche unserer Referendumspraxis liegt aber meines Erachtens nicht darin, daß auch «kleine» Probleme an der Urne entschieden werden müssen. Eine Revision des schweizerischen Referendumsrechts muß vielmehr unter dem Gesichtspunkt der Machtverteilung angegangen werden. Walter Buser hat die Schwächen angetippt: «Einerseits ist (das Referendum) zu einem Druckmittel der politischen und wirtschaftlichen Organisationen geworden, wovon namentlich im Vorverfahren, aber auch während der parlamentarischen Verhandlungen offen oder verhüllt Gebrauch gemacht wird – andererseits erfolgt seine Ergreifung zunehmend zum Zweck direkter wirtschaftlicher Interessenwahrung.» Meistens außerdem wird das Referendum nicht aus staatspolitischen Überlegungen gegen ein ganzes Gesetz, sondern aus interessenpolitischer Opposition gegen einen einzigen oder einige wenige Artikel ergriffen.

Das fakultative Referendum muß neu in die heutigen Gegebenheiten des Staatssystems eingebaut werden. Das kann auf manche Art geschehen. Zwei Grundvarianten sind am Beginn einer solchen Reformdiskussion bedenkenswert:

1. Es ist denkbar, das fakultative Referendum aufzuheben und damit die Interessengruppen eines besonders wichtigen Hilfs-

mittels zu berauben. Dabei wäre es denkbar, besonders wichtige Elemente (gewisse Bundesgesetze) in das obligatorische Referendum zu übernehmen. Das könnte auch bedeuten, daß relevante Fragen auf einer höheren Gesetzesstufe abzuwandeln wären.

2. Das fakultative Referendum wird beibehalten, aber so revidiert, daß es nicht mehr als Instrument der Interessengruppen mißbraucht werden kann. Im Vordergrund steht die Frage nach der Referendumsauslösung. Heute sind dazu 50 000 Stimmberechtigte in der Lage. Dieses Quorum wurde vor kurzem von 30 000 auf 50 000 angehoben und damit das Volksrecht noch mehr für jene großen Organisationen reserviert, die über Apparat und Mittel verfügen, welcher es zur Ergreifung eines Referendums bedarf. Eine Abkehr von dieser Tendenz ist notwendig. Dabei ist zum Beispiel an die modernen Möglichkeiten der Meinungsforschung zu denken, die im Verein mit der Elektronik ohnehin auch im Staatsbetrieb aktuell wird. Zu denken ist aber auch an eine Delegation dieses Rechtes an die Bundesversammlung. Dieser Weg wurde bereits bei der Abstimmung über den Freihandelsvertrag beschritten, als die Volksbefragung freiwillig, aus staatspolitischen Überlegungen eingeleitet wurde. Bei einem solchen Verfahren stünde dann freilich nicht mehr der Begriff «Referendum» im Gespräch, sondern es würde sich um eine nach bestimmten Regeln zu inszenierende Volksbefragung, also um eine Form des Plebiszits handeln. Aufs erste klingt das alles noch ungewohnt, doch zeigt es, daß das Volksrecht Referendum durchaus demokratischer als heute inszeniert werden kann, wo nur noch die organisierten Interessen davon profitieren.

Und zum Schluß nochmals die Frage: Wer regiert die Schweiz?

Die Bundesverfassung, die die Hierarchie im Staate nennt, gleicht heute in mancher Position jenen Literaturtexten, deren Sinn nur dann richtig zu verstehen ist, wenn man zwischen den Zeilen liest. Die Ungenauigkeiten zwischen Theorie und Wirklichkeit erschweren eine präzise Beantwortung unserer Frage. Manche staatsbürgerlichen Vorstellungen sind Clichés geworden. Artikel 71 der Verfassung zum Beispiel sagt: «Unter Vorbehalt der Rechte des

Volkes und der Kantone wird die oberste Gewalt des Bundes durch die Bundesversammlung ausgeübt...» Wir haben aber festgestellt, daß hinter dieses «ausgeübt» Vorbehalte zu setzen sind, weil in der Gesetzgebungsvorbereitung oft Entscheidendes präjudiziert wird. Auch die Eingriffsmöglichkeiten des Volkes sind beschränkt – und jene eines «Drittelsouveräns» sind unglaubwürdig. Überdies ist regieren ein aktiver Begriff. Die nüchterne Antwort kann daher nur so lauten: Regiert wird die Schweiz heute unter entscheidender Mitwirkung der organisierten und privaten Interessen vom Elitekreis der bürgerlich dominierten Regierungskoalition – und nicht «vom Volk».

Wichtigste benützte Literatur

Ackermann Charbel: Verordnungsrechtssetzung im Bereich des Umweltschutzes, Sonderdruck aus dem Schweizerischen Jahrbuch für politische Wissenschaft, 1981.
Ackermann Charbel, Steinmann Walter: Historische Aspekte der Trennung und Verflechtung von Staat und Gesellschaft in der Schweiz – die Genese der Verschränkung, Projektbericht Nr. 14, Juli 1981.
Bäumlin Richard: Demokratie und Rechtsstaat, Reformatio, Mai 1977.
Buser Walter: Die Organisation der Rechtsetzung. Separatdruck aus Hundert Jahre Bundesverfassung 1874–1974, Probleme der Rechtsetzung. Verlag Helbling & Lichtenhahn, Basel.
Fleiner Thomas: Demokratie und Informationsfreiheit, Sonderdruck aus der Zeitschrift für schweizerisches Recht, 1970, Verlag Helbling & Lichtenhahn, Basel.
– Rechtsgutachten über die Verfassungsmäßigkeit des Vorentwurfs zu einem Bundesgesetz über den Umweltschutz, Januar bis Mai 1975. Separatdruck aus Wirtschaft und Recht, 1975. Zeitschriften Verlag Orell Füssli, Zürich.
Frenkel Max: Institutionen der Verwaltungskontrolle, Zürcher Beiträge zur Rechtswissenschaft, 1969, Verlag Schulthess, Zürich.
Frenkel Max, Andreae Clemens-August, Kappeler Beat, Meyer Markus: Besser?! Billiger?! Bürgernäher?!, Ein Beitrag zur Privatisierungs- und Aufgabendiskussion, Verlag Lang, Bern.
Germann Raimund, Frutiger Andreas: Les commissions extraparlementaires créées de 1970 à 1977, Etudes et recherches No 11, Université de Genève.
Gilg Peter, Kappeler Beat, Geissberger Werner, Deppeler Rolf: Mehr Demokratie im Föderalismus, Zeitbuchreihe Polis, Neue Folge, Band 8, Friedrich Reinhard Verlag, Basel.
Grube Frank, Richter Gerhard: Demokratietheorien, Konzeptionen und Kontroversen, 1975, Reader, Hoffmann und Campe.
Hertig Hans-Peter: Partei, Wählerschaft oder Verband, Entscheidungsfaktoren im eidgenössischen Parlament, Helvetia Politica, Series B, Band 16, Francke Verlag, Bern.
Jenny Beat Alexander: Interessenpolitik und Demokratie in der Schweiz, dargestellt am Beispiel der Emser Vorlage, Staatswissenschaftliche Studien, neue Folge, Band 16, 1966, Polygraphischer Verlag, Zürich.
Kriesi Hanspeter: Entscheidungsstrukturen und Entscheidungsprozesse in der Schweizer Politik, Campus Forschung, Band 164, Campus Verlag, Frankfurt.

Kriesi Hanspeter, Levy René, Ganguillet Gilbert, Zwicky Heinz: Politische Aktivierung in der Schweiz 1945–1978, Ausgabe 1981, Verlag Rüegger, Dießenhofen.

Kuhn Manfred: Herrschaft der Experten? An den Grenzen der Demokratie, 1961, Tutzinger Beiträge zur politischen Bildung, Im Werkbund-Verlag, Würzburg.

– Probleme der Meinungsbildung in der demokratischen Gesellschaft, 1959, Band 14, Schriftenreihe der Stiftung «Im Grüene».

Küng Emil: Erneuerung der Politik, 1980, Reihe Staat und Politik, Verlag Paul Haupt, Bern.

Leibholz Gerhard: Strukturprobleme der modernen Demokratie, 1974, Scriptor Taschenbücher, Scriptor Verlag, Kronberg/Ts.

Linder Wolf, Hotz Beat, Werder Hans: Planung in der schweizerischen Demokratie, Res publica helvetica, 1979, Verlag Haupt, Bern.

Macpherson C.B.: Demokratietheorie, Beiträge zu ihrer Erneuerung, 1977, Verlag C.H. Beck, München.

Ruch Alexander: Das Berufsparlament, Basler Studien zur Rechtswissenschaft, Heft 107, Helbling & Lichtenhahn, Basel.

Scharpf Fritz: Demokratietheorie zwischen Utopie und Anpassung, 1970, Konstanzer Universitätsreden, Universitätsverlag.

Schmidhauser Bruno: Sonderheft Materialien 1978 zur Revision des Schweizerischen Kartellgesetzes, Wirtschaft und Recht, Heft 2 1979, Zeitschriften Verlag Orell Füssli.

Schumann Klaus: Das Regierungssystem der Schweiz, 1971, Demokratie und Frieden, Band 11, Carl Heymanns Verlag KG, Köln.

Schuppisser Markus: Wirtschaftliche Interessenvertretung im Parlament?, 1977, Schweizer Schriften zum Handels- und Wirtschaftsrecht, Schulthess Polygraphischer Verlag, Zürich.

Stadler Markus: Wahl und Sachzwang. Am Beispiel von Stimmabstinenz und Umweltverschmutzung, 1979, Verlag Rüegger, Dießenhofen.

Stolz Peter: Politische Entscheidungen in der Versammlungsdemokratie, Berner Beiträge zur Soziologie, Band 12, Verlag Haupt, Bern.

Usteri Martin: Das Verhältnis von Staat und Recht zur Wirtschaft in der Schweizerischen Eidgenossenschaft. Volkstümliches Recht als Gegensatz zur Verwaltungsherrschaft, 1981, Schulthess Polygraphischer Verlag, Zürich.

Vogel Hans: Die schweizerische Außenwirtschaftspolitik: Domäne halbstaatlicher Verwaltungs- und Entscheidungsformen, 1981, Projektbericht Nr. 15, Institut für Orts-, Regional- und Landesplanung, Zürich.

Zippelius Reinhold: Allgemeine Staatslehre, Politikwissenschaft, 7. Auflage, 1980, Juristische Kurz-Lehrbücher, Verlag C.H. Beck, München.

Zwahlen Rolf: Opposition in der direkten Demokratie, 1979, Verlag Reihe W, Zürich.

Benützt wurde ferner folgende Literatur:

Bericht der Expertenkommission für die Vorbereitung einer Totalrevision der Bundesverfassung, 1977. Erhältlich in der Eidgenössischen Drucksachen- und Materialzentrale Bern.
Bericht der Kommission über das Verhalten der Ölgesellschaften in der Europäischen Gemeinschaft während der Periode Oktober 1973 bis März 1974.
Jahresbericht Anzeigensperre «Tages-Anzeiger». Veröffentlichungen der schweizerischen Kartellkommission. Heft 1 1981. Zeitschriften Verlag Orell Füssli, Zürich.
Jahresberichte der Eidg. Bankenkommission, des Schweizerischen Handels- und Industrievereins «Vorort», des Schweizerischen Gewerkschafts-Bundes, des Zentralverbandes schweizerischer Arbeitgeber-Organisationen usw.

Weitere Publikationen von Hans Tschäni

Profil der Schweiz. Ein lebendiges Staatsbild. Verlag Sauerländer, Aarau.
Mini-Profil der Schweiz. Verlag Sauerländer, Aarau.
Die Diktatur des Patriotismus. Für eine freiere Schweiz. Pharos-Verlag, Basel.
Demokratie auf dem Holzweg. Bemerkungen zur helvetischen Dauerkrise. Artemis-Verlag, Zürich.
Parteien, Programme, Parolen. Verlag Sauerländer, Aarau.

Eidgenössische Parlamentarier

Parlementaires fédéraux

Auszug aus «Verzeichnis der Verwaltungsräte»
© by Orell Füssli Informationswerke
Stand der Daten: 30. Juni 1982

Legende/Légende

R Freisinnig-demokratische Fraktion
   Groupe radical-démocratique
C Christlichdemokratische Fraktion
   Groupe démocrate-chrétien
S Sozialdemokratische Fraktion
   Groupe socialiste
V Fraktion der Schweiz. Volkspartei
   Groupe de l'Union démocratique du Centre
U Unabhängige und evangelische Fraktion:
   U-EVP = Evangelische Volkspartei, U-LdU = Landesring der Unabhängigen
   Groupe indépendant et évangelique
   U-EVP = parti populaire évangélique, U-LdU = Alliance des indépendants
L Liberale Fraktion
   Groupe libéral
T Fraktion der PdA, PSA, POCH:
   T-PdA = Partei der Arbeit, T-PSA = Parti socialiste autonome, T-PO = Progressive Organisationen
   Groupe du PdT, PSA, POCH
   T-PdA = Parti du travail, T-PSA = Parti socialiste autonome, T-PO = organisations progressistes
– ohne Fraktionszugehörigkeit:
   –Vi = Vigilance, –CSI = Parti chrétien-social indépendant, –GPE = Groupement pour la protection de l'environnement, –NA = Nationale Aktion
   N'appartenant à aucun groupe:
   –Vi = Vigilance, –CSI = Parti chrétien-social indépendant, –GPE = Groupement pour la protection de l'environnement, –NA = action nationale

e   = Einzelunterschrift
k   = Kollektivunterschrift
kein Eintrag = Eingetragen im Handelsregister ohne Unterschrift
(1,5)   = Aktienkapital der Firma, Einheit ist die Million
P   = VR-Präsident
D   = VR-Delegierter
P, D   = VR-Präsident und VR-Delegierter

Nationalrat
Conseil national

Affolter Alfred, Leutholdstr. 5, 8037 Zürich, S
Akeret Erwin, Wülflingerstr. 235, 8408 Winterthur, V
Alder Claudius Dr., Rotackerstr. 9, 4410 Liestal, U-LdU, 1 M., 0,5 Mio.
k Klima AG, Basel (0,5)
Allenspach Heinz, Schüepwisstr. 14, 8117 Fällanden, R, 2 M., 0,7075 Mio.
   Buchdruckerei a.d.Sihl AG, Zürich (0,65)
k Sociéte anonyme Délices-Voltaire, Genève (0,0575)
Ammann Ulrich, Dorfgasse 16, 4900 Langenthal, R, 1 M., 15,0 Mio.
   Jura-Cement-Fabriken, Aarau (15,0)
Ammann Walter, Hintergasse 221, 9620 Lichtensteig, S
Aregger Manfred, 6166 Hasle LU, R, 4 M., 8,83 Mio.
e Aregger Manfred AG, Hasle (0,05)
   Brienz–Rothorn-Unternehmung AG, Brienz (5,1)
k Heiligkreuz–First AG, Hasle (0,9)
   Luftseilbahn Sörenberg–Brienzer Rothorn AG, Sörenberg, Gde. Flühli (2,78)
Aubry Geneviève, 9, Rue Pasteur Frêne, 2710 Tavannes, R
Auer Felix Dr., Sonnmattstr. 1, 4103 Bottmingen, R, 1 M., 0,08 Mio.
k Bad Schauenburg AG, Liestal (0,08) P
Augsburger Walter Dr., Bennenbodenrain 1, 3032 Hinterkappelen, V, 3 M., 121,25 Mio.
   Bernische Kraftwerke AG, Bern (120,0)
k Bertschinger Walo AG Bern, Bern (0,25)
k Profarin AG, Ostermundigen, Gde. Bolligen (1,0)

Bacciarini Alma, Via Gagliardi 11, 6932 Breganzona, R
Baechtold Gilbert Dr., 8, Chemin Vanil, 1006 Lausanne, S
Barchi Pier Felice, casa Barchi, 6911 Manno, R, 8 M., 541,66 Mio.
k Bongel SA, Carouge (0,7)
k Edilmetallica SA, Bellinzona (0,05) P
k Fideconto SA società fiduciaria e d'amministrazioni, Bellinzona (0,25) P
k Procin SA, Mendrisio (0,1) P
k Rapelli SA, Stabio (7,5) P
   Stuag, Schweizerische Strassenbau- und Tiefbau-Unternehmung AG, Bern (12,0)
   «Swissair» Schweizerische Luftverkehr-AG, Zürich 1 (506,66)
   Vecchio Holding SA, Carouge (14,4)
Barras Louis, 1782 Lossy, C, 2 M., 1,25 Mio.
   Anicom AG, Bern (1,0)
k Vicarino & Meyer Jean SA, Fribourg (0,25)
Basler Konrad Dr., Oberlandstr. 2, 8133 Esslingen, V, 4 M., 51,750 Mio.
e Basler u. Hofmann Beratende Ingenieure, Aarau (0,1)
e Basler und Hofmann AG, Zürich (1,05)
k Flughafen-Immobilien-Gesellschaft, Kloten (50,0)
k Rehalp-Verwaltungs AG, Zürich (0,6) P
Bäumlin Richard Prof. Dr., Riedmaad, 3765 Oberwil i.S., S
Biderbost Paul Dr., Bahnhofstr. 1, 3904 Naters, C, 3 M., 1,65 Mio.
k Acifer Visp AG, Visp (0,1)
k Losinger Sion SA, Sion (1,5)
k Oberwalliser Presseverein AG, Sion (0,05)
Biel Walter Dr., Haldenstr. 124, 8105 Watt/Regensdorf, U-LdU, 1 M., 1,65 Mio.
k Limmatdruck AG, Zürich (6,0)
Bircher Silvio, Pestalozzistr. 23, 5000 Aarau, S, 1 M., 10,183 Mio.
   Wynental- und Suhrentalbahn (WSB), Aarau (10,183)
Blocher Christoph Dr., Rainstr. 265, 8706 Meilen, V, 14 M., 1590,5 Mio.
k Bank Europäischer Genossenschaftsbanken, Zürich (55,0)
k Ems-Chemie AG, Domat/Ems (40,0) D
k Ems-Chemie Holding AG, Domat/Ems (70,0) D
k Ems-Grilon SA, Domat/Ems (0,1) P
k Ems-Inventa AG, Zürich (5,0)
k Kammgarnspinnerei Interlaken AG, Interlaken (2,8) P
k Kraftwerke Reichenau AG, Tamins (10,0)

- k Michelin/Ems SA, Domat/Ems (1,0)
- k Ovras Electricas Frisal SA, Breil/Brigels (2,0)
- k Patvag Kraftwerke AG, Domat/Ems (2,2) P
- k Patvag Technik AG, Zürich (0,2)
  Schweizerische Bankgesellschaft (SBG), Zürich (1400,0)
  Stump-Bohr AG, Zürich (2,0)
- k Zur Schanzenbrücke AG, Zürich (0,2) P

Blunschy Elisabeth Dr., Schlagstr. 10, 6430 Schwyz, C, 2 M., 2,1 Mio.
Familia Lebensversicherungs-Gesellschaft, St. Gallen (2,0)
- e Mythen Holding AG, Schwyz (0,1)

Bonnard Claude, ch. de la Sauge 15, 1030 Bussigny-près-Lausanne, L, 2 M., 1,01 Mio.
- k Castolin SA, St-Sulpice (0,51)
  Société électrique intercommunale de la Côte, Gland (0,5)

Borel François Dr., Chemin de Torgueil 3, 2036 Cormondrèche, S

Bratschi Heinz, Elfenauweg 6, 3006 Bern, S, 3 M., 170,180 Mio.
Bernische Kraftwerke AG Beteiligungsgesellschaft, Bern (50,0)
Kraftwerke Oberhasli AG, Innertkirchen (120,0)
Zentralwäscherei Bern AG, Bern (0,18)

Braunschweig Hansjörg, Sunnhaldenstr. 26c, 8600 Dübendorf, S

Brélaz Daniel, Route de Prilly 12, 1008 Lausanne, –GPE

Bremi Ulrich, Alte Landstr. 48, 8702 Zollikon, R, 13 M., 478,05 Mio.
AG für die Neue Zürcher Zeitung, Zürich (1,8)
- k Bauer Holding AG, Zürich (1,5) D
- k Bauer Kaba AG, Wetzikon (6,0) D
- k Bauer Kassenfabrik AG, Rümlang (6,0) D
- k Bauer Verwaltungen AG, Zürich (0,05) D
  Chemische Fabrik Uetikon, Uetikon am See (3,0)
- e Dynavest AG, Zürich (0,5)
  Elektrowatt AG, Zürich (275,0)
  Fischer Georg AG, Schaffhausen (150,0)
- k Rapid Maschinen und Fahrzeuge AG, Dietikon, Dietikon (9,0)
- k Spross-Holding AG, Zürich (1,0)
- k Union-Kassenfabrik AG, Zürich (0,2) P
  Zürcher Ziegeleien, Zürich (24,0)

Bühler Simeon, Untertschappina, 7431 Tschappina, V

Bundi Martin, Hegisplatz 6, 7000 Chur, S

Bürer-Wildhaber Kurt, Ziegelhütte, Postfach, 8880 Walenstadt, C, 4 M., 2,705 Mio.
Elesta AG, Elektronik, Bad Ragaz, Bad Ragaz (1,0)
- k Luftseilbahn Unterterzen-Tannenbodenalp AG, Unterterzen, Gde. Quarten (0,9) P
- k Rivabau AG, Walenstadt (0,105)
- k Sarganserländische Buchdruckerei AG, Mels (0,7)

Butty Laurent, ch. St-Marc 20, 1700 Fribourg, C, 14 M., 27,725 Mio.
- e Ascenseurs Gendre Otis SA, Fribourg (0,6)
- e Compagnie d'Audio-Psycho-Phonologie, Fribourg (0,1)
  Crédit agricole et Industriel de la Broye, Estavayer-le-Lac (5,0)
- k Fiduciaires associées SA, Lausanne (0,8)
- k Interdica International SA, Villars-sur-Glâne (2,5)
- k Interdica SA, Villars-sur-Glâne (2,5)
- k Omnium de Participations Mobilières, Fribourg (1,105) P
- k Orsoporcs SA, Orsonnens (1,3) P
  Penmore SA, Fribourg (10,0)
- k Polypub SA, Fribourg (0,05)
- e Régie de Fribourg SA, Fribourg (0,11) P
- k Société fiduciaire Ravier SA, Fribourg (0,4)
- k Téléskis Mont-Gibloux SA, Villarlod (0,26)
- k Usiflamme SA, Villars-sur-Glâne (3,0)

Cantieni Toni, 7078 Lenzerheide/Lai, C, 4 M., 26,12 Mio.
Albula-Landwasser Kraftwerke AG, Filisur (22,0)
- k Septimer Transalpin AG, Tiefenkastel (0,2)
- k Skilift Fastatsch AG, Valbella (0,12)
- k Sportbahnen Danis AG Lenzerheide, Lenzerheide, Gde. Vaz/Obervaz (3,8) P

de Capitani Silvio Dr., Drusbergstr. 111, 8053 Zürich, R, 25 M., 180,41 Mio.

- k AG Bellevue, Zürich (0,6)
- k AKAG Anlage und Kapital AG, Zürich (3,5)
- k Bodry AG, Zürich (5,0)
  BP (Schweiz) AG, (50,0)
- k Continentale Allgemeine Versicherungs-AG, Zürich (10,0)
- k Continentale Lebensversicherungs-Gesellschaft, Zürich (12,5)
- e Contransport AG, Zürich (0,1) P
- k Fikag AG, Zürich (0,1)
- e Galaxia Maritime SA, Zug (2,0) P
- k Guyerzeller Zurmont Bank AG, Zürich (5,0)
- k Intercot AG, Zug (0,1)
- k Itex Itagrani Export SA Zürich, Zürich (3,0)
- k John Player SA, Zürich (2,0) P
- k Jura-Kino AG, Bern (0,2)
- k Kino-Theater AG, Zürich (1,0)
- k Lavoro Bank AG, Zürich (60,0)
- k Luxor-AG Zürich, Zürich (0,25)
  MSL Management Selection (Schweiz) AG, Zürich (0,1)
- k Osmoniag AG, Zürich (0,05)
- e SO Corporation SA, Zug (0,05)
- k Société Financière du Léman, Genève (0,5) P
- k Société Générale d'Affichage, Genève (20,0)
- e Sopratex AG, Zürich (1,3)
- e Yotar AG, Zürich (3,0)
- k Zulumi SA, Zürich (0,06)

Carobbio Werner, 6533 Lumino, T-PSA

Cavadini Jean, ch. du Petit Bois 9, 2068 Hauterive, L

Cevey Jean-Jacques, av. de Belmont 41, 1820 Montreux, R, 9 M., 125,01257 Mio.
- k Compagnie du Chemin de fer Montreux–Oberland Bernois, Montreux (10,68757)
  Compagnie générale de navigation sur le lac Léman, Lausanne (6,575)
- k Jornayvaz SA, Château-d'Oex (0,25) .
- k Société anonyme du journal L'Est Vaudois, Montreux (0,9)
- k Société d'équipements publics du Haut-Léman SA, La Tour-de-Peilz (0,6)
  Société des Chaux et Ciments de la Suisse romande, Lausanne (25,0)
  Société électrique Vevey-Montreux, Montreux (40,0)
  Société romande d'électricité, Montreux (28,8)
  Tunnel du Grand St-Bernard SA, Bourg-St-Pierre (12,2)

de Chastonay Pierre, rue du Bourg 26, 3960 Sierre, C, 9 M., 70,534 Mio.
- k Cie de Chemin de fer et d'Autobus Sierre–Montana-Crans (SMC), Montana (1,44)
- k Cogesta Structure SA, Fribourg (0,12)
- k Fleury Gabriel SA, Bramois (2,0)
- k Forces Motrices de la Gougra SA, Sierre (50,0)
- k Gasser Charles SA, Vouvry (1,5)
- k Lizerne et Morge SA, Sion (10,0) P
- k Pharmacie de Crans, Albert Rouvinez SA, Sierre (0,36) P
  Tel Aminona SA, Mollens (5,0)
  Téléval SA, Sion (0,114)

Chopard Max, Bodenäckerstr. 24, 5417 Untersiggenthal, S

Christinat Amélia, 34, Quai du Seujet, 1201 Genève, S

Columberg Dumeni Dr., 7180 Disentis/Mustér, C, 6 M., 11,4014 Mio.
- k Bergbahnen Disentis AG, Disentis (8,8)
- k Imba electronic SA, Disentis (0,06)
- k Murer SA Sedrun, Sedrun (0,335) P
  Ovras Electricas Frisal SA, Breil/Brigels (2,0)
- k Sonnfilter Holding AG, Chur (0,064)
- k Tespag Tennis und Sport AG, Disentis, Disentis/Mustér (0,15)

Cotti Gianfranco, v. di Monti d. Trinità 129, 6605 Monti della Trinità, C, 25 M., 30,79 Mio.
- e Alfex SA, Viganello (0,6) P
- k Armonica SA, Locarno (0,65)
- k Brialba SA, Locarno (0,08)
- k Daffri SA, Locarno (0,05)
- k Dirama SA, Lugano (0,05)
- k Flamofin Holding SA, Locarno (0,05)
- k Hotel Palma au Lac Immobiliare SA, Muralto (1,0)
- e Icomar SA, Locarno (0,05)

Inelectra SA, Bodio (2,4)
e Isostar SA, Locarno (0,4)
k Kimuratan SA, Lugano (0,2) P
k Legra SA, Locarno (0,12)
k Mersmann, A., AG, Lugano (0,75) P
e Odille SA, Locarno (0,05)
k One Wall Street, Investment Company SA, Lugano (0,1) P
   Parest SA, Locarno (0,05)
e Picos Holding SA, Locarno (0,05)
k Procin SA, Mendrisio (0,1)
   Riri SA, Mendrisio (2,44)
e Samoin SA, Locarno (0,05)
e Siffa SA, Locarno (0,05)
   Società Elettrica Sopracenerina, Locarno (21,0)
k Società Immobiliare Locarno, Locarno (0,25)
e Tessca SA, Borgnone (0,2)
e Vreco SA, Locarno (0,05)
Couchepin Pascal, place du Bourg 10, 1920 Martigny, R, 6 M., 14,04 Mio.
k Compagnie du Chemin de Fer de Martigny au Châtelard (Ligne du Valais à Chamonix), Martigny-Ville (1,8)
k Compagnie du chemin de fer Martigny–Orsières (MO), Martigny-Ville (4,99)
k Fasa-Fonderie et Ateliers mécaniques d'Ardon SA, Ardon (0,3) P
k Simonetta, A., SA, Martigny-Bourg (0,45)
k Téléverbier SA, Bagnes (5,0)
k Veuthey et Cie SA, Martigny (1,5)
Coutau Gilbert, rue Bellot 11, 1206 Genève, LP, 1 M., 66,25 Mio.
k Banque Scandinave en Suisse, Genève (66,25)
Crevoisier Jean-Claude, rue de l'Hôtel-de-Ville 8, 2740 Moutier, T-PSA

Dafflon Roger, ch. de Vincy 5, 1202 Genève, T-PdA, 1 M., 0,05 Mio.
k SI du Servette Football-Club, Genève (0,05)
Darbellay Vital, Chemin Près-de-Croix, 1920 Martigny 3, C
Delamuraz Jean-Pascal, av. d'Ouchy 76, 1006 Lausanne, R, 3 M., 12,85 Mio.
k Société d'équipements publics du Haut-Léman SA, La Tour-de-Peilz (0,6)
k Société italo-suisse d'exploitation du Tunnel du Grand-St-Bernard SA, Bourg-St-Pierre (0,05)
k Tunnel du Grand St-Bernard SA, Bourg-St-Pierre (12,2)
Deneys Heidi, rue Monique St-Hélier 5, 2300 La Chaux-de-Fonds, S
Dirren Herbert, Hazienda, 3941 Agarn, C, 2 M., 0,39 Mio.
k Alp Air AG, Glarus (0,09)
   Neuwerth & Cie SA, Ardon (0,3)
Duboule Gilbert, pl. Pt-Saconnex 8, 1209 Genève, R, 7 M., 79,65 Mio.
k Bruxinter SA, Genève (0,1)
k Compagnie de Banque et d'Investissements CBI, Genève (12,0)
k Hermes Precisa International SA, Yverdon (46,0)
e Karaweik Trading Co SA, Genève (0,05)
k Samourai SA, Genève (0,5)
k Schindler + Schlieren-Aufzüge AG, Ebikon (15,0)
k Société des Forces Motrices de Chancy-Pougny, Chancy (6,0)
Dupont Bernard, rue des Dents du Midi 12, 1896 Vouvry, R, 9 M., 8,8172 Mio.
k Bertschinger, Walo, SA Lausanne, Lausanne (0,5)
k Bertschinger, Walo, SA Sion, Sion (0,75)
k Giovanola Frères SA, Monthey (0,0672)
k Imhof SA Lausanne, Lausanne (0,25) P
k Mane, V., fils SA, Vouvry (0,5)
k Mutua SA, Sion (0,35) P
k Port-franc de Martigny SA, Martigny-Ville (1,4)
k Tuba SA, Vouvry (0,3) P
k Zwahlen et Mayr SA, Aigle (5,2)
Dürr Andreas, 9473 Haag/Gams, C

Eggenberg Ernst, Rathaus, 3600 Thun, S, 3 M., 2,3983 Mio.
   Autoverkehr Thun–Goldiwil–Heiligenschwendi AG, Thun (0,058)
k Schweizer & Cie. AG Handelsgesellschaft Thun, Thun (0,5) P
k Verkehrsbetriebe Steffisburg–Thun–Interlaken, STI, rechtes Thunerseeufer, Thun (1,8403)
Eggli Albert, Weinbergstr. 56, 8400 Winterthur, S
Eisenring Paul Dr., Föhrenstr. 1, 8703 Erlenbach ZH, C, 31 M., 1028,4965 Mio.
k Aktiengesellschaft Brinkmann International, Zug (1,0)
k Allgemeine Finanzgesellschaft, Zürich (20,0)
e Atomkraft AG, Zürich (0,05) P
   BBC Aktiengesellschaft Brown Boveri & Cie, Baden (439,53)
   Bank Leumi Le-Iśrael (Schweiz), Zürich (30,0)
k Colima Holding AG, Zug (0,1)
   Druckerei Maihof, Luzern (3,0)
k Expertisa Vorsorge-Beratungen AG, Winterthur (0,5)
k Faber-Castell, A.W., (Holding) AG, Grabs (10,0) P
k Finapar Beteiligungs-AG, Zug (4,0) P
k Handelszeitung und Finanzrundschau AG, Zürich (0,1203) D
k Interallianz Bank Zürich AG, Zürich (12,0)
k Intermit AG, Zürich (1,0)
k Jacobs AG, Zürich (200,0)
k Jasis AG, Rapperswil (2,0) P
e Michelin Recherche et Technique SA, Basel (25,0)
   Motor-Columbus AG, Baden (130,0)
k Northern Telecom AG, Zürich (0,05)
e Parmoges AG, Basel (4,0)
k Phibrobank AG, Baar (50,0)
k Privat-Holding AG, Zürich (0,5) P
k Privatbank und Verwaltungsgesellschaft, Zürich (25,0) P
k Priwotreu AG, Freienbach (0,2)
k Provestor SA, Aarau (2,0)
   Schweizerisch-Amerikanische Elektrizitäts-Gesellschaft, Zug (10,84625)
k S.G. Warburg Bank AG, Zürich (12,5)
e Sonrüti AG, Thalwil (0,05) P
e Steinbeck AG, Zürich (5,0)
   Südamerikanische Elektrizitäts-Gesellschaft, Zug (30,0)
k Trinkaus & Burkhardt (Schweiz) AG, Zürich (10,0)
e Ustavag Verwaltungsaktiengesellschaft, Zürich (0,05)
Eng Franz Dr., Rainackerstr. 211, 4524 Günsberg, R, 14 M., 287,96 Mio.
   Aare-Tessin AG für Elektrizität (Atel), Olten (225,0)
e Benselect Handels AG, Derendingen (0,05)
k Cellulose Attisholz AG, Luterbach (24,0) P
e Funke AG, Derendingen (1,2)
   Gfeller AG, Bern (2,0)
k Jura Soleurois Pétrole SA, Solothurn (0,05)
   Kehrichtbeseitigungs-AG (Kebag), Zuchwil (5,0)
k Maurer, Franz, AG, Trimbach (0,1)
k Nussbaum AG Bellach, Bellach (1,86) P
k Schenk & Cie. AG, Oensingen (0,5) P
k Schmalz, H.R., AG Bauunternehmung, Bern (6,0)
   Sintec AG, Olten (0,2)
   Solothurner Handelsbank, Solothurn (21,0)
k Wiedmann-Dettwiler AG, Balsthal (1,0)
Eppenberger Susi, Wasserbrugg, 9650 Nesslau, R
Euler Alexander, Sevogelstr. 19, 4052 Basel, S

Felgenwinter Hans-Rud. Dr., Schönenbachstr. 20, 4153 Reinach BL, C, 10 M, 6,045 Mio.
e Bamotex AG, Basel (0,075) P
k Carnoglob Handels AG, Basel (0,1)
k Druckerei Cratander AG, Basel (0,65)
k Ikea Lager + Service AG, Sissach (0,05) P
k Inter Colorfoto AG, Basel (0,15)
k Isler, Hans, AG, Sportkleiderfabrik, Reinach (0,3)
k Pella-Falttüren AG, Reinach BL (0,5)
k Regio-Bau AG, Reinach (0,1)
k Schindler-Waggon AG, Pratteln (4,0)
k UP Universal Project AG, Reinach (0,12)

Fischer Hanspeter, Burgstr. 52, 8570 Weinfelden, V, 9 M., 483,26025 Mio.
k Aktiengesellschaft Grünes Zentrum Weinfelden, Weinfelden (0,1)
Bodensee–Toggenburg-Bahn (BT), St. Gallen (32,66025)
Kraftwerk Ryburg-Schwörstadt AG, Rheinfelden (30,0)
Kraftwerke Ilanz AG KWI, Ilanz (60,0)
Kraftwerke Linth-Limmern AG (KLL), Linthal (50,0)
Kraftwerke Sarganserland AG (KSL), Pfäfers (100,0)
Kraftwerke Vorderrhein AG (KVR), Disentis (80,0)
Officine Idroelettriche della Maggia SA, Locarno (100,0)
Zuckerfabrik Frauenfeld AG, Frauenfeld (30,5)
Fischer Otto Dr., Brunnadernstr. 4, 3006 Bern, R
Fischer Theo, Hochstr. 2, 5607 Hägglingen, V, 3 M., 0,68 Mio.
k Realit AG, Oftringen (0,4)
k Realit Treuhand- und Revisionsgesellschaft, Oftringen (0,1)
e Weibel Druck AG, Windisch (0,18) P
Flubacher-Haas Karl, Aufgeweg 2, 4448 Läufelfingen, R, 2 M., 35,05 Mio
Basellandschaftliche Hypothekenbank, Liestal (35,0)
e Reifenstein AG, Liestal (0,05) P
Forel Armand-Auguste Dr., Rue Neuve 31, 1260 Nyon, T-PdA
Frei Hans Dr., Blumenweg 6, 8590 Romanshorn, C
Frey Claude, r. du Pommier 12, 2000 Neuchâtel, R, 11 M., 18,074742 Mio.
Aéroport de Neuchâtel SA, Neuchâtel (0,504)
Bern–Neuenburg-Bahn (direkte Linie), Bern (8,9314)
Compagnie des Transports du Val de Ruz, Cernier (0,9129)
k Compagnie des Tranports en commun de Neuchâtel et environs, Neuchâtel (2,5)
Compagnie du chemin de fer régional du Val-de Travers, Fleurier (2,59203)
k Hôtel de Chaumont et du Golf SA, Neuchâtel (0,7)
k Parking (Centre-Ouest» SA Neuchâtel, Neuchâtel (0,185)
Parking du Seyon SA, Neuchâtel (1,5)
k Société de la Salle des Concerts de Neuchâtel, Neuchâtel (0,12)
k Société de navigation sur les lacs de Neuchâtel et Morat SA, Neuchâtel (0,079712) P
Société des Auto-Transports de la Béroche (BBB) SA, St-Aubin/St-Aubin-Sauges (0,051)
Friedrich Rudolf Dr., Wülflingerstr. 6, 8400 Winterthur, R, 2 M, 2,3 Mio.
AG für die Neue Zürcher Zeitung, Zürich (2,0)
k Parkhaus AG Winterthur, Winterthur (0,3)
Früh Hans Rud., Hauptstrasse, 9055 Bühler, R, 4 M., 12,86 Mio.
k Elbau AG für Elementbau, Bühler (0,7)
Internationale Verbandstoff-Fabrik Schaffhausen, Schaffhausen (12,0)
e Medilabor AG, Bühler (0,1) P
k RC Cosmetic SA, Biel (0,06) P
Füeg Cornelia, Unterdorf 14, 4699 Wisen SO, R

Ganz Fritz, Im langen Baum 3, 8424 Embrach, S, 2 M., 420 Mio.
Nordostschweizerische Kraftwerke, Baden (360,0)
Officine idroelettriche del Blenio SA, Olivone (60,0)
Gautier André Dr., Rue Toepffer 21, 1206 Genève, L
Gehler Jean-Paul, 2732 Reconvilier, V, 1 M., 0,05 Mio.
k Reality SA, Moutier (0,05)
Geissbühler Gottlieb, Säget, 4934 Madiswil, V, 1 M., 0,05 Mio.
k Immobilien AG Optingenstrasse 1, Bern, Bern (0,05) P
Gerwig Andreas Dr., Thiersteinerain 141, 4059 Basel, V, 4 M., 155,25 Mio.
k GCM Gestion et Contrôle SA, Zürich (0,05) P
k Internationale Genossenschaftsbank AG, Basel (115,0)
k Investitions-Gesellschaft für Berlin AG, Zürich (0,2)
k SPH Société de Participations Hôtelières SA, Zürich (40,0)
Girard Gertrude, Ch. de Gérénaz 4, 1814 La Tour-de-Peilz. R
Gloor Jean-Philippe, av. de la Poste 23bis, 1020 Renens (VD), S, 1 M., 0,075 Mio.
k Chrotex Lausanne SA, Lausanne (0,075)
Graf Hans Ulrich Dr., Bahnhofstr. 44, 8180 Bülach, V, 1 M., 0,2 Mio.
e Druckerei Graf AG, Bülach (0,2) P

Günter Paul Dr., Hubel, 3805 Goldswil, U-LdU
Hari Fritz, Gwanne, 3713 Reichenach, V
Herczog Andreas, Seestr. 495, 8038 Zürich, T-PO
Hofmann Fritz Dr., Elfenweg 32, 3400 Burgdorf, V, 6 M., 13,1 Mio.
AG der Schweiz Milchproduzenten, Brugg (5,0)
k Baer-Interfromage AG, Küssnacht am Rigi, Küssnacht SZ (1,0)
k Bank in Burgdorf Banque de Berthoud, Burgdorf (3,0) P
Emmental AG, Exportgesellschaft für Schweizerkäse, Zollikofen (1,0)
k Galactina AG, Belp (3,0)
k Graben AG, Burgdorf (0,1) P
Hösli Fritz, 8777 Diesbach, V, 5 M., 55,6 Mio.
Autobetrieb Sernftal AG, Engi (0,5)
k Hefti, F., & Co. AG, Hätzingen (4,05)
Kraftwerke Linth-Limmern AG (KLL), Linthal (50,0)
k Reis AG, Hätzingen (0,75)
k Schmid Textil AG, Hätzingen (0,3)
Houmard Marc-André, Grand-Rue, 2735 Malleray, R, 2 M., 0,5 Mio.
k Besa Schnittholz AG Bern, Bern (0,3)
k Houmard SA, Malleray (0,2) P
Hubacher Helmut, Arnold Böcklin-Str. 41, 4051 Basel, S, 1 M., 6,0 Mio.
Gasverbund Mittelland AG, Arlesheim (6,0)
Huggenberger Ernst Dr., Palmstrasse 21, 8400 Winterthur, C, 3 M., 450 Mio.
k Gasverbund Ostschweiz AG, Zürich (30,0)
Nordostschweizerische Kraftwerke, Baden (360,0)
«Swissgas», Schweizerische Aktiengesellschaft für Erdgas, St. Gallen (60,0)
Humbel Beda, Rain 461, 5413 Birmenstorf AG, C, 1 M., 0,3 Mio.
Aktiva Treuhand AG, Aarau (0,3)
Hunziker Bruno Dr., Gotthelfstr. 33, 5000 Aarau, R, 9 M., 277,5 Mio.
Aare-Tessin AG für Elektrizität (Atel), Olten (225,0)
k AG Karrer, Weber & Cie, Unterkulm (1,5)
Bauer, Camille, Messinstrumente AG, Wohlen (6,0)
Bauknecht AG, Lenzburg (12,1)
k Drahtwerke Fischer AG, Reinach (4,0)
k Industrieholding Cham AG, Cham (11,0)
k Interbonn Verwaltungs-Aktiengesellschaft, Zürich (2,5)
k Zehnder, Gebrüder, AG Radiatorenfabrik, Gränichen (5,4) P
k Zschokke Wartmann AG, Brugg (10,0) P
Iten Joseph, Steinrütistr. 2, 6052 Hergiswil (NW), C, 14 M., 22,563 Mio.
k AF-Industrie-Handels AG, Hergiswil (0,1) P
k Banid Holding AG, Hergiswil (0,3)
k Bech AG, Hergiswil (0,1)
e C.C.T. Compagnie de Conseils Technico et Commerciaux SA, Hergiswil (0,05)
k Eisner Holding AG, Hergiswil (4,0) P
k Flury, Franz, AG Stans, Stans (0,5)
k Fur-Transit SA, Hergiswil (1,1)
Luzern–Stans–Engelberg-Bahn (LSE), Stansstad (14,8)
e Media Beteiligungs- und Verwaltungs-AG, Hergiswil (0,5)
k Nagex AG, Hergiswil (0,05)
k Niwita Treuhand AG, Hergiswil (0,15) P
k Pelz Poli AG, Hergiswil (0,45)
k SCL Finanz AG, Luzern (0,163)
Tac Corporation AG, Hergiswil (0,15)
Jaeger Franz Dr., Etzelbüntistr. 35, 9008 St. Gallen, U-LdU
Jaggi Yvette Dr, Chemin du Village 33, 1012 Lausanne, S
Jeanneret François, ch. Chair-d'Ane 10, 2072 St. Blaise, L, 3 M., 6,0 Mio.
k Coditel, Genève (4,5)
k Noseda SA, Saint-Blaise (0,25) P
SA du Journal de Genève, Genève (1,25)
Jelmini Camillo, via Cantonale 43 b, 6963 Pregassona, C, 5 M., 82,3 Mio.
k Artistica SA, Sonvico (0,1)

k Banca del Gottardo, Lugano (80,0)
k Ceda Centro Elaborazione Dati SA, Lugano (1,2)
k Galvolux SA, Manifattura specchi, Lugano (0,95)
k Rifa-Commerce SA, Hätzingen (0,05) P
Jost Christian Dr., Albertistr. 8, 7270 Davos Platz 1, R, 9 M., 136,087 Mio.
    AG Bündner Kraftwerke, Klosters (16,0)
k Albula-Landwasser Kraftwerke AG, Filisur (22,0)
k Buchdurckerei Davos AG, Davos Platz (0,5)
k Calanda Bräu, Chur (6,0) P
k Calanda Holding Chur, Chur (10,0)
k Cottinelli AG, Malans (0,75)
k Kibag, Freienbach (2,88)
    Rhätische Bahn, Chur (57,957)
k Zschokke Holding SA, Genève (20,0)
Jung Franz, Oeggenringen, 6274 Eschenbach LU, C, 3 M., 5,55 Mio.
k Bau- und Finanzierungs-AG Hochdorf, Hochdorf (0,05)
k Polar AG, Eschenbach (2,0)
    Volksbank Hochdorf, Hochdorf (3,5)
Junod Raymond, ch. Cavenettaz, 1053 Cugy (VD), R

Kaufmann Remigius Dr., Othmar-Schoeck-Str. 36, 9008 St. Gallen, C, 1 M., 0,15 Mio.
k Eisenring & Co. AG, Wil (0,15) P
Keller Anton Dr., Steinenbühlstr. 46, 5417 Untersiggenthal, C
Kloter Theodor, Platte 90, 8706 Meilen, U-LdU, 1 M., 0,6 Mio.
e Zürichsee-Fähre Horgen–Meilen AG, Meilen (0,6) D
Kohler Raoul, r. du Faucon 35, 2502 Biel, R, 6 M., 196,253 Mio.
    Bernische Kraftwerke AG, Bern (120,0)
k Biel–Täuffelen–Ins-Bahn AG, Täuffelen (5,403) P
    Salle du Capitole Bienne SA, Bienne (0,05)
k «Swissgas», Schweizerische Aktiengesellschaft für Erdgas, St. Gallen (60,0)
k Swissgas-Speicher AG, Zürich (5,5)
k Wasserverbund Seeland AG, Biel (5,3)
Koller Arnold Prof. Dr., Steinegg 9050 Appenzell AI, C, 3 M., 12,375 Mio.
k Holding Financier ITL, Fribourg (11,5)
k Luftseilbahn Wasserauen–Ebenalp AG, Schwende (0,675) P
e Peat, Marwick, Mitchell & Co. AG, Zürich (0,2)
Kopp-Iklé Elisabeth, Drei Eichen, 8126 Zumikon, R, 1 M., 0,9 Mio.
k Heberlein, Georges, Dr., Holding AG, Zug (0,9)
Kühne Josef, Starbergstrasse, 8717 Benken SG, C
Kunz Urs, Trüelmatt 10, Goldiwil, 3624 Thun, R, 5 M., 142,1565 Mio.
k Alpar, Flug- und Flugplatz-Gesellschaft AG Bern, Bern (0,565) P
    Bernische Kraftwerke AG, Bern (120,0)
k Parkhaus Thun AG, Thun (3,467)
    Simmentalbahn (SEZ), Zweisimmen (3,5025)
    Simmentaler Kraftwerke AG (SKW), Erlenbach i.E. (14,622)
Künzi-Girsberger Hans Prof. Dr., Stockerstr. 44, 8002 Zürich, R 10 M., 695,1 Mio.
k Elektrizitätswerk Rheinau AG, Rheinau (20,0)
k EMIG Engrosmarkt-Immobiliengesellschaft AG, Zürich (6,3)
    Kraftwerke Ilanz AG KWI, Ilanz (60,0)
    Nordostschweizerische Kraftwerke, Baden (360,0)
    Schanzenhof Immobilien AG, Zürich (6,0)
    Verkehrsbetriebe des Zürcher Oberlandes (VZO) AG, Grüningen (0,8)
    Kraftwerke Rupperswil-Auenstein AG, Aarau (12,0)
    Kraftwerke Linth-Limmern AG (KLL), Linthal (50,0)
    Kraftwerke Sarganserland AG (KSL), Pfäfers (100,0)
    Kraftwerke Vorderrhein AG (KVR), Disentis (80,0)

Landolt Josef Dr., Im Hasenbart 3, 8125 Zollikerberg, C
Lang Hedi, Bahnhofstr. 90, 8620 Wetzikon, S
Leuenberger Moritz, Langstr. 4, 8004 Zürich, S
Linder David Dr., St. Alban-Vorstadt 18, 4052 Basel, L, 7 M., 153,275 Mio.
e AG Joh. Barth & Sohn, Allschwil (1,7) P
k Banque Nationale de Paris (Suisse) SA, Basel (40,0)

k Danzas AG, Basel (5,0) P, D
k Doetsch, Grether & Cie AG, Basel (1,0) P
k SPIRAL Werkzeuge und Maschinen AG, Basel (0,5) P
    Viscosuisse SA, Emmenbrücke, Gde. Emmen (94,575)
    von Moos Stahl AG, Luzern (10,5)
Loetscher Francis, Champs Pelle 28, 2610 St-Imier, S, 1 M., 0,05 Mio.
k Caisse d'Epargne du district de Courtelary, Courtelary (0,05) P
Longet René, pl. Philosophes 12, 1205 Genève, S
Loretan Willy Dr., Röseliweg 8, 4800 Zofingen, R
Lüchinger Hans G. Dr., Junggrütstr. 21, 8907 Wettswil, R, 7 M., 23,70 Mio.
k Münsterhof Immobilien AG, Zürich (0,3)
k Olsson, Erik, AG, Zollikon (0,3)
k Stäubli, Willy, Ingenieur AG, Unternehmung für Holz- und Werbau, Zürich (0,7) P
    Visura Treuhand-Gesellschaft, Zürich (0,4)
    Zschokke Holding SA, Genève (20,0)
k Zürcher Furnierwerk AG, Regensdorf (2,0)

Magnin Armand, av. Vibert 27, 1227 Carouge, T-PDA
Martignoni Werner Dr., Thunstr. 71, 3074 Muri bei Bern, V, 4 M., 280,0 Mio.
k Bernische Kraftwerke AG, Bern (120,0)
    Bernische Kraftwerke AG Beteiligungsgesellschaft, Bern (50,0)
    Kernkraftwerke Graben AG, Graben (100,0)
k Vereinigte Schweizerische Rheinsalinen, Pratteln (10,0)
Martin Jacques, 1882 Gryon, R, 4 M., 20,145 Mio.
k Frank et Schulte Aigle SA, Aigle (5,0)
k Frank et Schulte pour le commerce extérieur SA, Aigle (8,0)
e Marawa SA Gryon, Gryon (0,05)
    Société des forces motrices de l'Avançon, Bex (7,095)
Mascarin Ruth Dr., Müllheimerstr. 97, 4057 Basel, T-PO
Massy Claude, La Place, 1098 Epesses VD, L
Mauch Ursula, Ruchweid 179, 8911 Oberlunkhofen AG, S
    Meier Fritz. 8546 Ellikon an der Thur, –NA
Meier Josi J., Im Zöpfli 3, 6004 Luzern, C
Meier Kaspar Dr., Kapuzinerweg 6, 6006 Luzern, R, 22 M., 62,01 Mio.
k Auto AG Rothenburg, Rothenburg (0,6) P
    Berner Allgemeine Versicherungs-Gesellschaft, Bern (27,0)
    Berner Lebensversicherungs-Gesellschaft, Bern (10,0)
k Egli AG, Neumühle, Nebikon, Nebikon (0,35) P
    Elektrizitätswerk Luzern-Engelberg AG, Luzern (3,0)
k Fläkt-Airnorm AG, Luzern (2,0)
k Giesserei Emmenbrücke AG, Emmenbrücke (3,0)
k Helpus AG, Luzern (0,05)
k Hydro-Progress AG, Luzern (0,65)
e Interformtechnic AG, Luzern (0,05)
    Keller & Co. AG, Druckerei und Verlag, Luzern (2,1)
k Kiessandwerk AG Littau, Littau (0,1) P
k Marmor-Mosaikwerke Baldegg AG, Hochdorf (0,6) P
e Monte Nai AG, Luzern (0,06)
k Prüfgeräte AG, Luzern (0,5)
e Scandor AG, Luzern, Luzern (0,05)
k Schätzle AG, Luzern (0,9) P
k Schurter, H., AG, Luzern (0,35)
k Seeverlag & Kieshandels AG Luzern, Luzern (3,5) P
k Valfix Finanz AG, Luzern (5,0) P
    Wein-Import Scherer & Bühler AG, Meggen (2,1)
k Wirsbo AG Luzern, Luzern (0,05)
Meier Werner, Gümligensträssli 5, 3112 Allmendingen, S, 1 M., 2,0 Mio.
k Bubenberg Druck- und Verlags-AG, Bern (2,0)
Melzoz Bernard, ch. du Boisy 22, 1004 Lausanne, S, 2 M., 9,6 Mio.
    Logis Suisse SA Wohnbaugesellschaft gesamtschweizerischer Organisationen, Zürich (7,6)
k Société Vaudoise pour la création de logements à loyers modérés (SVLM), Lausanne (2,0)
Merz Christian Dr., Paradies 161, 9410 Heiden, S

Messmer Willy, Kirchstr. 80, 8583 Sulgen, R, 8 M., 3,9 Mio.
e AG Verlag Hoch- & Tiefbau, Zürich (0,05) P, D
e Bauelement Sulgen AG, Sulgen (0,5)
e Baufach-Verlag AG, Zürich (0,15) P
k Beton AG Bürglen, Bürglen (0,5)
k Datron AG für Datenverarbeitung und Organisation, St. Gallen (1,0) P
k Extensa Organisations- und Treuhand-AG, Zürich (0,2) P
e Messmer AG, Hoch- und Tiefbau, Sulgen (0,5)
k OBT Treuhand AG, St. Gallen (1,0) P
Morel Félicien, 1782 Belfaux FR, S
Morf Doris, Möhrlistr. 120, 8006 Zürich, S
Muheim Anton Dr., Tivolistr. 11, 6006 Luzern, S, 1 M., 0,6 Mio.
k Unionsdruckerei Luzern, Luzern (0,6)
Müller-Marzohl Alfons Dr., Ober-Gütschhalde 15, 6003 Luzern, C, 4 M., 5,92 Mio.
k IPU-AG für Fern- und Tagesschulen, Luzern (0,32) P, D
k IPU-AG für Programmiertes Selbststudium, Luzern (0,3), P, D
k IPU Aktiengesellschaft, Zug (5,0) P, S
k IPU Verlags-AG, Luzern (0,3) P, D
Müller Andreas Dr., Tannenmoos, 5728 Gontenschwil AG, U-LdU
Müller Bernhard Dr., Berghaus, 3711 Scharnachtal, V, 2 M., 179,365 Mio.
  Berner Alpenbahngesellschaft Bern–Lötschberg–Simplon, Bern (59,365)
  Kraftwerke Oberhasli AG, Innertkirchen (120,0)
Müller Daniel, Schmiedengasse 13, 4710 Balsthal, R, 6 M., 101,075 Mio.
k Autophon AG, Solothurn (18,0)
  Chromachron AG, Lauperdsorf (0,1)
  Duap AG, Herzogenbuchsee (7,5)
k Oensingen–Balsthal-Bahn, Balsthal (0,425) P
e Perville AG, Balsthal, Balsthal (0,05) P
  Solothurner Kantonalbank, Solothurn (75,0)
Müller Richard Dr., Waldriedstr. 7, 3074 Muri bei Bern, S, 2 M., 1,05 Mio.
k Kocherhans und Co., F., AG, Bauunternehmung Bern, Bern (0,05)
  Schweizerische Depeschenagentur, Bern (1,0)

Nauer Otto, Dreispitz 35, 8050 Zürich, S, 1 M., 7,6 Mio.
  Logis Suisse SA Wohnbaugesellschaft gesamtschweizerischer Organisationen, Zürich (7,6)
Nebiker-Dubach Hans Rudolf, Ebnet, 4457 Diegten, V, 3 M., 1,532 Mio.
k Kehrhof Oberkirch AG, Oberkirch (0,57) P
k Nebiker, Hans, AG, Sissach (0,5)
  Swiss Interagro Holding AG, Zug (0,462)
Nef Georg, Alpenrose, 9631 Hemberg SG, R
Neukomm Alfred, Weiermattstr. 66, 3027 Bern, S
Nussbaumer Urs, Rain, 4533 Riedholz SO, C

Oehen Valentin, Tenuta di Spinello, 6981 Sessa TI, –NA
Oehler Edgar Dr., Grünensteinstr. 9, 9436 Balgach, C, 6 M., 7,76 Mio.
k Basaltstein AG Buchs (St. Gallen), Buchs (0,5) P
  Nencki AG, Langenthal (4,5)
k Neue Metropol Widnau AG, Widnau (0,5) P
e Ogip AG, Balgach (0,06)
k Plastic-Color-Chemie AG, Romanshorn (1,0)
k Wellauer, H., AG, Wil SG, Wil (1,2)
Oester Hans Dr., Drusbergstr. 36, 8053 Zürich, U–EVP
Ogi Adolf, Längimoosstr. 12, 3075 Rüfenacht, V, 4 M., 6,9 Mio.
k Club Intersport AG, Bolligen (0,2)
k Intersport Management AG, Ostermundigen (0,7)
k Intersport (Schweiz) AG, Ostermundigen, Gde. Bolligen (2,0)
k Intersport (Schweiz) Holding AG (SA), Bolligen (4,0)
Ott Heinrich, Prof. Dr., Emil-Frey-Str. 61, 4142 Münchenstein, S

Pedrazzini Giovan Battista, via del Passetto 19, 6600 Locarno, C, 8 M., 340,9 Mio.
  Aare-Tessin AG für Elektrizität (Atel), Olten (225,0)
k Banca del Gottardo, Lugano (80,0)

k Fiduciaria Laverbano SA, Ascona (0,5) P
k Inelectra SA, Bodio (2,4)
k Invertomatic SA per la conversione dell'energia, Locarno (3,0) P
k Società della Funivia Locarno–Orselina–Cardada SA, Orselina (1,8) P
k Società Elettrica Sopracenerina, Locarno (21,0) D
k Società Locarnese di Partecipazioni e Immobiliare, Locarno (7,2) P
Petitpierre Gilles, Prof., Place du Bourg-de Four 7, 1204 Genève, R
Pini Massimo, 6576 Gerra (Gambarogno), R, 7 M., 6,55 Mio.
k Consulta SA Società Fiduciaria e di Amministrazioni, Consulenze e Ricerche Economiche, Lugano (0,05)
k Eliticino SA di Trasporti con Elicotteri, Locarno (1,0) P
k Enerconsult SA, Lugano (0,2) P
k Ferriere Cattaneo SA, Giubiasco (2,5)
k Icsa, Trafilerie a freddo SA, Taverne (0,8) P
k New Metaltex SA, Genestrerio (1,0)
k Schmalz Giubiasco SA, Impresadi Costruzioni, Giubiasco (1,0)

Räz-Rutsch Fritz, 3255 Rapperswil (BE), V, 5 M., 25,0 Mio.
  AG der Schweiz. Milchproduzenten, Brugg (5,0)
  Emmental AG, Exportgesellschaft für Schweizerkäse, Zollikofen (1,0)
k Grünig, Rob., AG, Biel (3,0)
  Verbandsdruckerei AG Bern, Bern (1,0)
k Verbandsmolkerei Region Bern AG, Ostermundigen, Gde. Bolligen (15,0)
Reichling Rudolf, Seestr. 149, 8712 Stäfa, V, 4 M., 18,363 Mio.
k AG der Schweiz. Milchproduzenten, Brugg (5,0)
k Emmental AG, Exportgesellschaft für Schweizerkäse, Zollikofen (1,0) P
  Gerberkäse AG, Thun (0,8)
k Schweizerische Käseunion AG, Bern (11,563)
Reimann Fritz, Schulstr. 63 A, 3604 Thun, S, 3 M., 0,4 Mio.
k Egghölzli Immo AG, Bern (0,25)
k Immobilien AG Grünau Gerlafingen, Gerlafingen (0,1)
k Zivag Immobilien-Verwaltungs AG, Bern (0,05)
Reiniger Kurt Dr., Hornbergstr. 17, 8200 Schaffhausen, S, 1 M., 10,0 Mio.
  Kraftwerk Schaffhausen AG, Schaffhausen (10,0)
Renschler Walter Dr., Schäracher 23, 8053 Zürich, S, 2 M., 180,1 Mio.
  Genossenschaftliche Zentralbank Aktiengesellschaft, Basel (180,0)
k Prewo AG Zürich, Zürich (0,1)
Ribi Martha, Hoffnungsstr. 3, 8038 Zürich, R
Riesen Jean, Herrenmatt 14, 3175 Flamatt, S, 3 M., 12,1198 Mio.
  Bern–Neuenburg-Bahn (direkte Linie), Bern (8,9314)
k Imprimerie Couchoud SA, Lausanne (0,3) P
  Sensetalbahn AG, Laupen (2,88768)
Risi Josef, Gotthardstr. 68, 6415 Arth, C
Robbiani Dario, 6911 Comano TI, S
Roth Hans, 5016 Hard-Erlinsbach, V
Rothen Eduard, Dählenstr. 10, 2540 Grenchen, S, 2 M., 0,1525 Mio.
  Kontrollverein Grenchen Immobilien AG, Grenchen (0,0525)
k Volkshaus AG, Grenchen, Grenchen (0,1)
Röthlin-Lieb Walter, St. Jakobstr. 9, 6064 Kerns, C, 9 M., 5,84 Mio.
  Bergbahnen Melchsee-Frutt–Bonistock, Kerns (2,0)
k Kägi AG, Küchen-, Türen- und Fensterfabrik, Winterthur-Seen, Winterthur (2,5) P
k Pizokel AG, Kerns (0,1) P
e Reinhard, A., AG, Kerns (0,2) P
e Reinhard, A., AG, Jegenstorf, Jegenstorf (0,05) P
e Reinhard, A., AG, Zürich, Zürich (0,05)
k Trattoria AG, Wanzwil (0,5) D
k Trattoria Holding AG, Wanzwil (0,14) P
e Trattoria Teigwarenfabrik Röthlin AG, Kerns (0,3) P

Roy Gabriel, rue de l'Entrepôt 4, 2800 Delémont,
– CSI, 2 M., 0,10 Mio.
e Overma SA, Les Breuleux (0,05)
e Tenax SA, Les Breuleux (0,05) P
Rubi Fred Dr., Schlegeli, 3715 Adelboden, S, 3 M., 62,015 Mio.
Berner Alpenbahngesellschaft Bern–Lötschberg–Simplon, Bern (59,365)
k Parkhaus AG Adelboden, Adelboden (0,05) P
k Ski- und Sessellift Hahnenmoos AG, Adelboden (2,6)
Rüegg Hans, Auf der Wacht, 8630 Rüti ZH, R, 13 M., 1710,9375 Mio.
e AG für die Neue Zürcher Zeitung, Zürich (2,0)
k Baumann & Cie. AG, Rüti (1,5) P, D
k Bios AG, Rüti (0,05)
k Dätwyler Holding AG, Altdorf (7,0) P
k Druckerei Wetzikon AG, Wetzikon (1,8) P
k Maschinenfabrik Rieter AG, Winterthur (3,1875)
Motor-Columbus AG, Baden (130,0)
k Rapid Maschinen und Fahrzeuge AG, Dietikon, Dietikon (9,0)
k Schweizerische Bankgesellschaft (SBG), Zürich (1400,0)
Standard Telephon und Radio AG, Zürich (46,0)
k Starrfräsmaschinen AG, Rorschacherberg (8,4)
Stuag, Schweizerische Strassenbau- und Tiefbau-Unternehmung AG, Bern (12,0)
k Von Roll AG, Gerlafingen (90,0)
Ruffy Victor, 1054 Morrens, S
Rutishauser Paul, 8583 Götighofen, V, 1 M. 0,1 Mio.
k Aktiengesellschaft Grünes Zentrum Weinfelden, Weinfelden (0,1)
Rüttimann Albert, Mattenhof, 8911 Jonen AG, C

Schalcher Heinrich, Wartstr. 266, 8408 Winterthur, U–EVP
Schärfli Hans, Drogerie, 6247 Schötz, C, 3 M., 3,25 Mio.
e Inter-Invest-Schötz AG, Schötz (0,1) P
e Schärli, H., AG, Schötz (0,15) P
k Strabag Strassenbau AG, Schötz (3,0)
Scherer Anton Dr., Allrütiweg 11, 6343 Rotkreuz, C, 1 M., 45 Mio.
Zuger Kantonalbank, Zug (45,0)
Schmid Hans Prof. Dr., Lehnstr. 81, 9000 St. Gallen, S, 1 M., 0,75 Mio.
k Druckerei und Verlag «Ostschweizer AZ», St. Gallen (0,75)
Schnider Theodor, Schönisei, 6174 Sörenberg, C, 6 M., 5,48 Mio.
Buchdruckerei Schüpfheim AG, Schüpfheim (0,1)
k Duss Baugeschäft AG, Hasle LU, Hasle (0,15) P
k Hallenbad AG Sörenberg, Sörenberg (1,1)
Kurhaus Sörenberg AG, Flühli (0,45)
Luftseilbahn Sörenberg–Brienzer Rothorn AG, Sörenberg, Gde. Flühli (2,78)
k Luftseilbahn Sörenberg Rossweid AG, Sörenberg (0,9)
Schnyder Heinrich, 3110 Münsingen, Schwand, V
Schüle Kurt, Klausweg 64, 8200 Schaffhausen, R, 2 M., 0,8 Mio.
k Autosilo Schaffhausen AG, Schaffhausen (0,2) P
k Bachmann AG Beringen, Beringen (0,6)
Schwarz-Clavadetscher Urs Dr., Pomernhalde 10, 4800 Zofingen, R, 12 M., 9,356 Mio.
e AG Klosterbrauerei Zofingen, Zofingen (0,12)
Bad Schinznach AG, Schinznach-Bad (6,0)
k Basler AG, Ingenieurbüro, Zofingen (0,2) P
k Bauplanung AG Suhr, Suhr (0,05) P
Born, Peter, AG, Zofingen (0,15)
e Cellere & Co. Unternehmung für Strassen & Tiefbau AG, Aarau (0,05) P
e CP Pumpen AG, Zofingen (0,3)
k Farmco AG, Niederwangen, Gde. Köniz (1,036) P
k Rohbi Maschinen AG, Aarburg (0,2) P
k Scheurmann & Co AG, Aarburg (1,0)
e Treuhand Zofingen AG, Zofingen (0,05)
k «Wifa» AG zur wirtschaftlichen Förderung der Altstadt Zofingen, Zofingen (0,751)
Segmüller Eva, Greifenstr. 7, 9001 St. Gallen, C
Soldini Mario, 1224 Chêne-Bougeries, –Vi
Spiess Gertrud Dr., Innere Margarethenstrasse 14, 4051 Basel, C

Spreng Liselotte, rte Fort-St.-Jacques 12, 1700 Fribourg, R, 1 M., 3,5 Mio.
Suchard-Tobler AG, Bern (3,5)
Steinegger Franz, Seestrasse, 6454 Flüelen, R
Stich Otto Dr., Kirschgartenweg 4, 4143 Dornach, S, 6 M., 10,05 Mio.
k Lange Rütti Immobilien AG, Reinach (0,2)
k Les Iles SA, Boudry (0,05) P
Logis Suisse SA Wohnbaugesellschaft gesamtschweizerischer Organisationen, Zürich (7,6)
k Madelia SA, Fribourg (0,05) P
k Radio-Schweiz, AG für drahtlose Telegraphie und Telephonie, Bern (2,1)
k S.I. Centre Ville de Rolle, Rolle (0,05) P
Stucky Georg Dr., Aberenterrasse 2, 6340 Baar, R, 6 M., 12,55 Mio.
k Alno AG, Zürich (0,3)
k Development Consultants AG, Basel (0,1) P
k Stinnes International AG, Zug (1,0)
k Trumpf Maschinen AG, Baar (0,75)
k Varian AG, Zug (0,2)
k Varian International AG, Zug (0,2)
k Vereinigte Schweizerische Rheinsalinen, Pratteln (10,0)

Teuscher Pierre, ch. Plantaz 30, 1024 Ecublens VD, V, 3 M., 2,35 Mio.
k Bertschinger, Walo, SA, Lausanne, Lausanne (0,5) P
k Gravière de la Claie-aux-Moines SA, Savigny (1,5)
Sirec SA, Société industrielle de récupération, Ecublens (0,35)
Thévoz Georges, 1565 Missy, L, 3 M., 2,84 Mio.
k Imprimerie Commerciale SA, Payerne (0,12)
Landwirtschaft AG der ZRA, Aarberg (1,02)
Zuckerfabrik & Raffinerie Aarberg AG, Aarberg (1,7)
Tochon Robert, 18, Bd des Philosophes, 1205 Genève, C

Uchtenhagen Lilian Dr., Lenggstr. 31, 8029 Zürich, S

Vannay Françoise, 1891 Torgon VS, S
Vetsch Burkhard, Bodenstr. 18, 9436 Balgach, R, 2 M., 7,36 Mio.
Debrunner AG, St. Gallen (7,0)
k Vetsch, Christian, AG, Hoch- & Tiefbau, Grabs/SG. Grabs (0,36) P
Villiger Kaspar, Eichbühlstr. 94, 5735 Pfeffikon LU, R, 12 M., 20,35 Mio.
Bank in Menziken, Menziken (9,0)
k Calomil AG, Hochdorf (0,5)
e Eichenberger, Osc. & Herm., AG, Beinwil am See (0,1) P
k Fabbrica Tabacchi Brissago, Brissago (3,0)
e Giger, Emil, AG, Gontenschwil (0,1) P
Homag AG, Reinach (0,5)
e Koga-Trading AG, Wädenswil (0,05) P
e OPAL Cigarrenfabrik A. Eichenberger-Baur AG, Beinwil am See, Beinwil am See (0,4) P
e Peters Erben, Eugen, AG, Boniswil (0,1) P
k Polybox AG, Reinach (0,1)
k Schweiz. Milchgesellschaft AG, Hochdorf (5,0)
e Villiger Söhne AG, Pfeffikon (1,5) P

Wagner Paul, Kürzeweg 18, 4455 Zunzgen BL, S
Weber-Wiget Karl, Schlagstr. 51, 6430 Schwyz, R, 4 M., 4,5 Mio.
e Kaweba AG, Stahl + Baubedarf, Seewen, Gde. Schwyz (0,8) P
e Kaweba Anlagen AG, Seewen (0,8) P
Keller & Co. AG, Druckerei und Verlag, Luzern (2,1)
k Seilbahn Rickenbach–Rotenfluh AG Schwyz, Schwyz (0,8) P
Weber-Huber Leo Dr., Paradiesweg 10, 5630 Muri AG, C, 11 M., 735,3 Mio.
k Bahnhofbuffet AG Muri, Muri (0,2) P
Bank Langenthal, Langenthal (22,0)
k Homag AG, Reinach (0,5) P
Kraftwerk Ruppersvil-Auenstein AG, Aarau (12,0)
Kraftwerke Ilanz AG KWI, Ilanz (60,0)
Kraftwerke Linth-Limmern AG (KLL), Linthal (50,0)

    Kraftwerke Sarganserland AG (KSL), Pfäfers (100,0)
    Kraftwerke Vorderrhein AG (KVR), Disentis (80,0)
k Leuthard AG Bauunternehmung, Muri (0,6) P
k Liebherr-International AG, Obersiggenthal (50,0)
    Nordostschweizerische Kraftwerke, Baden (360,0)
Weber Monika, Köschenrütistr. 116, 8052 Zürich, U–LdU
Weber Rolf Dr., 9320 Arbon, S
Wellauer Hermann, Thurstr. 37, 8500 Frauenfeld,
    C, 6 M., 5,83 Mio.
k Beton AG Frauenfeld, Frauenfeld (0,43) P
k Cowelco Stein- und Element AG Frauenfeld, Frauenfeld
    (0,1) P
k Espa-Frauenfeld AG, Frauenfeld (0,5)
k Mifag Mischgutwerk Frauenfeld AG, Frauenfeld (0,6)
e Wellauer, H., AG, Frauenfeld (3,0) P
e Wellauer, H., AG Wil SG, Wil (1,2) P
Widmer Sigmund Dr., Gloriastr. 60, 8044 Zürich,
    U–LdU, 6 M., 533,5973 Mio.
    Dolder Kunsteisbahn AG, Zürich (0,28)
k Ferien- und Sportzentrum Hoch-Ybrig AG, Unteriberg (25,0)
k Neue Schauspiel AG, Zürich (0,5)
    «Swissair» Schweizerische Luftverkehr-AG, Zürich 1
    (506,66)
k Theater-AG Zürich, Zürich (1,0173)
k Theater am Neumarkt AG, Zürich (0,14)
Wilhelm Jean, allée des Soupirs 1, 2900 Porrentruy,
    C, 5 M., 5,9 Mio.
k ACTV SA Antennes collectives de télévision, Moutier (0,4)
k Banque Jurassienne d'Epargne et de Crédit, Bassecourt (5,0)
k Câblevision SA, Malleray (0,2)
k Manufacture jurassienne de Bonneterie SA, Alle (0,15) P
k SARI, SA de Revues Illustrées, Genève (0,15)
Wyss Paul Dr., Solothurnerstr. 88/Postfach, 4010 Basel,
    R, 6 M., 157,34 Mio.
    Bâloise-Holding, Basel (40,0)
    Basler Lebensversicherungs-Gesellschaft, Basel (25,0)
    Basler, Versicherungs-Gesellschaft, Basel (60,0)
    Preiswerk & Cie AG, Basel (6,0)
k Schori Holding AG, Basel (0,34)
    Schweizerische Reederei und Neptun AG, Basel (26,0)

Zbinden Paul Dr., Petit-Schoenberg 36, 1700 Fribourg,
    C, 9 M., 5,025 Mio.
e Epaco SA, Fribourg (0,425)
k Extramet AG, Plaffeien (0,5)
    Freiburger Nachrichten, Fribourg (0,1)
k Gravière de Châtillon SA, Fribourg (0,4)
k Michel, A., SA Fribourg, Fribourg (0,3)
k Sateg SA, SA de Travaux, Entreprise Générale, Fribourg
    (1,5)
k Société commerciale pour la construction Socco SA,
    Fribourg (0,1)
k Tacchini SA, Fribourg (0,5)
k Usines industrielles du roulement Bulle SA, Bulle (1,2)
Zehnder Herbert, Niederlenzerstr. 21, 5600 Lenzburg, S
Ziegler Jean Prof. Dr., 1249 Choulex GE, S
Ziegler Josef Dr., Höhenweg 3, 4562 Biberist, C
Zwygart Otto, Weiermattweg 23, 3098 Köniz, U–EVP

Ständerat
Conseil des Etats

Affolter Max Dr., Vord. Steinacker 25, 4600 Olten, R 16 M., 16,37 Mio.
- k Aare Finanz- und Holding-AG, Olten (2,0) P
- e Bauland AG, Olten (2,0)
- k Calbiochem AG, Luzern (0,5)
- k CBO Bau AG Olten, Olten (0,15)
- e Chemotextil AG, Zürich (0,5)
- e Cranex AG, Opfikon (2,5)
- e Fidesan AG, Basel (0,07)
- e Iskra Electronics AG, Solothurn (0,1)
- k Loher ITM AG Olten, Olten (0,05)
- k Paxona AG, Wolfwil (0,1) P
- Perles Elektrowerkzeuge und Motoren AG, Pieterlen (5,0)
- k Schlossgrün AG, Obergösgen (0,15) P
- k Steinacker Holding AG, Olten, Olten (2,4)
- e Troxler, Joseph, AG, Olten (0,25)
- e Tubus AG, Olten (0,1) P
- k Zunfthaus zum Löwen AG, Olten (0,5)

Andermatt Othmar Dr., Frohburgweg 16, 6340 Baar, R, 1 M., 4,0 Mio.
- k ABZ-Finanz- und Beteiligungsgesellschaft, Zug (4,0) P

Arnold Leo, Dr. Attinghauserstr. 7, 6460 Altdorf UR, C, 1 M., 20,0 Mio.
- Elektrizitätswerk Altdorf, Altdorf (20,0)

Aubert Jean-François Dr., 37, rue du Chanet, 2014 Bôle NE, L

Bauer Monique, 30, Ch. de la Genévrière, 1213 Onex, L
Baumberger Hans-Ulrich Dr., Sonneggstr. 14, 9100 Herisau, R, 10 M., 121,4 Mio.
- Aktiengesellschaft Cilander, Herisau (2,0)
- Datron AG für Datenverarbeitung und Organisation, St. Gallen (1,0)
- k Hasler AG, Bern (32,0)
- k Hasler Holding AG, Bern (48,0)
- k Huber & Suhner AG Kabel- und Kautschuk-, Kunstoffwerke, Herisau (12,5)
- Hügli Holding AG, Arbon (0,1)
- Hügli Nährmittel AG, Steinach, Steinach (0,1)
- e Mäder Walter, AG, Baden (0,7) P
- OBT Treuhand AG, St. Gallen (1,0)
- SIG Schweizerische Industrie-Gesellschaft, Neuhausen a. Rh. (24,0)

Belser Eduard, Weiherhofstr. 29, 4415 Lausen BL, S
Binder Julius Dr., Zürcherstr. 27, 5400 Baden, C, 32 M., 242,335 Mio.
- Aargauische Hypotheken- & Handelsbank, Brugg (80,0)
- e Ago Finanz AG, Baden (0,6)
- k Alpsteg Fenster AG, Dürrenäsch (0,6) P
- k Arbau, Generalunternehmung AG, Wettingen (0,21)
- e Balteschwiler AG, Laufenburg (1,4) P
- e Betoneisen AG Regensdorf, Regensdorf (2,0)
- k Biturit AG, Mülligen (0,4) P
- k Buchdruckerei AG Baden, Baden (1,7)
- e Constructa Verwaltungs-AG, Baden (0,35)
- Elektrizitäts-Gesellschaft Laufenburg AG, Laufenburg (90,0)
- e Felsbach AG, Cazis (0,075)
- k Immobilien Markthof AG, Neuenhof (2,8)
- e Iur BSSZ AG, Baden (0,5) P
- e Kaufmann, Walter, AG, Baden (0,2) P
- e Keller & Co., AG, Klingnau (4,0)
- e Lemetex AG, Wettingen (0,1)
- e Liegenschaften AG Baden, Baden (2,0) P
- k Mimab AG, Baden (1,0) P
- k Montana Stahl AG, Würenlingen (2,0)
- e Notter, Otto, Holding AG, Wohlen (2,0) P
- k Novopan AG, Böttstein (10,0)
- k Novopan Holding AG, Baar (18,0) P
- k Reinle, Emil, AG, Baden, Baden (6,0) P
- k Roesch Electric AG, Koblenz (0,5) P
- Schweizer, Ernst, AG, Metallbau, Aarau, Aarau (0,05)

- Schweizerische Sodafabrik, Zurzach (10,0)
- e Starinox AG, Oberrohrdorf (0,7) P
- k Staub, Martin, AG, Zug (1,0)
- k Studer Draht & Kabelwerk AG, Däniken (2,4)
- k Thermalschwimmbad Baden, Baden (0,9)
- k Weibel, F., AG, Wettingen, Wettingen (0,4)
- k Wietlisbach, B., AG, Stetten, Stetten (0,45)

Bührer Esther, Felsgasse 51, 8203 Schaffhausen, S
Bürgi Paul Dr., Goethestr. 72, 9008 St. Gallen, R, 16 M., 203,16025 Mio.
- k Bess Hygiene AG, Bern (3,0)
- Bodensee–Toggenburg-Bahn (BT), St. Gallen (32,66025)
- e Cellere & Co. Unternehmung für Strassen- & Tiefbau AG St. Gallen, St. Gallen (0,5) P
- Danzas AG, Basel (5,0)
- k Gauer Hotel Management AG, Bern (0,1) P
- k Gauer, J., Hotel AG, Bern (0,5)
- k Helvetia Schweizerische Feuerversicherungs-Gesellschaft, St. Gallen (35,0)
- Helvetia-Unfall Schweiz. Versicherungsgesellschaft Zürich, Zürich (17,5)
- k Metkon SA, Stabio (1,0)
- e Orgama Management AG, Altenrhein-Thal (1,3)
- k Sandherr Packungen AG, Diepoldsau (1,0)
- Schweizerische Revisionsgesellschaft, Zürich (2,25).
- k Tempo AG, Bern (5,35)
- Usego AG, Olten (23,0) P
- k Usego-Trimerco Holding AG, Egerkingen (55,0) P
- k Waro AG, Volketswil (20,0) P

Cavelty Luregn Mathias Dr., Schellenbergstr. 56, 7000 Chur, C, 11 M., 118,257 Mio.
- k Belag AG Untervaz, Untervaz (1,0) P
- k Bergbahnen Disentis AG, Disentis (8,8) P
- k Bertschinger, Walo, AG Chur, Chur (0,2)
- e Carcavelos Immobiliare SA, Coira (0,5)
- e Della Santa und Moser AG, Chur (0,1) P
- k Economation AG für Computertechnik und Automation, Zürich (0,2) P
- k Hosig Automobile AG, Chur (0,5) P
- k Luftseilbahnen Samnaun AG, Samnaun (9,0)
- Oleodotto del Reno SA, Chur (40,0)
- Rhätische Bahn, Chur (57,957)

Debétaz Edouard, ch. de Chandolin 5, 1005 Lausanne, R, 1 M., 0,050075 Mio.
- k Société Yverdonnoise d'Alpage, Yverdon (0,050075)

Dobler Alois Dr., Bauernhofstr. 14, 8853 Lachen SZ, C, 14 M., 7,95 Mio.
- k Agroba Aktiengesellschaft für Grossbauten und Einkaufszentren, Zürich (0,5) P
- e Casalee AG, Lachen (2,0)
- e Cedev, Consultants for Economic Development, Lachen (0,05)
- k Denner Management & Consulting AG, Zürich (0,1) P
- k Domicilium AG, Zürich (0,5) P
- e Drewo AG, Lachen (0,05)
- Ersparnisanstalt Bütschwil, Bütschwil (4,0)
- e Flexochem AG, Lachen (0,2) P
- k Honegger Treuhand- und Revisions-AG, Pfäffikon (0,25) P
- Immobilien AG «Speer», Bütschwil (0,05)
- e Mythow AG, Lachen (0,05)
- e TC Trennchemie AG, Lachen (0,05) P
- e Technische Chemie AG, Lachen (0,05)
- e Via Verfahrenstechnik AG, Lachen (0,1) P

Donzé Willy, rue du Nant 2, 1207 Genève, S, 1 M., 0,5 Mio.
- k Editions Labor et Fides, Genève (0,5)

Dreyer Pierre, rte de Planafaye 106, 1752 Villars-sur-Glâne, C, 7 M., 218.87557 Mio.
- Compagnie du Chemin de fer Montreux–Oberland Bernois, Montreux (10,68757)
- k Degrémont SA, Vevey (0,55)
- Electricité Neuchâteloise SA, Corcelles-Cormondrèche (20,0)
- Energie nucléaire SA (ENUSA), Lausanne (0,15)

- Forces Motrices Hongrin–Léman SA (FMHL), Château-d'Œx (70,0)
- SA l'Energie de l'Ouest Suisse (EOS), Lausanne (115,0)
- Transhelvetica, AG für eine transhelvetische Wasserstrasse, Neuchâtel (2,488)

Egli Alphons Dr., Bachtelstrasse, 6048 St. Niklausen, C, 12 M., 183,085296 Mio.
- k Bank für Kredit und Aussenhandel AG Zürich, Zürich (25,0)
- k Bank in Sempach, Sempach (2,5) P
- e Bründler, Arthur, AG, Ebikon (0,25) P
- Centralschweizerische Kraftwerke, Luzern (135,0)
- k Druckerei Maihof, Luzern (3,0) P
- e Effekten- und Aussenhandels-Finanz AG, Zürich, Zürich (1,0)
- e Faksimile-Verlag AG, Luzern (0,35)
- e Foradada Warenhandels-, Treuhand- und Finanz AG, Zürich, Zürich (0,1)
- k Kindler Verlag AG, Zürich (4,0)
- k Rigibahn-Gesellschaft, Vitznau (3,4)
- k Schiffahrtsgesellschaft des Vierwaldstättersees (SGV), Luzern (7,785296) P
- k Stocker, Josef, AG, Buchhandlung Luzern, Luzern (0,1)

Gadient Ulrich Dr., Arlibonstr. 14, 7000 Chur, V, 13 M., 85,809940 Mio.
- k Adams AG, Klosters-Serneus (0,1)
- k Basis Holding AG, Chur (0,5)
- k Basten AG, Chur (0,1)
- k Baustrag, Bau- und Strassen AG, Chur, Chur (0,2)
- k Ems-Chemie Holding AG, Domat/Ems (70,0)
- k Fischer, Georg, Plastik AG, Seewis, Seewis-Pardisla i. P. (5,0)
- k Hochalpines Töchterinstitut Fetan, Fetan/Ftan (1,8)
- k Patvag Kraftwerke AG, Domat/Ems (2,2)
- k Rothornbahn und Scalottas AG Lenzerheide, Lenzerheide-Vaz/Obervaz (2,309940)
- e Solidus Finanz AG, Chur (2,0)
- k Trumpf Grüsch AG, Grüsch (1,0)
- e Valbellina AG, Chur (0,6)

Gassmann Pierre, Ch. du Puits 6, 288 Delémont, S

Generali Luigi, v. delle Grazie 4, 6600 Muralto, R, 6 M., 41, 9 Mio. Bauer, Camille, AG, Basel (4,0)
- k Inelectra SA, Bodio (2,4)
- k Jelmoli Locarno SA., Locarno (0,5)
- k Kraftwerk Aegina AG, Ulrichen (12,0)
- k Schindler Ascensori e Motori SA, Locarno (2,0) P
- k Società Elettrica Sopracenerina, Locarno (21,0)

Genoud Guy, 1937 Orsières, C, 7 M., 81,589 Mio.
- Compagnie du Chemin de Fer Aigle–Ollon–Monthey–Champéry Morgins, Aigle (1,424)
- Compagnie du Chemin de Fer de Martigny au Châtelard (Ligne du Valais à Chamonix), Martigny-Ville (1,8)
- Compagnie du chemin de fer Martigny–Orsières (MO), Martigny-Ville (4,99)
- Gazoduc SA Sion, Sion (1,125)
- Société italo-suisse d'exploitation du Tunnel du Grand-St-Bernard SA, Bourg-St-Pierre (0,05) P
- «Swissgas», Schweizerische Aktiengesellschaft für Erdgas, St. Gallen (60,0)
- Tunnel du Grand St-Bernard SA, Bourg-St-Pierre (12,2) P

Gerber Peter, Frienisberg, 3258 Seedorf BE, V, 3 M., 3,72 Mio.
- k Anicom AG, Bern (1,0)
- Landwirtschaft AG der ZRA, Aarberg (1,02)
- Zuckerfabrik & Raffinerie Aarberg AG, Aarberg (1,7)

Guntern Odilo Dr., Termerweg 11, 3900 Brig, C, 3 M., 4,5 Mio.
- k Lauduna AG, Lalden (1,5)
- Riederalp-Bahnen, Mörel (2,0)
- k Teranol AG, Lalden (1,0)

Hänsenberger Arthur, 3515 Oberdiessbach BE, R

Hefti Peter Dr., Abläsch 6, 8762 Schwanden GL, R, 34 M., 374,5 Mio.
- k AG vorm. R. Schlittler & Co., Leuggelbach (0,8) R
- k AKEB Aktiengesellschaft für Kernenergie-Beteiligungen Luzern, Luzern (90,0)
- e Aleco AG, Glarus (0,75)
- e Aran Productions SA, Glarus (0,1)
- k Banco Exterior (Suiza) SA, Zürich (20,0)
- k Bifiac AG, Glarus (1,2)
- k Büro Patent AG, Glarus (0,4)
- k Cavenham AG, Glarus (7,2)
- e Chartag, Glarus (0,3)
- k Cinderella Holding AG, Glarus (1,5)
- k Clair Finanz AG, Glarus (10,0)
- k Conwood SA, Glarus (3,8)
- k Freitina AG, Glarus (0,1) P
- k Furna AG, Glarus (0,05)
- k Industrial Investments Ltd, Glarus (0,17)
- e Isinvest AG, Glarus (0,05)
- k Kamar Holding AG, Glarus (0,8)
- k Kraftwerke Sernf-Niederenbach AG, Schwanden (20,25) P
- Kraftwerke Zervreila AG, Vals (50,0)
- k Lamital-Holding SA, Glarus (0,5)
- e Liparesc AG, Glarus, Glarus (0,1)
- e Paramount-Finanz AG, Glarus (10,0)
- Phoenix Invest AG, Glarus (10,02)
- e Prodiga AG, Glarus (0,05)
- e Romasita SA, Glarus (0,1)
- k Schraner AG, Oberurnen (0,21) P
- e Sigbub AG, Glarus (0,1)
- e Subar Holding AG, Glarus (0,8)
- k Therma AG, Schwanden (18,0)
- k Veritas Treuhand AG, Basel (0,3)
- «Vita» Lebensversicherungs-Aktiengesellschaft, Zürich (20,0)
- k Weseta Vereinigte Webereien Sernftal AG, Engi (1,75) P
- k Wiedmer Walter AG Plastikform, Näfels (0,9)
- «Zürich» Versicherungs-Gesellschaft, Zürich (104,2)

Hophan Willy, Grossgasse 4, 6060 Sarnen, C, 2 M., 13,0 Mio.
- Elektrizitätswerk Luzern-Engelberg AG, Luzern (3,0)
- Vereinigte Schweizerische Rheinsalinen, Pratteln (10,0)

Knüsel Peter, Bühlmattstr. 5, 6045 Meggen, R

Kündig Markus, Bundespl. 10, 6300 Zug, C, 8 M., 66,85 Mio.
- e Atelier Stemmle AG, Zürich (0,2)
- k Goetz AG, Zug, Zug (0,1) P
- k Jacobs Export & Trading AG, Zug (0,05) P
- k Metallwaren-Holding AG, Zug (6,0)
- Metro International AG, Zug (50,0)
- k Taloca AG, Zug (0,5) P
- k V-Zug AG, Zug (2,0)
- Wasserwerke Zug AG, Zug (8,0)

Letsch-Steffen Hans Prof. Dr., Heinerich-Wirri-Str. 6D, 5000 Aarau, R, 14 M., 507,493 Mio.
- Aargauische Hypotheken- & Handelsbank, Brugg (80,0)
- k Häusermann & Co AG, Wirtschafts- und Unternehmensberatung, Zürich (0,5) P
- k Hero Conserven Lenzburg, Lenzburg (30,0)
- Jura-Cement-Fabriken, Aarau (15,0)
- Kraftwerk Laufenburg, Laufenburg (100,0)
- k Metallwaren-Holding AG, Zug (6,0) D
- k MZ-Immobilien AG, Zug (1,5)
- Sandoz AG, Basel (245,143)
- k Schlatter, Theodor & Co AG Suhr, Suhr (0,1)
- SIG Schweizerische Industrie-Gesellschaft, Neuhausen a. Rh. (24,0)
- Trüb AG Aarau, Aarau (1,75)
- k V-Zug AG, Zug (2,0)
- k WEZ Kunststoffwerk AG, Oberentfelden (1,5) P

Lieberherr Emilie Dr., Grossmannstr. 30, 8049 Zürich, S, 3 M., 128,7 Mio.
- Ferien- und Sportzentrum Hoch-Ybrig AG, Unteriberg (25,0)
- Kraftwerke Hinterrhein AG, Thusis (100,0)
- Zürichsee-Schiffahrtsgesellschaft (ZSG), Zürich (3,7)

Matossi Franco, Alte Landstr. 14, 8596 Scherzingen, V, 2 M., 0,75 Mio.
- e Niba-Getränke AG, Bazenheid (0,25) P
- k Thurella AG, Bischofszell (0,5)

Meier-Ott Hans, Espen, 8867 Niederurnen, C, 10 M., 7201 Mio
k Autobetrieb Sernftal AG, Engi (0,5)
   Eternit AG, Niederurnen (10,0)
k Ifitrag AG, Glarus (1,0).
e Joos AG, Zürich (0,05)
e Kofinag AG, Niederurnen (0,2) P
   Kraftwerke Linth-Limmern AG (KLL), Linthal (50,0)
e Meier H., AG, Niederurnen, Niederurnen (0,11)
e Mika, Hans G., AG, Zürich (0,1)
   Vereinigte Schweizerische Rheinsalinen, Pratteln (10,0)
e Vibromag AG, Niederurnen (0,05)
Meylan René, Clos-de-Serrières 12, 2000 Neuchâtel, S
Miville Carl, Rennweg 89, 4052 Basel, S
Muheim Franz, Bahnhofstr. 55, 6460 Altdorf UR, C, 12 M., 103,25 Mio.
e Dosor SA, Altdorf (0,05)
   Elektrizitätswerk Altdorf, Altdorf (20,0)
k Gunimperm SA, Bellinzona (0,15)
e Immo-Gemsstock AG, Altdorf (0,05)
k MFC Management & Financial Consultants AG, Zug (0,1)
e Media Sales and Promotion AG, Altdorf (0,1)
e Montebello AG, Zürich (0,1)
k North-Wood Ltd, Altdorf (0,05)
k Schindler Holding AG, Hergiswil (80,5) P
k Stammbach Flüelen AG, Flüelen (0,1) P
k Subalpina SA per lavori pubblici, idroelettrici e industrial, Lugano (2,0)
e Treuhand und Immo Bauen AG, Bauen (0,05)
Munz Hans Dr., Kirchstr. 36, 8580 Amriswil, R, 16 M., 1926,73 Mio.
e Aktiengesellschaft Adolph Saurer, Arbon (36,0) P
   Berner Allgemeine Versicherungs-Gesellschaft, Bern (27,0)
   Berner Lebensversicherungs-Gesellschaft, Bern (10,0)
e Confiserie- und Schokoladefabrik Munz AG, Flawil (0,2) P
k Dow Chemical AG, Zug (420,0)
k Färberei Güttingen AG, Güttingen (0,25)
   Kibag, Freienbach (2,88)
k Kibag Holding AG, Zürich (2,5)
k Köppel, Albert, AG, St. Gallen (0,6)
   Lansing Bagnall AG, Dietlikon (1,00)
k Neher, Robert Victor, AG, Kreuzlingen (8,0)
k PCW Portland-Cement-Werk Würenlingen-Siggenthal AG, Würenlingen (15,0)
   Schweizerische Bankgesellschaft (SBG), Zürich (1400,0)
k Schweizerische Gesellschaft für Tüllindustrie AG, Münchwilen (2,0) P
k Sutter, A., AG Münchwilen, Münchwilen (10,0)
k Wetuwa AG, Münchwilen (0,3) P

Piller Otto Dr., 1715 Alterswil FR, S

Reymond Hubert Dr., La Roche, 1073 Savigny, L, 1 M., 0,5 Mio.
k Société de la Gazette de Lausanne et Journal suisse SA, Lausanne (0,5)

Schaffter Roger, Fbg. des Capucins 25 D, 2800 Delémont, C, 1 M., 0,15 Mio.
k Imprimerie Boéchat SA, Feuille d'Avis du Jura, Delémont (0,15)
Schmid Carlo, 9413 Oberegg, C
Schönenberger Jakob Dr., Rätenbergweg 12, 9533 Kirchberg SG, C, 10 M., 5,75 Mio.
k Bertschinger, Walo, AG St. Gallen, St. Gallen (0,25)
k Gallifca Immobilien AG, St. Gallen (0,05) P
k Hausmann, Christian, AG, St. Gallen (0,1) P
k Hotel Acker AG Wildhaus, Wildhaus (1,5) P

k Kannegiesser Maschinen AG, Ziefen (0,05)
k Runtal-Werk AG, Wil (2,4)
e Säntis Bau & Plan AG, Wil (1,2) P
e Schönenberger, Martin, AG Wil, Wil (0,05) P
k Terfutura AG, St. Gallen (0,1) P
k Vetterli AG, Kreuzlingen (0,05)
Stefani Alberto, 6745 Giornico, C, 19 M., 51,1 Mio.
k Aktiengesellschaft Eug. Scotoni-Gassmann, Zürich (0,8)
k Amco Fiduciaria SA, Faido (0,1) P
k Apollo AG, Zürich, Zürich (0,4)
k Ascot-Bau AG, Zürich (0,2)
k Crossair AG für europäischen Regionalflugverkehr, Basel (16,0)
k Guzzi AG, Ingenieurbureau für Hoch- & Tiefbau, Zürich (0,1)
k Haldenhof AG, Zürich (0,5)
k Ifi Interfininvest SA, Lugano (1,0)
k Interpopolare Bank, Zürich (20,0) P
k Oemb SA, Bodio (0,5) P
k Oerlikonerhof AG, Zürich (0,3)
e Phytolabex SA, Lugano (0,05)
e Polivideo SA, Locarno (4,0) P
k Scotoni, Eugen, AG, Bauunternehmung, Zürich (0,5)
k Società Amministrazioni Fondiarie SA – SAFSA, Lugano (0,2)
k Stahlton AG, Zürich (3,0)
   Swisspetrol Holding AG, Zug (3,0)
e Ulfe SA, Faido (0,05)
k Wellenberg AG, Zürich (0,04)
Steiner Ernst Dr., Rammersbühlstr. 16, 8200 Schaffhausen, V, 12 M., 169,825 Mio.
   Betonstrassen AG, Wildegg (0,3)
k Fertigbeton AG St. Gallen, St. Gallen (0,5)
   Fischer, Georg, AG, Schaffhausen (150,0)
   Munot AG, Niederurnen (10,0)
k Portland-Cementwerk Thayngen AG, Thayngen (3,6)
   Schachenmann AG, Schaffhausen (0,275)
k Schöttli AG, Diessenhofen (0,5)
k Silotransport Thayngen AG, Thayngen (0,35) P
k Stabi Central AG, St. Gallen (0,3) P
e Strabus Strassenbau-Unternehmung Schaffhausen AG, Schaffhausen (0,7) P
k Transportbeton AG, Schaffhausen (0,3) P
   Ultra-Brag AG, Muttenz (3,0)
Stucki Jakob, Herbstackerstr. 21, 8472 Seuzach, V, 3 M., 562,66 Mio.
k Flughafen-Immobilien-Gesellschaft, Kloten (50,0)
k Schanzenhof Immobilien AG, Zürich (6,0) P
   «Swissair» Schweizerische Luftverkehr-AG, Zürich 1 (506,66)

Ulrich Josef, Am Quai, 6403 Küssnacht a. Rigi, C, 5 M., 32,755296 Mio.
   Benziger AG, Verlag & Graphischer Betrieb, Einsiedeln (1,53)
   Druckerei Maihof, Luzern (3,0)
   Etzelwerk AG, Einsiedeln (20,0)
k Luftseilbahn Küssnacht–Seebodenalp, Küssnacht am Rigi (0,44) P, D
   Schiffahrtsgesellschaft des Vierwaldstättersees (SGV), Luzern (7,785296)

Weber Walter, Friedhofstr. 20, 4552 Derendingen, S, 2 M., 12,5 Mio.
   Duap AG, Herzogenbuchsee (7,5)
   Kehrichtsbeseitigungs-AG (Kebag), Zuchwil (5,0)

Zumbühl, Norbert «Hubelhuis» 6386 Wolfenschiessen, C